国家社科基金项目："当代中国马克思主义德育思想研究"
批准号：12BKS072
结项证书号：20183018

·马克思主义研究文库·

当代德育原理研究

张吉雄　李　杨 | 著

光明日报出版社

图书在版编目（CIP）数据

当代德育原理研究 / 张吉雄，李杨著. --北京：光明日报出版社，2022.5
ISBN 978-7-5194-6567-4

Ⅰ.①当… Ⅱ.①张… ②李… Ⅲ.①德育—教育理论 Ⅳ.①G410

中国版本图书馆 CIP 数据核字（2022）第 070847 号

当代德育原理研究
DANGDAI DEYU YUANLI YANJIU

著　　者：张吉雄　李　杨	
责任编辑：李壬杰	责任校对：陈永娟
封面设计：中联华文	责任印制：曹　诤

出版发行：光明日报出版社
地　　址：北京市西城区永安路 106 号，100050
电　　话：010-63169890（咨询），010-63131930（邮购）
传　　真：010-63131930
网　　址：http://book.gmw.cn
E - mail：gmrbcbs@gmw.cn
法律顾问：北京市兰台律师事务所龚柳方律师
印　　刷：三河市华东印刷有限公司
装　　订：三河市华东印刷有限公司
本书如有破损、缺页、装订错误，请与本社联系调换，电话：010-63131930

开　　本：170mm×240mm			
字　　数：277 千字		印　　张：17	
版　　次：2022 年 5 月第 1 版		印　　次：2022 年 5 月第 1 次印刷	
书　　号：ISBN 978-7-5194-6567-4			
定　　价：95.00 元			

版权所有　　翻印必究

目 录
CONTENTS

绪 言 ··· 1

第一章　当代德育原理的奠基 ································ 7
一、理论渊源　7
二、时代特征　20
三、实践基础　30
四、理论奠基　41

第二章　当代德育原理的基本特征 ························ 54
一、大德育思想　54
二、德育理论的整体性　60
三、德育理论的辩证思维　64

第三章　当代德育的核心战略和指导方针 ············ 71
一、培养什么人、怎样培养人、为谁培养人的核心战略　71
二、两手抓两手都要硬的指导方针　103

第四章　当代德育的根本任务与战略重点 ·········· 126
一、理论武装教育人民的根本任务　126
二、加强党员干部教育的战略重点　141
三、加强青少年教育的战略重点　157

第五章　当代德育的基本原则 ·············· 183

一、尊重人理解人关心人的原则　183

二、贴近实际贴近生活贴近群众的原则　193

三、相适应相协调相承接的原则　198

四、民主的原则　207

五、齐抓共管的原则　213

第六章　新时代德育原理的新发展 ·············· 217

一、德育发展的行动指南　217

二、德育发展的新定位　221

三、德育发展的目标指向　226

四、德育发展共同的价值追求　233

五、德育发展的新实践　241

主要参考文献 ·············· 259

后　记 ·············· 264

绪 言

党的十一届三中全会以来，我们党团结带领全国人民沿着邓小平同志开创的中国特色社会主义道路，走过了改革开放成就辉煌的40多年历程；特别是党的十八大以来，改革开放和社会主义现代化建设，取得了全方位、开创性的伟大成就，中国特色社会主义进入了新时代。我们取得了全面建成小康社会的胜利，实现了"第一个百年"的奋斗目标，并开启了全面建设社会主义现代化国家的新征程，向"第二个百年"目标奋勇前进。在迎来中国共产党建党百年之际，在这个伟大的新时代，深入研究当代中国马克思主义德育理论指导下的当代德育原理与实践的发展，是让德育理论学术研究和文献研究具有重要意义的事情。

研究当代德育原理，就必须研究当代中国马克思主义德育理论的形成和发展。当代中国马克思主义德育理论，是中国特色社会主义理论体系的重要组成部分，它是当代德育原理的最新理论成果，是德育实践创新发展的行动指南。当代中国马克思主义者是中国特色社会主义理论体系的创立者和发展者，也是当代中国马克思主义德育理论的开创者和发展者。较为系统地研究邓小平新时期德育思想，以及江泽民、胡锦涛、习近平同志关于中国特色社会主义德育问题的系列重要论述，是党的德育文献研究的新课题，也是当代中国马克思主义研究的新内容。这一研究可以为党的德育文献整理研究提供学术服务，为宣传当代中国马克思主义的主流意识形态提供成果支持和理论服务，具有学术价值和教育价值。加强当代中国马克思主义德育理论和当代德育原理研究，对于拓展马克思主义理论学科研究的范围，丰富思想政治教育原理研究的重要内容，具有学科和学术价值。

当代中国马克思主义德育理论研究，以邓小平、江泽民、胡锦涛同志的"文选"、习近平同志的系列重要讲话、党的十一届三中全会以来的重要文献为文献依据，以改革开放的伟大进程为时代依据和实践基础，以"大德育思想"为研究的核心概念，以邓小平新时期德育思想开篇为研究的逻辑起点，以"培养什么人、怎样培养人、为谁培养人"为研究的核心内容，以习近平同志关于中国特色社会主义德育问题的重要论述为研究的逻辑结点。这既是研究当代中国马克思主义德育理论的思路，也是研究当代德育原理的逻辑理路。

邓小平、江泽民、胡锦涛、习近平同志，基于国际国内两个大局和我国所处的历史方位，改革开放所呈现的大变革、大开放、大发展、大调整的时代特征，从顶层设计了中国特色社会主义现代化建设事业；从实现中华民族伟大复兴中国梦的大视野，科学地阐述了培养中国特色社会主义合格建设者和接班人的大德育思想，并结合中国特色社会主义文化建设的大战略，党的宣传思想工作的大格局，教育面向现代化、面向世界、面向未来的大教育观，阐述了创新与发展德育工作、提高整个中华民族思想道德素质的战略构想。因此，"大德育思想"是当代中国马克思主义德育理论和当代德育原理的核心概念。

邓小平新时期德育思想，是当代中国马克思主义德育理论的开篇，也是本书研究的逻辑起点。邓小平同志就改革开放新时期德育工作"培养什么人、怎样培育人"做出了科学阐述。他确立了"社会主义现代化建设是我们当前最大的政治"[①]"培养社会主义新人就是政治"[②] 的德育理念，强调德育工作要为经济建设这个中心服务，为建设中国特色社会主义提供思想政治保证和精神动力。破除了"文化大革命"极"左"的德育思想、为"阶级斗争为纲"服务的德育观念。科学地确立了德育工作定位和重要地位。提出了培育"四有"新人的德育战略目标，"两手抓、两手都要硬"的德育战略方针，用科学理论武装全党、教育人民的德育根本任务，抓好党员干部和青少年教育的德育战略重点，"尊重人、理解人、关心人""学马列要精、要管用"的、民主的德育原则，榜样教育、解决思想问题与解决实际问题相结合的德育方法，加强党对德育工作的领导、齐抓共管的德育领导制度等。科学地回答和解决了改革开放新的历史时期德育的一系列基本问题，指导着德育实践创新发展。邓小平新时期德育思想是当代中国马克思主义德育理论的开篇之作，为当代德育原理的构建提供了科学

[①] 邓小平文选：第2卷 [M]. 北京：人民出版社，1994：163.
[②] 邓小平文选：第2卷 [M]. 北京：人民出版社，1994：256.

坚实的理论基础。

"培养什么人、怎样培养人、为谁培养人",是当代中国马克思主义德育理论的根本问题。江泽民、胡锦涛、习近平同志坚持发展邓小平德育思想,围绕这一根本问题加强改进党的德育工作。邓小平同志指出:"最根本的是要使广大人民有共产主义理想,有道德,有文化,守纪律。"① 党的十三届四中全会以后,江泽民同志反复强调:"我们建设有中国特色社会主义的各项事业,我们进行的一切工作,既要着眼于人民现实的物质文化生活需要,同时又要着眼于促进人民素质的提高,也就是要努力促进人的全面发展。这是马克思主义关于建设社会主义新社会的本质要求。"② "不断培养和造就一代又一代有理想、有道德、有文化、有纪律的社会主义新人。"③ 党的十六大以后,胡锦涛同志从全面建设小康社会的实际出发,坚持教育面向现代化、面向世界、面向未来,提出要培养有理想、有道德、有文化、有纪律,德智体美全面发展的中国特色社会主义事业的建设者和接班人。党的十八大以来,习近平同志着眼于全面建成小康社会,从实现中华民族伟大复兴中国梦的战略高度,科学地进一步回答了德育工作"培养什么人、如何培养人、为谁培养人"的根本问题——要培养德智体美劳全面发展的社会主义事业的建设者和接班人,为中国共产党领导的中国特色社会主义事业培养有理想、有本领、有担当的人。

改革开放以来,党中央领导集体高度重视如何培养人。邓小平、江泽民、胡锦涛、习近平同志都一直强调用科学理论武装全党、教育人民,用中国特色社会主义共同理想打牢全党全国人民团结奋斗的共同思想基础。邓小平同志在改革开放之初就要求:全党同志要注重马克思主义理论的学习,用马克思列宁主义、毛泽东思想武装全党、教育全国人民,加强对全党同志和全国人民有理想的教育,用党的优良传统和作风引领社会风尚。他说:"一定要让我们的人民,包括我们的孩子们知道,我们是坚持社会主义和共产主义的。"④ "要用毛泽东思想的体系来教育我们党,来引领我们前进。"⑤ 江泽民同志也强调,各级

---

① 邓小平文选:第3卷 [M]. 北京:人民出版社,1993:28.
② 江泽民文选:第3卷 [M]. 北京:人民出版社,2006:294.
③ 中共中央宣传部. 毛泽东邓小平江泽民论思想政治工作 [M]. 北京:学习出版社,2000:39.
④ 邓小平文选:第3卷 [M]. 北京:人民出版社,1993:112.
⑤ 邓小平文选:第2卷 [M]. 北京:人民出版社,1994:44.

党委要充分认识理论武装、教育人民的极端重要性、紧迫性和长期性，这是全党的一件大事，也是德育工作的根本任务。他指出："中央一直强调，全党同志首先是各级领导干部，必须坚持不懈地学习马克思列宁主义、毛泽东思想，特别是邓小平同志建设有中国特色社会主义理论。"①"我们必须不断加强对党员、干部的理想教育和信念教育。"②"要对少年儿童进行共产主义信念、社会主义思想、爱国主义精神的教育。"③ 胡锦涛同志强调理论武装的重要性：要"坚持不懈地用马克思主义中国化最新成果武装全党、教育人民，用中国特色社会主义共同理想凝聚力量"④，用社会主义核心价值体系巩固全党全国各民族人民团结奋斗的共同思想基础。党中央领导集体明确要求：用"四有"教育全党全国人民，以科学理论武装人，以高尚精神塑造人，以正确舆论引导人，以优秀作品鼓舞人；用社会主义核心价值体系和社会主义核心价值观教育人、培养人；德育工作要坚持贴近实际、贴近生活、贴近群众，与中华民族传统美德相承接，与社会主义市场经济相适应，与社会主义法律规范相协调。党的十八大以来，习近平同志更加强调理论武装、理想信念教育的重要性。他指出："要深入开展中国特色社会主义宣传教育，把全国各族人民团结和凝聚在中国特色社会主义伟大旗帜之下。"⑤"我们要把理想信念教育作为思想建设的战略任务。"⑥ 习近平同志一再强调，要用社会主义核心价值观教育人、培育人；用党的优良作风、良好的党风和政风，引领社会风尚，教育广大人民。他认为德育工作要"接地气""抓铁有痕"，要在"落细、落小、落实"上下功夫。这就科学地阐述了培养什么人、如何培养人的德育根本问题，并内在地体现了当代中国马克思主义德育理论和当代德育原理的核心战略。

习近平同志关于中国特色社会主义德育问题的重要论述，是新时代德育发

---

① 中共中央宣传部. 毛泽东邓小平江泽民论思想政治工作 [M]. 北京：学习出版社，2000：101.
② 中共中央宣传部. 毛泽东邓小平江泽民论思想政治工作 [M]. 北京：学习出版社，2000：43.
③ 中共中央宣传部. 毛泽东邓小平江泽民论思想政治工作 [M]. 北京：学习出版社，2000：36.
④ 胡锦涛文选：第2卷 [M]. 北京：人民出版社，2016：639.
⑤ 习近平谈治国理政 [M]. 北京：外文出版社，2014：154.
⑥ 习近平. 在庆祝中国共产党成立95周年大会上的讲话 [M]. 北京：人民出版社，2016：11.

展与实践的行动指南,也是本书研究内容的逻辑结点。党的十八大以来,习近平同志站在实现中华民族伟大复兴中国梦的战略高度,提出党的宣传思想工作、德育工作要胸怀大局,把握大势,着眼大事,对德育做出了新定位:"巩固马克思主义在意识形态领域的指导地位,巩固全党全国人民团结奋斗的共同思想基础。"① 阐述了德育的目标指向:为实现中华民族伟大复兴的中国梦,培养有崇高理想、有仁爱之心、有责任担当、勤学修德、明辨实干的合格建设者和接班人。阐述了德育共同的价值追求:"要切实把社会主义核心价值观贯穿于社会生活方方面面。"② 要求广大党员干部必须带头弘扬和践行社会主义核心价值观,用自己的模范行为和高尚人格感召群众、带动群众;要把培育和践行社会主义核心价值观贯穿于宣传思想工作的全过程,贯穿于国民教育的全过程,从娃娃抓起,从学校抓起;要与人们的日常生活紧密结合起来。在新的历史起点上,习近平同志特别强调要加强党内教育:加强党员干部的理想信念教育、马克思主义信仰教育、党的群众路线和优良作风教育、"三严三实"教育、"两学一做"教育、"不忘初心、牢记使命"教育、党纪党规教育、反腐倡廉教育等,科学地表达了其加强党内德育工作的新观点、新思想和新战略。综上所述,从德育发展的理论逻辑与历史逻辑的统一上,研究阐述当代中国马克思主义德育理论和当代德育原理是本书研究的基本思路,也凸显了本书的主要观点。

本书以"当代德育原理"冠名,从马克思主义德育基本原理的视角,阐述了当代中国马克思主义德育理论的"大德育观"、整体性,及其一脉相承发展的辩证思维。本书是较为系统地研究邓小平新时期德育思想,以及江泽民、胡锦涛、习近平同志关于中国特色社会主义德育问题重要论述的前沿性成果,具有较高的学术价值。希望本书的出版能为当代中国马克思主义德育理论和当代德育原理研究提供成果支持;为推动思想政治教育理论与实践的创新,推进学校思想政治理论课的改革与建设,提供文献支持和成果服务;为马克思主义理论学科及相关学科的教学和研究生培养,提供相关的文献引证和成果服务。同时,也期望以当代中国马克思主义德育理论为指导,运用当代德育基本原理,为推进德育工作实践的发展提供德育政策咨询、德育原则和思想方法的具体运用。这将产生良好的社会效益与德育实践发展的指导性价值。

---

① 习近平谈治国理政 [M]. 北京:外文出版社,2014:153.
② 习近平谈治国理政 [M]. 北京:外文出版社,2014:164.

当代德育原理研究，是当代中国马克思主义德育理论研究的学术成果。党的十一届三中全会以来，邓小平、江泽民、胡锦涛、习近平同志对加强改进德育工作，做出了一系列既一脉相承又与时俱进的重要论述，科学地回答和解决了新形势下德育工作的一系列基本问题，指导性地应对改革开放以来德育工作面临的新情况、新问题和新矛盾，形成了对德育工作具有指导意义的当代中国马克思主义德育理论体系。基于上述事实和价值判断，用"当代德育原理"冠名来研究阐述当代中国马克思主义德育理论，旨在从其德育理论的原理和德育工作实践的指导思想上，研究当代中国马克思主义德育理论的形成与发展、中国特色社会主义德育原理的丰富与发展。本书基于国家社科基金项目"当代中国马克思主义德育思想研究"（批准号12BKSO72、结项证书号20183018）的结题成果，立足当代中国马克思主义德育理论和德育原理的根本问题，围绕"培养什么人、如何培养人、为谁培养人"这一根本问题，论述了当代德育原理的基本特征、核心战略与指导方针、根本任务与战略重点、德育基本原则，阐述了党的十八大以来，当代德育原理的新发展。这一研究成果为推进深化当代中国马克思主义德育理论研究，推进中国特色社会主义德育理论建设提供了成果支持和文献服务。

第一章

当代德育原理的奠基

邓小平理论、"三个代表"重要思想、科学发展观和习近平新时代中国特色社会主义思想，一脉相承又与时俱进，共同构成中国特色社会主义理论体系。邓小平理论是中国特色社会主义理论体系的开篇之作，在当代中国马克思主义理论体系中具有奠基性地位与作用。作为邓小平理论重要组成部分的邓小平德育思想，开创了马克思主义德育理论的新境界、新篇章，是当代德育原理的奠基性理论，并指导新时期德育理论与实践的创新和发展。因此，研究当代德育原理，首先就必须研究邓小平德育思想的理论渊源与实践基础，研究时代条件的发展变化与时代特征对德育实践的新要求，阐述邓小平德育思想对当代德育原理形成与发展的重大理论贡献。

一、理论渊源

邓小平新时期德育思想的形成，构成当代中国马克思主义德育理论的开篇之作，为当代德育原理奠定了坚实的理论基础。而一种新的思想理论的形成，总是继承与发展的结果。邓小平德育思想最根本的理论渊源，就是辩证唯物主义和历史唯物主义的世界观和方法论。这一科学的世界观和方法论是马克思主义的理论基石，是无产阶级政党思想政治工作理论的基石，也是当代德育原理的理论源头。具体来说，马克思、恩格斯关于社会主义和共产主义理想、社会存在与社会意识辩证关系、人的自由全面发展理论等，列宁关于政治是经济集中表现的科学论断、社会主义思想意识必须灌输的理论等，是邓小平新时期德育思想形成的理论基础；而毛泽东德育思想，特别是关于正确处理人民内部矛盾的学说、有关群众观点和群众路线的理论，以及关于思想政治工作地位作用、目标任务、内容和方法等的一系列重要论述，构成了邓小平新时期德育思想的直接理论来源。

（一）马克思、恩格斯的思想政治工作基本理论

马克思、恩格斯是国际共产主义运动的开创者，也是无产阶级政党思想政治工作的先驱。他们在伟大的革命实践中，提出了一系列关于思想政治工作的基本理论原则、目标任务和策略，成为无产阶级政党宣传、教育、武装和动员工人阶级和广大人民群众的思想武器，也是邓小平新时期德育思想形成的理论基础。

关于实现共产主义理想和无产阶级历史使命的理论。1848年《共产党宣言》的发表，标志着马克思主义和科学社会主义的诞生，也为无产阶级政党思想政治工作奠定了坚实基础。马克思、恩格斯十分重视用科学社会主义理论来教育和武装工人阶级，特别重视共产主义理想和无产阶级历史使命教育。在《共产党宣言》中，马克思、恩格斯系统地阐述了无产阶级实现共产主义理想的历史使命、社会条件、领导核心、自身力量以及革命斗争策略的理论。他们揭示了资本主义社会的基本矛盾，即生产社会化同生产资料资本家私人占有的矛盾。这一矛盾随着资本主义的发展而日益不可调和，"资产阶级的关系已经太狭窄了，再也容纳不了它本身所造成的财富了"[①]；而无产阶级的成长始终同先进的大工业联系在一起，"是大工业本身的产物""是真正革命的阶级"[②]；因此，"资产阶级的灭亡和无产阶级的胜利是同样不可避免的"[③]。他们阐明了无产阶级的历史使命，就是埋葬资本主义旧世界，建立共产主义新社会，"共产党人可以用一句话把自己的理论概括起来：消灭私有制"[④]；进而建立起一个没有阶级差别和工农差别、没有城乡之间对立的社会，"代替那存在着阶级和阶级对立的资产阶级旧社会的，将是这样一个联合体，在那里，每个人的自由发展是一切人的自由发展的条件"[⑤]。他们还指出了无产阶级取得革命胜利的根本路径和策略，这就是在无产阶级政党领导下，依靠工人阶级和广大人民群众，"用暴力推翻全部

---

① 马克思恩格斯选集：第1卷 [M]．北京：人民出版社，1995：278．
② 马克思恩格斯选集：第1卷 [M]．北京：人民出版社，1995：282．
③ 马克思恩格斯选集：第1卷 [M]．北京：人民出版社，1995：284．
④ 马克思恩格斯选集：第1卷 [M]．北京：人民出版社，1995：286．
⑤ 马克思恩格斯选集：第1卷 [M]．北京：人民出版社，1995：294．

现存的社会制度才能达到"①；"推翻资产阶级的统治，由无产阶级夺取政权"②；"工人革命的第一步就是使无产阶级上升为统治阶级，争得民主"③；"共产主义革命就是同传统的所有制关系实行最彻底的决裂；毫不奇怪，它在自己的发展进程中要同传统的观念实行最彻底的决裂"④。这些思想观点，构成了马克思、恩格斯关于科学社会主义理论教育、共产主义理想教育、无产阶级历史使命教育、工人阶级革命策略教育等的基本思想。无产阶级政党对工人阶级的这些宣传和教育，其目的就是教育、启发和引导工人阶级提高思想觉悟和理论水平，认识自身的阶级利益和历史使命，为获得自身的解放和实现共产主义而奋斗。

关于社会存在与社会意识辩证关系的原理。马克思主义认为，社会存在决定社会意识，社会意识是社会存在的反映。马克思指出："物质生活的生产方式制约着整个社会生活、政治生活和精神生活的过程。不是人们的意识决定人们的存在，相反，是人们的社会存在决定人们的意识。"⑤ 恩格斯也指出："每一历史时代的经济生产以及必然由此产生的社会结构，是该时代政治的和精神的历史的基础。"⑥ 任何社会意识，只能来源于社会存在，只能由社会存在派生出来，只会是社会存在在人们头脑中的反映，而不是相反。当然，社会意识有正确与错误之分，正确的社会意识之所以正确，是因为它科学正确地反映社会存在的内在本质联系；而错误的社会意识之所以错误，则是因为它没有正确反映，甚至是歪曲、颠倒地反映社会存在。

马克思主义还认为，社会意识又具有相对独立性、阶级性，以及对社会存在的反作用。首先，这表现为社会意识的发展具有历史继承性，任何时代的社会意识都是以往社会意识的继承和发展，又为以后社会意识的发展提供可资借鉴的新成果。其次，社会意识发展与社会经济发展在基本一致的情况下，又会产生不完全一致的情况，表现出不平衡性，它可能出现落后或超前于社会存在

---

① 马克思恩格斯选集：第1卷 [M]. 北京：人民出版社，1995：307.
② 马克思恩格斯选集：第1卷 [M]. 北京：人民出版社，1995：285.
③ 马克思恩格斯选集：第1卷 [M]. 北京：人民出版社，1995：293.
④ 马克思恩格斯选集：第1卷 [M]. 北京：人民出版社，1995：293.
⑤ 马克思恩格斯选集：第2卷 [M]. 北京：人民出版社，1995：32.
⑥ 马克思恩格斯选集：第1卷 [M]. 北京：人民出版社，1995：252.

的状况,恩格斯指出:"经济上落后的国家在哲学上仍然能够演奏第一小提琴。"① 再次,社会意识在阶级社会里具有鲜明的阶级性,人们自身的阶级利益、阶级立场与世界观、方法论等因素,不仅制约着社会意识的深度和广度,而且在很大程度上制约着社会意识发展的方向。最后,社会意识对社会存在具有直接的反作用,先进的社会意识能促进社会发展,而落后的社会意识则阻碍社会进步。正如马克思所说:"理论一经掌握群众,也会变成物质力量。"② 马克思、恩格斯关于社会存在与社会意识辩证关系的原理,为无产阶级政党正确把握思想政治工作的重要性和必要性,并不断推进理论、宣传和德育工作实践,提供了重要理论依据。

关于人的本质是一切社会关系总和的理论。马克思指出:"人的本质不是单个人所固有的抽象物,在其现实性上,它是一切社会关系的总和。"③ 这一科学论断是马克思主义人学理论的基础,围绕这一论断而展开的人的本质理论,也成为无产阶级政党思想政治工作的重要理论基础。

人的本质,是从人的本质属性中概括出的人区别于动物的最根本的东西。人具有两种属性:一是自然属性,包括衣、食、住、行的需求和自身种类繁衍的需求等;二是社会属性,包括劳动、语言、意识、社会关系等。劳动创造人本身,但人们只有结成一定社会关系才能从事生产劳动和社会实践,并由此而产生语言,逐步形成复杂的社会意识;同时,人在劳动中又不断丰富着社会关系。自然属性是人的本能,是人类生存和延续的前提条件,是社会属性的物质承担者。社会属性是人的本质属性,并且使自然属性深深打上社会属性的烙印,如服饰文化、饮食文化、建筑文化、行为规范、婚姻伦理、家庭道德等,无不说明人的自然属性是人化了的自然属性。因此,只能从社会属性来认识和概括人的本质。

"社会关系的总和"是多层次、各方面社会关系的结构体系:既有物质的社会关系,即生产关系或经济关系,包括生产、分配、交换、消费关系;又有思想的社会关系,包括政治、法律、道德、宗教的关系等,在日常现实生活中,主要表现为阶级、政党、国家、民族、地缘、业缘、家庭、亲属、邻居、同事、

---

① 马克思恩格斯选集:第4卷[M].北京:人民出版社,1995:704.
② 马克思恩格斯选集:第1卷[M].北京:人民出版社,1995:9.
③ 马克思恩格斯选集:第1卷[M].北京:人民出版社,1995:60.

朋友、师生关系等。所有这一切社会关系的有机结合，而不是机械相加，构成了"一切社会关系的总和"。其中，生产关系因其在整个社会关系中的主导地位，对人的本质的形成和发展起着决定性作用。

人的本质是具体的、历史的，而不是抽象的。人的本质随着社会关系的发展变化而发展变化。马克思说："整个历史也无非是人类本性的不断改变而已。"①从原始社会、奴隶社会、封建社会、资本主义社会，到社会主义社会和未来共产主义社会的不同发展阶段，由于生产力发展水平不同、生产关系的性质和特点不一样，因而人的本质的具体表现也会不同。在阶级社会里，各阶级所处的地位不一样，其人的本质也表现出明显不同，具有鲜明的阶级性。而就个体的人来说，他所处社会关系的变化，也会使其人的本质在人生发展不同阶段表现出差异性。人的本质的这种可变性，决定了它的可塑性，从而也决定了我们开展思想政治教育的必要性和可能性。

关于个人全面发展的学说。马克思、恩格斯针对人类社会以往历史上人的片面发展，特别是针对资本主义社会中人的畸形发展、片面发展，提出了个人全面发展的学说。他们认为，个人全面发展是共产主义社会的基本原则和价值目标，未来共产主义社会是"一个更高级的、以每个人的全面而自由的发展为基本原则的社会形式"②，也是"在保证社会劳动生产力极高度发展的同时又保证每个生产者个人最全面的发展的这样一种经济形态"③；应使每一个人成为"全面发展、能够通晓整个生产系统的人"，"使社会全体成员的才能得到全面发展"④。总之，每一个人的智力、体力、劳动能力、个性都应当得到充分、自由、协调的发展，从而成为"完整的人"。

马克思、恩格斯深刻揭示人的片面发展的根本原因，认为它就是私有制基础上的社会分工。特别是在资本主义条件下，大工业的分工日益精细，人的片面发展达到了畸形的程度。在资本主义社会，"完全消灭工人的独立性并使工人变成在资本指挥下的一个社会机构的部件的工厂内部的分工"⑤，"为了训练某种单一的活动，其他一切肉体和精神的能力都成了牺牲品。人的这种畸形发展

---

① 马克思恩格斯文集：第1卷 [M]. 北京：人民出版社，1995：632.
② 马克思恩格斯选集：第2卷 [M]. 北京：人民出版社，1995：239.
③ 马克思恩格斯选集：第3卷 [M]. 北京：人民出版社，1995：342.
④ 马克思恩格斯选集：第1卷 [M]. 北京：人民出版社，1995：243.
⑤ 马克思恩格斯全集：第32卷 [M]. 北京：人民出版社，1998：309.

和分工齐头并进"①。工人阶级只是资本家追求剩余价值的手段，工人被迫从事机械单调且只有局部功能的动作。因此，只有消灭资本主义私有制，才能为人的自由全面发展提供根本历史条件；只有不断推动生产力的发展，才能为每一个人全面发展其能力、素质和施展才华，提供应有的机会。同时，促进人的全面发展，还必须大力发展教育事业，实施全面发展的教育。正如马克思所指出的："未来教育对所有已满一定年龄的儿童来说，就是生产劳动同智育和体育相结合，它不仅是提高社会生产的一种方法，而且是造就全面发展的人的唯一方法。"② 他们对实施全面发展教育的方法论的精辟论述，为无产阶级政党发展教育事业提供了基本原则与遵循。

（二）列宁的思想政治工作理论

列宁继承和发展了马克思、恩格斯的思想政治工作理论，并在领导俄国社会主义革命和建设中付诸实践。他明确提出"政治工作""政治教育"等概念及其目标、任务、重点等，进一步深化了马克思主义关于政治与经济辩证关系原理等问题的认识，提出了思想政治教育的"灌输"理论等。这些思想理论和观点，是邓小平新时期德育思想形成的重要理论依据。

关于政治是经济集中表现的科学论断。列宁根据马克思主义关于经济基础与上层建筑辩证关系的原理，以及上层建筑各要素之间的内在联系，从政治与经济的相互关系出发来认识政治问题，在承认政治根源于经济的基础上，深入考察和分析政治在整个庞大的上层建筑系统中处于主导地位的事实，得出"政治是经济的集中表现"③ 这一科学的结论。也就是说，相对于哲学、宗教、艺术、道德等意识形态和其他制度与"设施"等上层建筑，政治上层建筑最为集中而直接地反映和代表了经济基础。

政治是为经济服务的，政治活动的根本目的也是获取经济和社会利益。政治以其决策和运作的强制性，通过一定的强力手段，对社会和经济利益进行总体分配，从而规定着经济利益的实现方式。所谓政治集中反映经济，最主要就是集中反映经济利益。但是，政治不是被动地反映经济，它对经济又具有反作用。无产阶级在革命时期，政治的主要任务是通过阶级斗争，夺取政权，建立

---

① 马克思恩格斯选集：第3卷 [M]．北京：人民出版社，1995：642.
② 马克思恩格斯选集：第2卷 [M]．北京：人民出版社，1995：212.
③ 列宁选集：第4卷 [M]．北京：人民出版社，1995：407.

社会主义经济关系，为实现自身的阶级利益开辟道路；在社会主义政权建立后，在这个政权得到巩固之后，政治的主要任务则转变为经济建设，从而真正地实现、维护和不断发展自身的阶级利益。所以，列宁总是从政治的高度来观察经济问题和其他社会问题，他指出："一个阶级如果不从政治上正确地看问题，就不能维持它的统治，因而也就不能完成它的生产任务。"① 他还强调："政治同经济相比不能不占首位。"② 由此可见列宁对政治上层建筑反作用的重视程度。无产阶级政党开展思想政治教育，就是要教育引导工人阶级和广大人民坚持正确的政治方向，认识自身的阶级利益，并为实现自身利益而奋斗。

关于灌输社会主义意识的理论，列宁指出："没有革命的理论，就不会有革命的运动。"③ 为了使无产阶级革命理论与无产阶级革命运动相结合，为了使先进科学的革命理论转化为工人阶级和人民群众的自觉政治意识和阶级觉悟，列宁根据马克思、恩格斯关于宣传工作、社会分工和精神生产的相关理论，提出了对工人阶级"从外面灌输"科学社会主义思想的理论。这就是著名的灌输理论。

列宁在领导俄国革命的实践中，坚决反对工联主义，反对任何关于工人运动自发性的主张，强调要从外面给工人阶级灌输科学社会主义理论和意识。他指出："工人本来也不可能有社会民主主义的意识。这种意识只能从外面灌输进去，各国的历史都证明：工人阶级单靠自己本身的力量，只能形成工联主义的意识。"④ 在资本主义社会里，工人阶级只是资本家追逐资本增值的工具。资本主义私有制条件下的社会分工，使工人阶级极端畸形和片面地发展。工人阶级所处的经济地位、生活条件和文化条件，决定他们不可能从事精神生产，无法提出属于自己阶级的思想体系。列宁考察了科学社会主义学说产生的历史过程，指出："社会主义学说则是从有产阶级的有教养的人即知识分子创造的哲学理论、历史理论和经济理论中发展起来的。""社会民主党的理论学说也是完全不依赖于工人运动的自发增长而产生的，它的产生是革命的社会主义知识分子的思想发展的自然和必然的结果。"⑤ 因此，无产阶级政党必须从阶级和政治斗争

---

① 列宁选集：第4卷 [M]. 北京：人民出版社，1995：408.
② 列宁选集：第4卷 [M]. 北京：人民出版社，1995：407.
③ 列宁选集：第1卷 [M]. 北京：人民出版社，1995：311.
④ 列宁选集：第1卷 [M]. 北京：人民出版社，1995：317.
⑤ 列宁选集：第1卷 [M]. 北京：人民出版社，1995：318.

的高度认识问题,在领导和开展经济斗争的范围之外,向工人群众灌输政治意识和阶级意识,教育和启发其阶级觉悟,真正认识到自身的伟大历史使命,并自觉为实现其历史使命、解放全人类而努力奋斗。

同时,列宁还强调必须把灌输与充分尊重群众主体地位和首创精神统一起来。他指出:"马克思主义和其他一切社会主义理论不同之处在于,它出色地把以下两方面结合起来:既以完全科学的冷静的态度去分析客观形势和演进的客观进程,又非常坚决地承认群众(当然,还有善于摸索到并建立起同某些阶级联系的个人、团体、组织、政党)的革命毅力、革命创造性、革命首创精神的意义。"① 人民群众是社会发展和自身发展的主体,但工人阶级要成为自觉自为的阶级,也必须接受教育,这正是灌输的必要性和重要性所在。而灌输又绝不是从外面"硬灌",它是外在施加影响与内在自我认同的有机统一;向工人阶级和人民群众灌输先进思想的过程,也是群众自我教育的过程。因此,引导群众积极参与、主动实践,帮助群众通过亲身体验和切身经验来理解和掌握革命理论,是灌输的应有之义。

关于青年教育的思想。列宁在领导俄国革命和苏维埃俄国建设的实践中,都十分重视青年的地位和作用,重视青年教育工作。他指出:"我们是未来的党,而未来是属于青年的。我们是革新者的党,而总是青年更乐于跟着革新者走的。我们是跟腐朽的旧事物进行忘我斗争的党,而总是青年首先投身到忘我斗争中去。"② 他还强调"真正建立共产主义社会的任务正是要由青年来担负"③,"青年一代努力的结果将建立一个与旧社会完全不同的社会,即共产主义社会"④。为此,他号召青年团员要自觉充当共产主义建设者的带头人,并吸引广大青年一起参加国家建设,不断推进共产主义事业的发展。这就充分肯定了青年团和广大青年的重要历史地位。

列宁殷切希望青年团和团员:"做一个共产主义者,就要把全体青年都组织和团结起来,要在这个斗争中作出有教养和守纪律的榜样。那时你们才能着手建设并彻底建成共产主义社会的大厦。"⑤ 青年要担负起这个历史重任,要成为

---

① 列宁选集:第1卷[M].北京:人民出版社,1995:747.
② 列宁.列宁全集:第14卷[M].北京:人民出版社,1988:161.
③ 列宁选集:第4卷[M].北京:人民出版社,1995:281.
④ 列宁选集:第4卷[M].北京:人民出版社,1995:282.
⑤ 列宁选集:第4卷[M].北京:人民出版社,1995:293.

共产主义建设者,就必须学习共产主义,"首先和理所当然的回答是:青年团和所有想走向共产主义的青年都应该学习共产主义"①。要结合社会主义建设实际,到斗争中去学习,在实践中去学习,如果"离开工作,离开斗争,那么从共产主义小册子和著作中得来的关于共产主义的书本知识,可以说是一文不值"②,"只有在与工农的共同劳动中,才能成为真正的共产主义者"③。同时,要用人类社会创造的一切优秀文化成果来丰富自己的头脑,要用现代科学知识来充实自己的头脑,"当前的任务是建设,你们只有掌握了一切现代知识,善于把共产主义由背得烂熟的现成公式、意见、方案、指示和纲领变成能把你们的直接工作统一起来的活生生的东西,把共产主义变成你们实际工作的指针,那时才能完成这个任务"④。这就为青年成长成才指明了学习和实践的方向。

列宁的青年教育思想,紧密结合俄国革命和建设实际,把青年教育置于培养共产主义事业建设者的宏大时空背景,并突出强调了青年教育的社会实践性,具有鲜明阶级性、革命性和时代性,是对马克思主义青年观的新发展。

(三)毛泽东的思想政治工作理论

毛泽东思想政治工作理论,是毛泽东思想的重要组成部分。以毛泽东同志为代表的中国共产党人,运用马克思列宁主义的立场、观点和方法,对我们党在长期革命和建设实践中形成的思想政治工作的丰富经验,进行了总结和理论概括,形成了毛泽东思想政治工作理论。这个理论内容丰富、内涵深邃、体系完整,是对马克思列宁主义思想政治工作理论的继承与发展。其一系列理论观点,如政治工作是一切经济工作的生命线的思想,思想政治工作要为党的中心任务、为党的总路线服务的思想,政治和经济的统一、政治和技术的统一、又红又专的思想,思想政治工作要坚持实事求是原则、坚持群众路线的思想,关心群众生活,注意工作方法的思想,运用"团结—批评—团结"的公式正确处理人民内部矛盾的思想,重视精神对物质反作用的思想,强调人是要有一点精神的思想,要长期坚持艰苦奋斗、勤俭建国的思想,坚持用无产阶级思想占领意识形态阵地的思想,重视世界观、人生观教育和全心全意为人民服务教育的

---

① 列宁选集:第4卷 [M]. 北京:人民出版社,1995:282.
② 列宁选集:第4卷 [M]. 北京:人民出版社,1995:283.
③ 列宁选集:第4卷 [M]. 北京:人民出版社,1995:295.
④ 列宁选集:第4卷 [M]. 北京:人民出版社,1995:288.

思想，培养德智体全面发展、有社会主义觉悟有文化的劳动者的思想，培养和造就无产阶级革命事业接班人的思想，全党动手做思想政治工作、坚持党对思想政治工作领导的思想等，涉及思想政治工作的地位作用、目标任务、主要内容、重点对象、原则方法以及党的领导等方方面面，形成了完整的思想政治教育理论体系。特别是关于"生命线"的德育地位观、正确处理人民内部矛盾的德育辩证观、群众路线的德育人民观等，集中表达和展现了无产阶级政党德育工作和社会主义德育的本质论、规律性、根本工作方法。这对改革开放新的历史条件下德育理论与实践的发展具有重要指导意义，为邓小平新时期德育思想的形成提供了重要的思想和理论基础。

关于政治工作是一切经济工作的生命线的思想。我们党一贯重视思想政治工作，并强调和坚持让德育工作为党的中心工作服务。早在井冈山革命斗争时期，毛泽东同志就强调："红军党内最迫切的问题，要算是教育的问题。"① 把做好党内教育，提高党内政治水平，作为健全和扩大红军、担负革命斗争重任的先决条件。在抗日战争和解放战争时期，我们党对思想政治工作地位作用的认识进一步深化，毛泽东同志指出："掌握思想领导是掌握一切领导的第一位。"② "掌握思想教育，是团结全党进行伟大政治斗争的中心环节。"③ 这就凸显了思想工作在党的整个事业中的地位，并在实践中促进思想政治工作制度化、系统化。中华人民共和国成立后，随着国民经济的恢复、国家政权的巩固，特别是"一化三改"的顺利推进，经济建设的任务日益显现。在这样的新形势下，正确认识和把握经济与政治的辩证关系，正确定位思想政治工作的地位作用就显得非常必要。毛泽东同志指出："政治工作是一切经济工作的生命线。在社会经济制度发生根本变革的时期，尤其是这样。"④ 毛泽东同志的这一重要思想，既阐明了政治和经济的统一性；又肯定了"经济工作"的重要性，因为它重要，才需要"政治工作"来保证和服务。同时，他还强调了政治工作对于经济工作特别重要的作用，即"生命线"的作用。

毛泽东同志对思想政治工作地位作用的认识，不是从抽象讨论中得出的结论，而是从经济工作、人才培养乃至党的整个事业的战略高度，联系巩固和发

---

① 毛泽东文集：第1卷 [M]. 北京：人民出版社，1993：94.
② 毛泽东文集：第2卷 [M]. 北京：人民出版社，1993：435.
③ 毛泽东选集：第3卷 [M]. 北京：人民出版社，1991：1094.
④ 毛泽东文集：第6卷 [M]. 北京：人民出版社，1999：449.

展社会主义经济基础和政治制度进行的具体的历史的分析。他指出:"思想工作和政治工作,是完成经济工作和技术工作的保证,它们是为经济基础服务的。思想和政治又是统帅,是灵魂。"[1] 因此,要培养德智体全面发展的社会主义劳动者和无产阶级革命事业接班人;要把政治和经济、政治和技术统一起来,以强大的思想政治工作确保经济发展的社会主义方向,并为经济建设提供精神动力。这不仅给予了思想政治工作科学的定位,而且深化了在社会主义条件下对德育本质的认识。

关于正确处理人民内部矛盾的理论。社会主义革命和建设给中国社会带来了伟大深刻的变化。毛泽东同志指出:"现在的情况是:革命时期的大规模的急风暴雨式的群众阶级斗争基本结束,但是阶级斗争还没有完全结束。"[2] 社会主义制度建立后,我国的阶级关系和阶级矛盾,大量表现为人民内部矛盾。他创造性地运用马克思主义唯物辩证法,特别是对立统一规律,科学揭示我国社会主义的基本矛盾,深入分析我国社会关系和阶级矛盾的新变化、新特点,创立了正确处理人民内部矛盾的学说。这是我们党探索社会主义建设规律的重大理论成果,也必然是社会主义条件下德育应当遵循的重要理论。

毛泽东同志明确提出严格区分和正确处理两类不同性质的社会矛盾问题。他指出:"在社会主义社会中,基本矛盾仍然是生产关系和生产力之间的矛盾,上层建筑和经济基础之间的矛盾。"[3] 这个基本矛盾是其他社会矛盾产生的根源,人民内部各种矛盾是社会基本矛盾的具体表现。他还指出:"在我们的面前有两类社会矛盾,这就是敌我之间的矛盾和人民内部的矛盾。这是性质完全不同的两类矛盾。"[4] 两类矛盾的性质不同,解决和处理的方法也不一样,对于敌我矛盾必须用专政的方法;而对于人民内部矛盾则用民主的方法,即在人民内部实行民主集中制,用说服教育的方法来化解矛盾。当然,人民群众也必须遵守相应的行政命令、法律和纪律,这同说服教育是相辅相成的。毛泽东同志把这种解决人民内部矛盾的民主方法,概括为"团结—批评—团结"这一公式,即"从团结的愿望出发,经过批评或者斗争使矛盾得到解决,在新的基础上达

---

[1] 毛泽东文集:第7卷 [M]. 北京:人民出版社,1999:351.
[2] 中共中央文献研究室. 毛泽东著作选读:下册 [M]. 北京:人民出版社,1986:769.
[3] 中共中央文献研究室. 毛泽东著作选读:下册 [M]. 北京:人民出版社,1986:767.
[4] 中共中央文献研究室. 毛泽东著作选读:下册 [M]. 北京:人民出版社,1986:757.

到新的团结。"① 这也就是惩前毖后、治病救人。

毛泽东同志针对人民内部矛盾纷繁芜杂的情况，提出了解决政治、经济、文化等各个领域具体矛盾的一系列具体方法。在政治思想领域，他强调："凡属于思想性质的问题，凡属于人民内部的争论问题，只能用民主的方法去解决，只能用讨论的方法、批评的方法、说服教育的方法去解决，而不能用强制的、压制的方法去解决。"② 在经济建设上实行"统筹兼顾、适当安排"的原则和"厉行节约"的方法；在分配上必须兼顾国家、集体和个人利益；在科学文化事业上提出"百花齐放、百家争鸣"的方针；在共产党与民主党派的关系上实行"长期共存、互相监督"的方针；在改善党群干群关系上，必须克服官僚主义，加强思想政治教育；等等。所有这些，也是德育工作必须坚持的方针、原则和方法。

关于群众观点和群众路线的理论。毛泽东同志在长期的革命和建设实践中，形成了系统科学的群众观。他指出："共产党的路线，就是人民的路线。"③ "全心全意地为人民服务，一刻也不脱离群众；一切从人民的利益出发，而不是从个人或小集团的利益出发；向人民负责和向党的领导机关负责的一致性；这些就是我们的出发点。"④ 坚持群众观点，站在人民立场，密切联系群众，为了人民利益，是共产党人区别于其他任何政党的显著标志。

毛泽东同志的群众观，丰富和发展了马克思主义群众观。在世界观层面，毛泽东同志提出了"人民，只有人民，才是创造世界历史的动力"⑤ "群众是真正的英雄"⑥ 等著名的科学论断，充分肯定了人民群众在社会历史发展中的地位和作用。在人生观层面，毛泽东同志提出共产党人必须树立全心全意为人民服务的人生观。他指出："共产党就是要奋斗，就是要全心全意为人民服务。"⑦ 共产党人是中国革命和建设的组织领导者，因而其利益观和权力观构成了其人生观的核心内容。毛泽东同志指出："共产党是为民族、为人民谋利益的政党，

---

① 中共中央文献研究室. 毛泽东著作选读：下册 [M]. 北京：人民出版社，1986：763.
② 中共中央文献研究室. 毛泽东著作选读：下册 [M]. 北京：人民出版社，1986：762.
③ 毛泽东文集：第2卷 [M]. 北京：人民出版社，1993：409.
④ 毛泽东选集：第3卷 [M]. 北京：人民出版社，1991：1094-1095.
⑤ 毛泽东选集：第3卷 [M]. 北京：人民出版社，1991：1031.
⑥ 毛泽东选集：第3卷 [M]. 北京：人民出版社，1991：790.
⑦ 毛泽东文集：第7卷 [M]. 北京：人民出版社，1999：285.

它本身决无私利可图。"① "我们的权力是谁给的？是工人阶级给的，是贫下中农给的，是占人口百分之九十以上的广大劳动群众给的。"② 因此，共产党员的个人利益必须服从民族和人民的利益，党员干部手中掌握的权力，也只能为人民群众服务，而绝不能用它去谋取私利。在价值观层面，毛泽东同志提出"人民利益"的价值标准，并提出一系列实现价值目标的路径和方法。他指出："共产党人的一切言论行动，必须以合乎最广大人民群众的最大利益，为最广大人民群众所拥护为最高标准。"③ 这就是人民利益的标准，人民检验的标准。为了实现人民群众的利益，他强调必须依靠群众、组织群众、动员群众、教育群众，"把党的方针变为群众的方针"④，"善于把党的政策变为群众的行动"⑤。他要求做群众思想工作同解决实际问题结合起来，要关心群众生活，注意工作方法，解决群众生产和生活中的实际困难。同时，他还强调教育者首先要接受教育，共产党员和党的干部为了教育好群众，首先必须向群众学习，要想当先生，就得先当学生；就算是当了教师，也仍要向群众学习，要了解群众的情况。

群众路线是共产党人一切工作的根本工作路线，其核心内容是：一切为了群众，一切依靠群众，从群众中来，到群众中去。毛泽东同志指出："在我党的一切实际工作中，凡属正确的领导，必须是从群众中来，到群众中去。这就是说，将群众的意见（分散的无系统的意见）集中起来（经过研究，化为集中的系统的意见），又到群众中去作宣传解释，化为群众的意见，使群众坚持下去，见之于行动，并在群众行动中考验这些意见是否正确。然后再从群众中集中起来，再到群众中坚持下去。如此无限循环，一次比一次地更正确、更生动、更丰富。这就是马克思主义的认识论。"⑥ 他还强调："从群众中集中起来又到群众中坚持下去，以形成正确的领导意见，这是基本的领导方法。"⑦ 可见，群众路线既是马克思主义的认识论，又是马克思主义的科学领导方法和工作方法。

群众路线和群众观点具有内在本质的一致性，如果说群众观点更多地体现

---

① 毛泽东选集：第3卷 [M]. 北京：人民出版社，1991：809.
② 中共中央文献研究室. 建国以来毛泽东文稿：第12册 [M]. 北京：中央文献出版社，1998：581.
③ 毛泽东选集：第3卷 [M]. 北京：人民出版社，1991：1096.
④ 毛泽东选集：第1卷 [M]. 北京：人民出版社，1991：279.
⑤ 毛泽东选集：第4卷 [M]. 北京：人民出版社，1991：1319.
⑥ 毛泽东选集：第3卷 [M]. 北京：人民出版社，1991：899.
⑦ 毛泽东选集：第3卷 [M]. 北京：人民出版社，1991：900.

为共产党人的哲学辩证思维、理性思考与探索，从而构建起科学的世界观、人生观、价值观；那么，群众路线则是共产党人坚持和践履群众观点，实现其价值目标的领导和工作方法、政治和组织原则、道德规范和工作作风；同时在践行为人民服务的人生观价值观的过程中，又进一步把群众观点内化为自己的自觉需要，并丰富和发展群众观点的理论内涵。群众路线和群众观点，是无产阶级和共产党人"三观"在理论与实践结合上的不同侧面的表现。正是在这个意义上，群众路线使群众观点进一步系统化、实践化。总之，群众观点和群众路线是我们党一贯坚持的基本观点和根本工作路线，也是德育工作必须继承和发扬的优良传统。

二、时代特征

伟大的时代，孕育伟大的理论。一种科学的理论，必须具有鲜明的时代性，能够反映时代并概括时代精神。对所处时代的准确判断，对时代特征的正确把握，历来是真正马克思主义者必须认真解决的重大理论与实践课题，也是无产阶级政党制定正确的路线、方针、政策并指导实践的客观时代依据。以邓小平同志为核心的党的第二代领导集体，正是从时代特征出发，针对第二次世界大战后世界的时代主题转向和平与发展的深刻变化，针对当代中国基本国情呈现的新特点，提出了一系列建设和发展社会主义的新思路、新观点、新论断，创立了邓小平理论。在这一理论指导下，我国的改革开放和社会主义现代化建设事业不断发展。因此，正确认识时代和把握时代特征，是我们把握邓小平理论形成，从而也是把握邓小平新时期德育思想形成和当代德育原理奠基的时代依据。

（一）和平与发展的时代主题

第二次世界大战结束以后，特别是 20 世纪 70 年代中期以后，世界历史的发展和国际形势的变化，呈现出同以往不一样的新特点。国际政治力量重新组合，国际政治格局发生重大变化；世界各国为适应经济建设需要，制定和实施新的发展战略；现代科学技术迅猛发展，对国际经济、政治和社会发展带来前所未有的新机遇和新挑战。邓小平同志深入分析国际形势的重大变化和新特点，对世界的时代主题做出了新的科学判断，这就是：时代主题已由"战争与革命"转变为"和平与发展"。他指出："现在世界上真正大的问题，带全球性的战略问题,一个是和平问题,一个是经济问题或者说发展问题。和平问题是东西问题,发展问题是南北问题。概括起来,就是东西南北四个字。南北问题是核心问题。"①"东西南北"四个字,是对当代世界基本矛盾与国际政治和经济关系新特点的高度概括,也是对当代世界"和平与发展"主题生动而深刻的表达。

从政治角度看,"在较长时间内不发生大规模的世界战争是有可能的,维护世界和平是有希望的"②。第二次世界大战结束以后,国际局势处于以美国为首的西方资本主义阵营和以苏联为首的社会主义阵营之间的"冷战"对抗状态。这一时期,一方面,世界上各种矛盾错综复杂,两大阵营之间激烈对抗,国际局势紧张而多变;另一方面,世界范围内各种制止大规模战争的因素也在逐步增长,国际形势出现了一系列趋于缓和的迹象,短时期内爆发世界大战的可能性越来越小。正如邓小平同志所指出的:"世界战争的危险还是存在的,但是世界和平力量的增长超过战争力量的增长。"③

其一,和平力量来自世界人民。邓小平同志分析认为,世界的和平力量,首先是包括中国在内的占有全球人口四分之三的广大第三世界国家和人民,他们是反对霸权、反对战争和维护世界和平的最根本力量。这种和平力量也包括美苏两个超级大国以外的发达国家,特别是经历了两次世界大战的欧洲国家,它们深受战争之害,因而也不希望发生新的世界战争,这些国家及其人民构成反对战争和保持世界相对和平的重要力量。即使在美国和苏联,广大人民也不支持战争。因此,邓小平同志得出结论:"世界很大,复杂得很,但一分析,真正支持战争的没有多少,人民是要求和平、反对战争的。"④

其二,世界和平力量的增长,反映在世界政治多极化的发展趋势上。国际和国内和平力量的不断增长,使美国和苏联在20世纪70年代以后,不得不进行相应的政策调整,由政治、经济、文化、军事、外交等领域的全面对抗,开始向对话转变,国际局势也开始向缓和的方向发展。进入20世纪80年代以后,特别是80年代末90年代初,美苏两极对抗的世界格局终于结束。同时,中国等新兴国家的逐步发展,欧洲、日本等发达国家在第二次世界大战后的发展,世界政治多极化的发展趋势日益明显,这就为维护世界和平提供了新的条件。

---

① 邓小平文选:第3卷[M].北京:人民出版社,1993:105.
② 邓小平文选:第3卷[M].北京:人民出版社,1993:127.
③ 邓小平文选:第3卷[M].北京:人民出版社,1993:127.
④ 邓小平文选:第3卷[M].北京:人民出版社,1993:127.

其三，国际政治格局趋向缓和，世界人民反对战争、要求和平的强烈愿望，也是人们总结两次世界大战的教训和理性深刻分析现代战争新特点的结果。第一次和第二次世界大战，是人类文明发展史上的两场大劫难，给全世界人民带来了空前的灾难与痛苦，其伤亡人数众多，财产损失更是不计其数。人们对血淋淋的残酷的战争后果，记忆犹新。而战后军事科学技术的发展和先进武器装备的实际运用，特别是核武器和新一代先进常规武器，使现代战场的武器杀伤力和战争代价陡然上升，甚至能在战争双方乃至全人类社会中造成毁灭性后果。正如邓小平同志所指出的"现在有核武器，一旦发生战争，核武器就会给人类带来巨大的损失"，即使美苏两个超级大国，谁也不敢先动手。① 对过去世界战争教训的深刻反思、对现代战争可能导致的毁灭性后果的深刻认识，也成为制止大规模战争的重要因素。

从经济角度看，发展问题是世界各国面临的突出问题。很多第三世界国家刚刚获得了政治上的独立；但这仅仅是国家独立的第一步，要真正摆脱对西方发达国家的依赖，避免重蹈任人宰割的历史，首要的任务就是发展民族经济、改变本国落后面貌。因此，如何发展国家经济，增强综合国力，缩小与发达国家的差距，成为这些国家面临的最为突出的问题。发达国家在战后殖民主义体系瓦解的情况下，过去那种依靠军事侵略、殖民扩张来获得市场、发展经济的老路，已经走不通了。所以，它们纷纷制定新的发展战略，主要依靠其政治、经济、科技和文化上的优势，当然也包括军事优势而又不是直接采取战争手段，在全球市场上获得巨大利益，促进本国经济发展。但是，如何继续发展经济，仍然是发达国家的突出问题。

可见，无论是发达国家还是发展中国家，都面临着怎样发展的共同课题。然而世界现实情况是，一方面世界经济的整体性日益加强，各国之间的经济联系日益广泛、深入和紧密；另一方面发达国家与第三世界国家之间的差距不断扩大。邓小平同志指出："国际社会虽然提出要解决南北问题，但讲了多少年了，南北之间的差距不是在缩小，而是在扩大，并且越来越大。"② 这种情况是不利于世界经济发展的，既不利于发展中国家，也不利于发达国家，因为世界经济已经成为一个整体。"南方得不到适当的发展，北方的资本和商品出路就有

---

① 邓小平文选：第3卷[M]．北京：人民出版社，1993：56，127．
② 邓小平文选：第3卷[M]．北京：人民出版社，1993：281．

限得很,如果南方继续贫困下去,北方就可能没有出路。"① 因此,"应当把发展问题提到全人类的高度来认识,要从这个高度去观察问题和解决问题"②。和平与发展紧密联系,互为条件。和平是经济发展的前提,而经济发展特别是第三世界国家的经济发展,才能进一步壮大和平力量,为世界和平与稳定提供保障。

从战后兴起的世界科技革命来看,现代科学技术的迅猛发展有力地推动了社会生产力的快速发展,促进了生产力各种要素的重大变革,使劳动生产率大大提高;推动了各国经济布局和世界经济结构的重大变化与结构优化,一系列新兴工业和新兴服务业建立起来,一大批传统产业得到了转型、改造、升级;推动了产业结构的非物质化,突显了生产过程科技化与智能化发展趋势;推动了管理的革命性变革,使管理发展为一门真正的科学。所有这些,极大地改变了世界的面貌,改变了人类的思维方式和生产、生活、交往方式;人类社会的发展与进步也面临着新的更加广阔的前景。正如邓小平同志所指出的:"科学技术是第一生产力。"③ "世界新科技革命蓬勃发展,经济、科技在世界竞争中的地位日益突出,这种形势,无论美国、苏联、其他发达国家和发展中国家都不能不认真对待。"④ 世界各国以这场新科技革命为契机,积极谋求适合本国本民族的经济发展之路,发展经济成为世界各国的中心任务。国家之间的竞争突出表现为以经济发展和科技进步为主要内容的综合实力的竞争。在当代世界,经济和科技发展成为制约各国之间关系和推动社会进步的主导性力量。

总之,邓小平同志科学分析世界大势的变化,正确把握世界和平与发展的时代主题,领导我们党确立了经济建设的中心任务,做出了改革开放的伟大决策;同时,又确立了在整个改革开放和社会主义现代化建设的过程中,必须始终坚持四项基本原则,反对资产阶级自由化的重大政治原则。和平与发展的时代主题和特征,是邓小平理论形成的国际背景和时代条件,也是邓小平新时期德育思想形成的时代背景。

(二) 社会主义初级阶段的国情特征

邓小平同志十分重视研究国情并反复强调要从中国的国情和实际出发,来

---

① 邓小平文选:第3卷 [M]. 北京:人民出版社,1993:106.
② 邓小平文选:第3卷 [M]. 北京:人民出版社,1993:282.
③ 邓小平文选:第3卷 [M]. 北京:人民出版社,1993:274,377.
④ 邓小平文选:第3卷 [M]. 北京:人民出版社,1993:127.

建设社会主义，发展社会主义。他指出："过去搞民主革命，要适合中国情况，走毛泽东同志开辟的农村包围城市的道路。现在搞建设，也要适合中国情况，走出一条中国式的现代化道路。"① "我们的现代化建设，必须从中国的实际出发。……把马克思主义的普遍真理同我国的具体实际结合起来，走自己的道路，建设有中国特色的社会主义，这就是我们总结长期历史经验得出的基本结论。"② 邓小平同志深入研究我国进入社会主义的社会历史前提，深刻分析我国进入社会主义以后的国情状况，深刻总结我们党对中国社会主义所处历史阶段认识上的正反两个方面的经验，提出了我国处在社会主义初级阶段的科学论断，准确把握了当代中国的基本国情。

1956年，我国在生产资料所有制的社会主义改造基本完成后，建立了社会主义制度，这标志着我国进入社会主义社会。对于中国这样一个在经济文化比较落后的基础上建立起来的社会主义国家，应该怎样认识我国的基本国情，应该如何判断我国社会主义所处的历史阶段，是摆在中国共产党人面前的一个重大的理论与实践课题。对此，以毛泽东同志为核心的党的第一代领导集体做过有益的探索，特别是党的八大关于我国主要矛盾的判断以及提出的全面建设社会主义的任务，是符合当时的实际国情的。然而，后来有一段时间发生了"左"的错误，背离了党的八大关于主要矛盾的正确判断，脱离了中国的国情和实际，致使我国社会主义建设遭受了挫折。

党的十一届三中全会以后，我们党总结历史经验教训，总结社会主义新的实践经验，重新认识我国进入社会主义的历史前提，进一步认清了我国的国情状况。中国是在世界历史和世界无产阶级革命所造成的特殊条件下，经由新民主主义革命的胜利、生产资料所有制的社会主义改造，进入社会主义的；中国没有经历过资本主义充分发展的历史阶段。中国跨越资本主义制度进入社会主义的特殊历史前提，决定了中国社会主义建设低起点。这是正确认识当代中国国情应把握的基本点。中华人民共和国经过近40年的发展，特别是改革开放后的发展，到20世纪80年代中后期，基本国情呈现出了一些新的特点。一方面，社会主义经济建设和教育科学文化事业有了很大进步，许多主要工农业产品的总产量居于世界前列；以生产资料公有制为基础的社会主义经济制度、人民民

---

① 邓小平文选：第2卷 [M]．北京：人民出版社，1994：163.
② 邓小平文选：第3卷 [M]．北京：人民出版社，1993：2-3.

主专政的社会主义政治制度和马克思主义在意识形态领域中的指导地位不仅已经确立，而且日益得到巩固；另一方面，生产力比较落后，人口多，底子薄，经济、科技、国防和综合国力同发达国家相比存在较大差距，且城乡之间和东中西部的发展较不平衡；多种形式的公有制和各种非公有制经济并存，商品经济和国内市场不发达，自然经济和半自然经济还占相当大的比重，社会主义经济制度还不成熟、不完善；封建主义残余、资本主义腐朽思想和小生产习惯势力在社会上还有广泛影响。这样的国情状况，说明我国的社会主义还处于不发达的历史阶段。

邓小平同志在对我国国情基本状况进行深入分析和准确把握的基础上，提出了我国处在社会主义初级阶段的科学论断。在1987年8月底，也就是党的十三大召开前夕，邓小平同志明确指出："我们党的十三大要阐述中国社会主义是处在一个什么阶段，就是处在初级阶段，是初级阶段的社会主义。社会主义本身是共产主义的初级阶段，而我们中国又处在社会主义的初级阶段，就是不发达的阶段。一切都要从这个实际出发，根据这个实际来制定规划。"① 党的十三大系统论述了社会主义初级阶段的含义和特征，对我们党长期以来对于基本国情和我国社会主义所处历史方位认识的成果，进行了全面总结和理论提升；并以此为根据，明确概括和全面阐发了党在社会主义初级阶段的"一个中心，两个基本点"的基本路线。

社会主义初级阶段有其特定的科学的含义。第一，我国已经进入社会主义社会，我们必须坚持而不能离开社会主义。这里所强调的是社会主义初级阶段的社会主义性质，即初级阶段的社会主义在社会性质上是社会主义，而不是资本主义或其他什么主义。第二，我国的社会主义还处在初级阶段，我们必须从这个实际出发，而不能超越这个阶段。这里所着重强调的是社会主义初级阶段在社会主义发展进程中所处的历史方位，即不发达阶段。我们必须全面把握这两个方面的含义，才能同右的和"左"的两种错误倾向划清界限。

同时，社会主义初级阶段是对中国基本国情的科学判断。社会主义初级阶段不是泛指任何国家进入社会主义都会经历的起始阶段，而是特指我国在生产力落后、商品经济不发达的条件下建设社会主义必然要经历的特定阶段；即我国从进入社会主义到基本实现社会主义现代化的整个历史阶段。这里所强调的

---

① 邓小平文选：第3卷 [M]．北京：人民出版社，1993：252．

是社会主义初级阶段的中国特性，社会主义初级阶段是我们党从中国社会主义建设与发展的特定历史前提和具体历史条件出发，对当代中国国情的正确认识与科学表达，并未把它当作世界社会主义的普遍模式。

社会主义初级阶段的历史进程，至少需要上百年时间。1992年年初，邓小平同志在南方谈话中深刻指出："我们搞社会主义才几十年，还处在初级阶段。巩固和发展社会主义制度，还需要一个很长的历史阶段，需要我们几代人、十几代人，甚至几十代人坚持不懈地努力奋斗，决不能掉以轻心。"[①] 他还特别强调，社会主义初级阶段的基本路线要管一百年，动摇不得。[②] 这就使我们对社会主义建设的长期性、紧迫性、复杂性和艰巨性有了更加清醒的思想认识。事实上，进入21世纪以后，中国特色社会主义不断发展，取得了新的巨大成就，全面建设小康社会顺利推进，全面建成小康社会的目标也于2020年年底实现，中华民族伟大复兴的目标日益接近。正如习近平总书记所指出的："今天，我们比历史上任何时期都更接近、更有信心和能力实现中华民族伟大复兴的目标。"[③] 在新世纪以来中国特色社会主义发展的进程中，特别是党的十八大以来，中国特色社会主义进入新时代，我国的国情呈现出一系列新的阶段性特点。但是，从党的十六大到党的十九大，党和国家对于我国基本国情的判断却一直没有变，反复强调我国处于并将长期处于社会主义初级阶段。

总之，社会主义初级阶段的基本国情，是邓小平理论形成的国情依据。而关于社会主义初级阶段的论断、判断和一系列观点，不仅构成了邓小平理论的重要组成部分，而且成为其整个理论体系的重要基础。邓小平新时期德育思想也正是以社会主义初级阶段的基本国情为现实依据得以形成和发展的。

（三）改革开放的时代特征

党的十七大报告指出，新时期最鲜明的特点是改革开放，最显著的成就是快速发展，最突出的标志是与时俱进。所谓"新时期"，就是以党的十一届三中全会为标志，把党和国家的工作重点转移到经济建设上来，制定了一系列新的方针政策，实行改革开放，建设中国特色社会主义的新时期。实践证明，坚持

---

① 邓小平文选：第3卷［M］. 北京：人民出版社，1993：379—380.
② 邓小平文选：第3卷［M］. 北京：人民出版社，1993：370—371.
③ 习近平. 决胜全面建成小康社会 夺取新时代中国特色社会主义伟大胜利［M］. 北京：人民出版社，2017：15.

改革开放是我们事业取得成功的关键一招。如果没有改革开放，或者不坚持改革开放，我们的事业就会停滞不前，坚持和发展社会主义也就成为一句空话。正如邓小平同志所指出的："不坚持社会主义，不改革开放，不发展经济，不改善人民生活，只能是死路一条。"①

当代中国的改革是社会主义制度的自我完善和发展，即在坚持社会主义制度的前提下，改革生产关系和上层建筑中不适应生产力发展的一系列相互联系的环节和方面，这就规定了改革的社会主义性质。同时，我们的改革又是全面而深刻的改革，是一场新的革命。早在1978年10月，邓小平同志就指出：实现社会主义现代化，"是一场根本改变我国经济和技术落后面貌，进一步巩固无产阶级专政的伟大革命。这场革命既要大幅度地改变目前落后的生产力，就必然要多方面地改变生产关系，改变上层建筑，改变工农业企业的管理方式和国家对工农业企业的管理方式，使之适应于现代化大经济的需要"②。1985年3月，邓小平同志明确指出："改革是中国的第二次革命。"③

改革是我们党领导的第二次革命，这是相对于第一次革命而言的。我们党领导的第一次革命，把一个半殖民地半封建社会的旧中国变成了一个社会主义的新中国。新民主主义革命的胜利，社会主义改造的完成，社会主义制度的建立，是中国近代以来最完全彻底的伟大革命，极大地解放了生产力，有力地推动了经济社会的发展。但是，我们在探索社会主义建设的实践中，犯了"左"的错误，走了弯路。我们党领导的社会主义改革，正是坚持真理、修正错误，在总结历史经验教训的基础上做出的英明决策，其目的就是从根本上改变不适应生产力发展和社会发展的具体制度、管理方式和思想观念，把一个经济文化比较落后的社会主义国度变成一个富强、民主、文明的现代化的社会主义中国。邓小平同志指出："改革的性质同过去的革命一样，也是为了扫除发展社会生产力的障碍，使中国摆脱贫穷落后的状态。从这个意义上说，改革也可以叫革命性的变革。"④

改革是社会主义社会发展的直接动力。马克思主义认为，人类社会的基本矛盾是生产力与生产关系、经济基础与上层建筑之间的矛盾，正是它们的矛盾

---

① 邓小平文选：第3卷[M]. 北京：人民出版社，1993：370.
② 邓小平文选：第2卷[M]. 北京：人民出版社，1994：135-136.
③ 邓小平文选：第3卷[M]. 北京：人民出版社，1993：113.
④ 邓小平文选：第3卷[M]. 北京：人民出版社，1993：135.

运动推动着社会的发展与进步。在阶级社会里基本矛盾突出表现为阶级矛盾和阶级斗争，因此，革命的阶级斗争是阶级社会发展的直接动力。只有经过革命的阶级斗争，推翻反动阶级的统治，改变旧的社会制度，建立新的社会制度，才能解放生产力，推动生产力的发展和整个社会的进步。那么，在社会主义社会，剥削阶级已经被消灭，在阶级斗争已经不是主要矛盾的情况下，社会主义社会发展的动力是什么呢？邓小平同志对此做出了科学的回答，他指出："要发展生产力，经济体制改革是必由之路。"① 他反复强调，在坚持社会主义基本制度的同时，要通过改革从根本上改变束缚生产力发展的经济体制，促进生产力的发展。也就是说，要通过改革来促进发展，只有发展好了，才能解决好各种社会问题，化解各种社会矛盾。可见，改革是动力，发展是目的。而改革和发展，必须以稳定为前提。只有稳定的政治局面和社会环境，才能为深化改革和发展生产力创造有利条件，而改革和发展又为稳定创造必要的物质基础与条件。改革、发展、稳定三者互为因果、互为前提，它们的辩证关系贯穿于社会主义现代化建设的全过程。

对外开放，是建设中国特色社会主义的一项基本国策。对外开放政策的提出和实施，是深刻总结中国长期停滞落后的历史教训的结果。邓小平同志指出："现在任何国家要发达起来，闭关自守都不可能。我们吃过这个苦头，我们的老祖宗吃过这个苦头。……长期闭关自守，把中国搞得贫穷落后，愚昧无知。"② 中华民族在人类发展史上曾经长期处于世界文明前列；但是，近代以来面对西方资本主义的发展，中国却不再占优势。这固然有很多原因，但闭关自守是其中的重要原因。邓小平同志指出："中国在西方国家产业革命以后变得落后了，一个重要原因就是闭关自守。"③ 不仅老祖宗吃了闭关自守的苦头，中华人民共和国也吃了这个苦头。中华人民共和国成立后，国际反华势力封锁我们，后来"四人帮"把正常的对外交往都说成是"崇洋媚外""卖国主义"，把我们同世界隔绝了。④ 邓小平同志指出："我们建国以来长期处于同世界隔绝的状态。这在相当长一个时期不是我们自己的原因，国际上反对中国的势力，反对中国社会主义的势力，迫使我们处于隔绝、孤立状态。六十年代我们有了同国

---

① 邓小平文选：第3卷［M］．北京：人民出版社，1993：138．
② 邓小平文选：第3卷［M］．北京：人民出版社，1993：90．
③ 邓小平文选：第3卷［M］．北京：人民出版社，1993：64．
④ 邓小平文选：第2卷［M］．北京：人民出版社，1994：127．

际上加强交往合作的条件，但是我们自己孤立自己。现在我们算是学会利用这个国际条件了。"① 历史的经验一再告诉我们，不能把自己孤立于世界之外，不能关起门来搞建设，"中国的发展离不开世界"②。

对外开放政策的提出和实施，也是敏锐观察和正确分析当代世界经济、科技发展和国际形势发展的结果。邓小平同志指出："现在的世界是开放的世界。"③ "现在世界的发展一日千里，每天都在变化，特别是科学技术，追都难追上。"④ 当代世界，一方面经济、科技、文化交流日益频繁和广泛，全球化趋势日益明显，生产、分工、资本和市场的国际化程度越来越高；生态保护和环境治理已经突破国界，成为各国共同关心的全球性问题；科学技术研究、开发和应用的合作与协作，日益紧密。另一方面，世界和平与发展的时代主题，又为我们实行对外开放提供了有利的条件。因此，邓小平同志反复强调我们必须坚持实行对外开放，积极参与国际经济竞争与合作；在发挥自己的比较优势中，使国内经济与国际经济实现必要的相互对接、相互补充。这样，我们就能够在自力更生、艰苦奋斗的基础上，在自身改革和创新的基础上，把有利的国际外部条件利用好，从而赶上时代的步伐，赶上当代世界经济和科技的发展。

实行对外开放政策，必须正确对待资本主义社会创造的现代文明成果。资本主义社会经过几百年发展，特别是一些发达国家，在经济、科技、教育、文化和社会管理等方面，积累了丰富的经验，收获了许多历史性的文明成果。社会主义作为后起的崭新的社会制度，特别是在中国这样经济文化相对落后的东方国家建设社会主义，必须正确认识和处理好中国与世界的关系。在当代世界，我国社会主义同资本主义既有对立和斗争的一面，也有学习、借鉴、合作和利用的一面。我们为了加快发展自己，必须学习和借鉴人类社会包括资本主义社会创造出来的全部文明成果，结合新的实践，进行新的创造，使之为我所用。正如邓小平同志所指出的："社会主义要赢得与资本主义相比较的优势，就必须大胆吸收和借鉴人类社会创造的一切文明成果，吸收和借鉴当今世界各国包括资本主义发达国家的一切反映现代社会化生产规律的先进经营方式、管理

---

① 邓小平文选：第2卷 [M]. 北京：人民出版社，1994：232.
② 邓小平文选：第3卷 [M]. 北京：人民出版社，1993：78.
③ 邓小平文选：第3卷 [M]. 北京：人民出版社，1993：64.
④ 邓小平文选：第3卷 [M]. 北京：人民出版社，1993：299.

方法。"①

我国的社会主义改革开放,是一项崭新的事业,建设和发展社会主义市场经济,更是前无古人的伟大创举。邓小平同志认为,我们在改革前行的道路上,会遇到很多困难,甚至会有失误;对外开放也会带来一些资本主义的腐朽东西和消极的影响,要说有风险,这是最大的风险。但是我们没有任何退路,我们必须实行改革开放的政策。邓小平同志指出:"要发展生产力,就要实行改革和开放的政策。不改革不行,不开放不行。过去二十多年的封闭状况必须改变。"②"坚持改革开放是决定中国命运的一招。"③ 当然,在改革开放的过程中,我们要不断地总结经验,对的就坚持,不对的赶快改,新问题出来抓紧解决。同时,发挥党的领导和无产阶级专政的优势,运用法律、教育等手段,来克服和化解各种风险。判断改革开放和各方面工作的是非得失,必须坚持"三个有利于"的标准,即是否有利于发展社会主义社会的生产力,是否有利于增强社会主义国家的综合国力,是否有利于提高人民的生活水平。

总之,为了适应建设社会主义现代化"大经济"的需要,党的十一届三中全会以来,党和国家制定和实行了一系列改革开放的重大方针政策。对内的"大改革"和对外的"大开放",构成了当代中国最鲜明的特点。邓小平同志正是针对改革开放大背景下德育的一系列新情况和新问题,做出了系统全面的阐述和科学的回答,逐步形成了邓小平新时期德育思想理论体系,成为当代中国马克思主义德育理论的开篇之作、当代德育原理的奠基之作。

三、实践基础

理论来源于实践,又指导实践发展。邓小平同志根据改革开放实践发展的需要,面对改革开放带来的条件、机遇和挑战,针对我国意识形态领域和党的德育工作出现的新情况、新问题、新矛盾以及人们思想意识的新变化,探索和不断回答新时期德育的一系列基本问题,指导新时期德育工作实践取得突破性进展,并积累了新的经验。改革开放和社会主义现代化建设的伟大实践,是邓小平新时期德育思想形成的实践基础。

---

① 邓小平文选:第3卷 [M]. 北京:人民出版社,1993:373.
② 邓小平文选:第3卷 [M]. 北京:人民出版社,1993:265.
③ 邓小平文选:第3卷 [M]. 北京:人民出版社,1993:368.

(一) 改革开放的伟大实践

1978年12月，党的十一届三中全会确定党和国家的工作重点转移到社会主义现代化建设上来，标志着我国改革开放正式起步；1982年9月，党的十二大明确提出"建设有中国特色的社会主义"这一关系当代中国发展方向的重大理论命题，对我国社会主义现代化建设事业做出了全面部署，推动了改革开放的全面展开。正如江泽民同志在党的十四大中对改革开放十四年伟大实践进行总结时所指出的："新时期最鲜明的特点是改革开放。改革开放从十一届三中全会起步，十二大以后全面展开。它经历了从农村改革到城市改革，从经济体制的改革到各方面体制的改革，从对内搞活到对外开放的波澜壮阔的历史进程。"[①]

我国新时期的改革，首先从农村开始。实行家庭联产承包，是中国农民的伟大创造。这是一种崭新的、具有中国特色的农村农业经营管理方式，既废除了原来"一大二公"式的人民公社，又不走土地私有化道路，而是以家庭联产承包为主，统分结合、双层经营，解决了我国社会主义农村体制的重大问题。随着农村改革的深化，乡镇企业异军突起，这是中国农民的又一个伟大创造。它将农村剩余劳动力从土地上转移出来，为农村致富和逐步实现现代化，为促进工业和整个经济的改革与发展，开辟了一条新路。

为适应改革从农村向城市发展的新形势，1984年10月党的十二届三中全会通过了《中共中央关于经济体制改革的决定》。该决定提出我国社会主义经济是公有制基础上的有计划的商品经济，突破了把计划经济同商品经济对立起来的传统观念。接着，我们党相继决定对科技体制和教育体制进行改革，并进一步提出了政治体制改革的目标和任务。1986年9月党的十二届六中全会专门作出决议，对改革开放条件下社会主义精神文明建设作出全面部署。1987年10月，党的十三大明确概括和全面阐发了党的"一个中心、两个基本点"的基本路线，有力保证了改革开放的正确发展方向，保证了我国现代化建设在中国特色社会主义道路上继续前进。1992年年初，邓小平同志发表南方谈话，进一步解放了全党全国人民的思想。同年10月召开党的十四大，全面总结改革开放以来十四年的经验，把建设有中国特色社会主义理论确立为党的指导思想，明确提出我国经济体制改革的目标是建立社会主义市场经济体制。以"南方谈话"和党的

---

① 江泽民文选：第1卷 [M]. 北京：人民出版社，2006：214.

十四大为标志,我国改革开放和现代化建设事业进入了一个新的发展阶段。

我国在不断推进深化改革的同时,坚决实行对外开放政策,并逐步形成了全方位、多层次、宽领域的对外开放格局。1980年5月,首先在深圳、珠海、汕头、厦门四个城市设置经济特区。经济特区利用国外资金、技术、管理经验来发展社会主义经济的崭新试验,取得了很大成功。1984年相继开放了沿海14个港口城市;1985年在长江三角洲、珠江三角洲、闽东南地区、环渤海地区开辟了经济开放区;1988年建立海南省并划定海南岛为经济特区;1990年决定开发开放上海浦东新区;党的十四大之后,又开放了一大批沿江、沿边城市、全国各省会城市以及一些有条件的城市,实现了对外开放从沿海向内陆地区的扩展。这样,全国范围内多层次对外开放的格局基本形成。我国的对外开放,包括对发达国家的开放,也包括对发展中国家的开放,是对全世界所有国家的全方位开放;不仅在经济领域开放,而且在科技、教育、文化、体育、卫生等领域开放,是一种宽领域的开放。

改革开放的伟大实践和巨大成功,社会主义现代化建设的巨大成就,充分展现了中国特色社会主义的蓬勃生机和强大生命力。社会主义市场经济体制初步建立,物质文明和精神文明建设全面推进,到1997年,"我国的社会生产力、综合国力和人民生活水平,又上了一个新的台阶"①。这就为中国特色社会主义的继续发展,提供了更加雄厚的物质基础、更为有效的精神动力和政治保证,并进一步提升了国际影响力,提高了运用有利国际环境加快发展自己的能力。

同时,党和国家也清醒地认识到,社会主义的改革开放和现代化建设面临着严峻的挑战。一方面,西方资本主义国家出于对自身利益的考虑,企图更快更多地占领中国巨大的市场,获得巨额利润,既希望中国改革开放,保持稳定发展的势头,但从根本上又不希望中国强盛起来,于是散布"中国威胁论",对中国采取"西化""分化""和平演变"等政治和经济图谋,企图削弱与控制中国;另一方面,西方发达资本主义国家综合国力水平较高,这使得我国社会主义的发展在国际竞争中处于不利地位。发达国家在经济、科技、人才乃至军事方面占有优势并对我国形成压力的局面,在短期内难以改变,这就必然会为我国的发展带来严峻的挑战。

社会主义改革开放的发展,也给我国意识形态领域带来了一系列新情况。

---

① 江泽民文选:第2卷[M].北京:人民出版社,2006:5.

从外部影响来看,改革开放是为了引进西方国家的资金,学习其先进科学技术和管理经验,吸收借鉴其先进文化;但西方腐朽的生活方式和文化也会乘虚而入,再加上西方敌对势力利用各种渠道对我国进行"和平演变",势必在人们思想上引起混乱。一些人崇洋媚外追求西方生活方式,甚至个别人鼓吹历史虚无主义和民族虚无主义,宣扬全盘"西化"的思潮,等等。这些都是新时期德育工作遇到的新情况和新问题。从国内发展本身来看,改革开放和发展社会主义市场经济,需要人们在观念上有一个逐步认同的过程。虽然社会主义思想文化占主导地位,但封建主义思想残余以及资产阶级、小资产阶级思想仍然存在,传统陈旧的观念还有一定的社会基础。保守封闭的思想,极端个人主义、享乐主义、拜金主义,以及贪污腐败思想,在一定程度上滋长蔓延,影响了社会主义的改革开放和发展。针对这种新情况,邓小平同志反复强调:"思想政治工作和思想政治工作队伍都必须大大加强,决不能削弱。"[①] 德育工作要有针对性,要细致深入;时间不同了,条件不同了,对象不同了,因此解决问题的方法也不同;既要继承我们党的德育优良传统,又要不断创新。

总之,改革开放的伟大实践,是邓小平新时期德育思想形成的现实基础,是当代德育原理奠基和发展的实践来源。党的十五大以后,我们党和全国人民坚持以邓小平理论为指导,把中国特色社会主义事业全面推进到21世纪,夺取了从全面建设小康社会到全面建成小康社会的一个又一个新胜利。特别是党的十八大以来,以习近平同志为核心的党中央,领导全国人民推进全面深化改革,不断扩大对外开放,取得了新的历史性成就,在实现"两个一百年"的宏伟目标、实现中华民族伟大复兴"中国梦"的新征途上阔步前进。在这一伟大历史进程中,当代中国马克思主义德育理论与德育实践,随着改革开放实践的发展而不断创新与发展。

(二)新时期德育的重大实践

在邓小平同志关于新时期德育的一系列重要论述和新思想、新观点的指导下,我们党的德育工作围绕培养社会主义"四有"新人,提高中华民族的思想道德素质,保证社会主义现代化建设事业胜利前进而展开。新时期德育的重大实践,取得了一系列突破性成就。这为促进改革开放实践的发展,为建设社

---

① 邓小平文选:第3卷[M].北京:人民出版社,1993:145.

主义市场经济、社会主义民主政治、社会主义先进文化和精神文明，提供了思想政治保证和强大的精神动力。

新时期德育的重大实践和突破，首先是从重新确立"解放思想、实事求是"的思想路线开始的。邓小平同志旗帜鲜明地提出毛泽东思想的精髓是实事求是，领导和支持关于"实践是检验真理的唯一标准"的大讨论，着手解决党的思想路线问题。1978年12月，党的十一届三中全会批评了"两个凡是"的错误方针，果断地放弃了"以阶级斗争为纲"，把党和国家的工作重点转移到社会主义现代化建设上来，提出了一系列有利于增强党的团结和调动一切积极因素的方针政策，标志着我们党重新确立了"解放思想、实事求是"这一马克思主义的思想路线。从此，我们党和国家开启了改革开放和社会主义现代化建设的新时期，德育工作也进入了一个新的发展阶段。

新时期德育的重大实践和突破，集中体现在确立和实施"培养什么人、怎样培养人"的核心战略上。邓小平同志针对当今世界各国综合国力激烈竞争的特点指出："社会主义和改革开放能不能坚持，经济能不能快一点发展起来，国家能不能长治久安，从一定意义上说，关键在人。"[①] 改革开放和社会主义市场经济的发展，使人们的思想观念、价值取向、利益倾向都发生了深刻的变化；这也使新时期德育工作对象的特点、德育工作环境和条件、德育工作内容、德育工作管理手段和评价标准等，都发生了重大变化。邓小平同志根据这些新变化，提出了改进和加强德育工作的新思路。他告诫全党："要把我们的军队教育好，把我们的专政机构教育好，把共产党员教育好，把人民和青年教育好。"[②] 要不断更新德育工作内容，改善德育工作条件，运用现代传播手段加强党的德育工作；要学习全人类先进的德育经验，吸收借鉴人类一切优秀的德育成果为我服务，为我所用。按照邓小平同志提出的新时期德育根本任务和目标的要求，我们党推进了提高中华民族思想道德素质、培养社会主义"四有"新人的实践发展。党政机关、军队、学校、企业和社会各界把培养社会主义"四有"新人，作为一项根本性的战略任务来抓，为社会主义现代化事业提供强大的精神动力和人才支撑。

新时期德育的重大实践和突破，突出表现在贯彻落实"两手抓、两手都要

---

① 邓小平文选：第3卷 [M]. 北京：人民出版社，1993：380.
② 邓小平文选：第3卷 [M]. 北京：人民出版社，1993：380.

硬"的指导方针和服从服务于社会主义现代化建设的大局上。邓小平同志提出了"社会主义现代化是最大政治"的德育观念，引领新时期德育工作为社会主义现代化建设服务，为改革开放保驾护航。他针对新时期各方面都面临的复杂任务和出现的新情况反复强调："要两手抓，一手要抓改革开放，一手要抓严厉打击经济犯罪，包括抓思想政治工作。"① 邓小平同志提出"两手抓"的德育方针，推动了社会主义精神文明建设和党的德育工作实践的发展。实践证明，在新的历史时期，我们"两手抓"坚持得好，党的德育工作就能取得好成效；而一手硬、一手软，则会冲击精神文明建设和德育工作，乃至影响整个改革开放事业的发展。但是总的来说，改革开放以来特别是党的十三届四中全会以后，德育工作在纠正一手硬、一手软的状况中，始终坚持"两手抓"的方针，从而取得了新成效。

新时期德育的重大实践和突破，还体现在抓住新机遇，应对新挑战，解决一系列新问题、新矛盾上。改革开放是一场伟大而深刻的革命，随着改革开放的不断推进，原有的矛盾解决了，新的矛盾逐渐凸现出来，新的问题也不断出现。世界范围内综合国力竞争和不同思想文化的冲突不断加剧，国内利益主体多元化导致人们思想多元化、复杂化。这样的国际国内环境，使得德育工作面临一系列新情况和新问题：在对外开放中有许多西方腐朽文化和错误思潮乘虚而入，影响和腐蚀人民群众尤其是青少年的思想；国有企业改革，下岗职工再就业的问题，以及由此引起的思想问题；军队现代化进程中，兵源的高素质要求与兵源思想道德素质需要提高的矛盾；农民增收与农民负担过重的矛盾而引起的思想问题；高校招生分配制度改革与大学生的思想教育问题，中小学的素质教育与应试教育的新矛盾；社会风气和公共道德遇到挑战，党政干部中存在腐败现象等。解决这些问题，既要全面准确地贯彻党在社会主义初级阶段的基本路线，发展社会主义市场经济，建设高度的社会主义物质文明，使人民共同富裕起来，提高广大人民群众的物质生活水平；又要坚持"两手抓"的方针，坚持依法治国与以德治国相结合，创建高度的社会主义精神文明，提高中华民族的思想道德素质。改革开放以来，我们党坚持和发展邓小平德育思想，改进和加强对德育工作的领导，研究新情况，解决新问题，使全党全国人民统一思想、统一意志、统一行动，进一步增强了中华民族的凝聚力。

---

① 邓小平文选：第3卷［M］．北京：人民出版社，1993：306.

在邓小平理论的指导下，新时期德育工作在制度、机制、内容、方法、手段和管理模式等方面的创新实践，也都取得了突破性成就。当代中国马克思主义德育理论和当代德育原理，在与社会主义改革开放和现代化建设伟大实践的结合上，推动了新时期德育实践的新发展。

（三）新时期德育的新经验

邓小平同志敏锐、准确地把握住时代特征，紧紧抓住建设中国特色社会主义这一当代中国的时代主题，确立新时期德育工作"解放思想、实事求是"的思想路线，把我们党的德育工作从"以阶级斗争为纲"的禁锢中解放出来，使其步入服从和服务于经济建设的轨道，适应了我国改革开放和社会主义现代化建设实践发展的需要。新时期德育工作，在新的实践中形成了一系列新经验。

其一，在德育的思想路线上，坚持解放思想与实事求是的统一。邓小平同志指出："我们讲解放思想，是指在马克思主义指导下打破习惯势力和主观偏见的束缚，研究新情况，解决新问题。"①"解放思想，就是使思想和实际相符合，使主观和客观相符合，就是实事求是。"② 可见，解放思想与实事求是是辩证统一的。只有解放思想，才能达到实事求是；只有实事求是，才能真正解放思想。

邓小平同志之所以特别强调解放思想，是针对当时的政局形势和党内存在的"左"的僵化思想而提出的。党的十一届三中全会前后，邓小平同志发表了《解放思想、实事求是，团结一致向前看》等一系列重要讲话。这是我国新时期改革开放的宣言书，也是指导新时期德育实践的纲领性文献，引领和推动了全党全国人民的思想大解放。邓小平同志指出："一个党，一个国家，一个民族，如果一切从本本出发，思想僵化，迷信盛行，那它就不能前进，它的生机就停止了，就要亡党亡国。"③ 这就把思想路线问题，放在事关党和国家生死存亡的高度上进行战略思考。党的十一届三中全会重新确立了"解放思想、实事求是"的思想路线，具有极其重大的历史意义，为新时期党的政治路线和组织路线奠定了思想基础，也为新时期德育工作奠定了思想和政治基础。坚持这一马克思主义的思想路线，是新时期德育工作得以恢复和发展，并在实践中不断开创新局面的最重要的经验。

---

① 邓小平文选：第2卷［M］. 北京：人民出版社，1994：279.
② 邓小平文选：第2卷［M］. 北京：人民出版社，1994：364.
③ 邓小平文选：第2卷［M］. 北京：人民出版社，1994：143.

20世纪80年代末90年代初，针对改革开放中出现的新情况新问题，特别是一些人对改革开放姓"资"姓"社"产生的困惑和疑虑，以及国际共产主义运动遭受严重挫折所带来的复杂国际形势，邓小平同志经过深入调查研究，向全党和全国人民做出了一系列重要指示和讲话，尤其是1992年年初的南方谈话，深刻总结了十多年改革开放的实践经验，要求全党和全国人民必须继续解放思想，实事求是，破除和澄清了困扰和束缚人们思想的许多重大问题。邓小平同志的南方谈话，推动了改革开放新时期的第二次思想大解放，也是新时期德育工作的思想大解放。邓小平同志提出"两手抓、两手都要硬"的指导方针，反复强调：我们不仅要把经济搞上去，也要把社会主义精神文明建设搞好；要坚持改革开放，坚持四项基本原则；发展社会主义市场经济，一定要把我们的党员教育好、人民教育好，尤其是要把青少年教育好；精神文明建设要大胆吸收和借鉴人类一切优秀的文明成果，同时又要坚持马克思主义实事求是的立场、观点和方法，不能盲目学习吸收，更不能搞精神污染；新时期的精神文明建设、思想政治工作，都要落实到一个"实"字上，要讲求实效，反对一切形式主义和官僚主义。所有这些，都说明了邓小平同志及时总结新时期德育实践新经验，体现了我们党在新时期德育工作中坚持解放思想与实事求是的辩证统一。

其二，在德育工作的立场上，坚持党性与人民性的统一。党性是人民大众利益的集中反映。德育工作的党性是指它归谁领导，宣传什么阶级的利益和思想，为谁服务。邓小平同志在新时期特别强调德育工作的党性原则，强调德育为社会主义现代化建设服务，为其提供精神动力和思想政治保证。他指出："我们说改善党的领导，其中最主要的，就是加强思想政治工作。"[①] 通过有力的思想政治工作来动员和团结广大人民群众，为实现党的中心任务服务。我们党在新时期开展德育工作，坚持把培养社会主义"四有"新人和提高中华民族思想道德素质作为根本任务，把为社会主义现代化建设服务作为正确的指导方向，把进行马列主义、毛泽东思想和党的基本路线教育、改革开放教育、反对资产阶级自由化等作为中心内容，把辩证唯物主义和历史唯物主义作为根本思想方法和工作方法，在理论和实践上都表现出鲜明的党性原则、立场和特征。

德育工作的人民性，就是坚持人民立场，践行全心全意为人民服务的宗旨，切实维护好广大人民的根本利益。邓小平同志指出："社会主义现代化建设是我

---

① 邓小平文选：第2卷［M］. 北京：人民出版社，1994：365.

们当前最大的政治,因为它代表着人民的最大的利益、最根本的利益。"① 新时期德育工作,始终坚持从实际出发,把先进性要求同广泛性要求结合起来,把解决思想问题同解决实际问题结合起来,把提高人民群众的思想道德素质同实现广大人民的物质利益统一起来,把促进人的全面发展同推进深化改革、实现现代化、推动社会发展和进步统一起来。邓小平同志指出:"不讲多劳多得,不重视物质利益,对少数先进分子可以,对广大群众不行,一段时间可以,长期不行。革命精神是非常宝贵的,没有革命精神就没有革命行动。但是,革命是在物质利益的基础上产生的,如果只讲牺牲精神,不讲物质利益,那就是唯心论。"② 随着改革开放的深入,国家综合实力不断增强,各项社会事业不断发展,人民群众也获得了更多的实惠和利益。这既是我们党加强和改进德育工作,对广大人民进行思想政治和道德教育最为生动和有效的实践素材;也是我们党立党为公,执政为民,坚持人民立场的真实写照。新时期德育工作的党性与人民性,在社会主义改革开放和现代化建设的伟大而生动的实践中,实现了高度统一。

其三,在探索与研究德育工作规律上,坚持基本理论研究与应用性研究的统一。在改革开放新的历史时期,邓小平同志为全党树立了探索社会主义建设规律、研究新情况、解决新问题的光辉典范。邓小平同志非常重视新时期德育工作为社会主义现代化建设服务的理论与实践问题研究,深化了德育基本理论研究,推动了对德育工作规律的探索,并与德育应用性问题研究有机统一起来。他告诫全党全国人民,要注重研究现代化建设遇到的新情况和新问题,并做出具有重大指导意义的回答;同时又强调:"当然这决不是说,凡是同实现四个现代化没有直接关系的思想理论问题就可以不去认真深入地研究。哲学、社会科学同自然科学一样,决不能忽视基础理论的研究,这些研究是理论工作的任何巨大前进所不可缺少的。"③ 邓小平同志对新时期德育工作做了系统的理论阐述,发表了一系列重要的文章和讲话,如《解放思想,实事求是,团结一致向前看》《坚持四项基本原则》《目前的形势与任务》《贯彻调整方针,保证安定团结》《中国共产党第十二次全国代表大会开幕词》《一靠理想二靠纪律才能团

---

① 邓小平文选:第2卷[M]. 北京:人民出版社,1994:163.
② 邓小平文选:第2卷[M]. 北京:人民出版社,1994:146.
③ 邓小平文选:第2卷[M]. 北京:人民出版社,1994:179.

结起来》《在武昌、深圳、珠海、上海等地的谈话要点》等。实际上，整个《邓小平文选》特别是第二卷和第三卷的内容，涉及马克思主义的基本理论、当代中国改革与发展的重大理论、重大实践问题；而论及新时期德育工作的部分，系统全面阐述了德育的地位作用、目标任务、内容、方针、原则与方法以及党的领导，对新时期德育工作的新情况、新问题做出了科学的回答，指导了德育实践的发展。

邓小平同志对新时期德育工作抓什么、怎么抓、谁来抓，都有明确且带有操作性的论述。他反复强调：德育工作要解决实际问题，要务实管用，不能鼓虚劲说空话；思想政治工作是党的重要工作，党要用主要精力来抓，要抓好落实，要把思想政治工作落实到经济建设上来，要起到关心保护群众利益的作用；要有针对性，要采取与形势特点相符合、与解决人民群众现实问题相一致的方式方法来做好思想工作；德育工作要为保证社会的安定团结服务，为实现党的战略目标提供思想政治保证。这对新时期德育工作实践尤其是基层开展具体德育工作，具有直接的指导意义。

其四，在抓好德育工作的落实上，坚持责、权、利的有机结合。德育工作同其他工作一样，要抓好落实，首先要建立起严格的责任制。邓小平同志指出："任何一项任务、一个建设项目，都要实行定任务、定人员、定数量、定质量、定时间等几定制度。"① 他还强调，要使责任制真正发挥作用，必须扩大管理人员的权限，责任到人，权力到人；善于选用人员，量才授予职责；严格考核，赏罚分明。根据这一思想和要求，我们党在新时期逐步建立和健全各级各地党委统一领导，党、政、工、青、妇齐抓共管各负其责的德育工作体制和责任制。在德育工作中，把管理的各个环节具体规划并加以分解，具体落实到每一个单位和部门、每一个基层组织、小组与个人，使德育工作和管理的任务、责任、效果、权力、利益都具体落实到人，建立起严格的责任制度和考核制度。

德育工作的落实，关键在基层。既要提高基层党组织和基层党员干部的自觉性主动性，又要调动广大人民群众参与的积极性。邓小平同志指出："党的基层组织是党联系广大群众的基本纽带，经常检查和改进基层组织的工作，是党的领导机关的重要政治任务。"② 工作落实到基层，才是真正的落实；宣传和教

---

① 邓小平文选：第2卷 [M]. 北京：人民出版社，1994：151.
② 邓小平文选：第1卷 [M]. 北京：人民出版社，1994：253.

育群众、动员和组织群众的工作做好了，才是真正落实了德育任务。新时期德育工作，正是在机关、企业、街道、农村、学校、连队等基层党组织的具体部署、组织实施中，在广大基层党员干部的努力下，得以恢复和发展的，并取得了巨大成效。同时，改革开放使广大人民群众获得显著实惠的事实，极大地教育了群众，调动了广大人民群众投身改革开放和现代化建设事业的积极性，自觉参与德育工作的积极性，自觉接受教育和开展自我教育的积极性。

其五，在推动新时期党的德育理论与实践的发展上，坚持继承、改革与创新的有机结合。我们党在长期革命和建设的实践中，形成了思想政治工作的优良传统，这个传统任何时候都不能丢，但又不能把它当成僵化的教条，处处照搬硬套。在改革开放新时期，我们党坚持把德育工作与时代特点和新的实践紧密结合起来，研究新情况、解决新问题，创新和发展了党的德育理论与实践。邓小平同志指出："如果我们不去分析和解决新的历史条件下存在的问题，我们就不能够恢复和发扬政治工作的优良传统"①；"那种否定新的历史条件的观点，就是割断历史，脱离实际"。② 邓小平同志坚持马克思主义的世界观和方法论，坚持毛泽东思想，从新时期的实际出发，提出一系列关于德育工作的新观点、新思路、新方法；我们党制定一系列改进和加强新时期德育的新政策，有力指导和推动着德育实践的新发展，充分展现了我们党在德育工作中的连贯性、时代性与强大的生命力。这是对毛泽东德育思想的丰富和发展，也是对新时期德育工作实践的科学总结。

新时期德育实践的改革与创新，集中体现在贯彻"面向现代化、面向世界、面向未来"的战略指导方针上。改革开放新时期的德育工作，既着眼中国实际，又胸怀世界大局；既立足当代实践，又面向未来发展。我们党坚持解放思想，实事求是，改革创新，把德育工作纳入建设中国特色社会主义目标体系，不断推进德育实践新发展。在育人目标上，坚持培养有理想、有道德、有文化、有纪律的社会主义新人；在德育内容上，突出理想信念教育、党的基本路线和方针政策教育、形势任务教育、法纪教育、现代道德教育；在德育方法和渠道上，积极利用现代信息技术改进工作方法，拓展德育工作的载体和空间；在德育领导体制和工作机制上，建立各级党委组织、各行政部门和全社会齐抓共管的共

---

① 邓小平文选：第 2 卷 [M]．北京：人民出版社，1994：121．
② 邓小平文选：第 2 卷 [M]．北京：人民出版社，1994：121．

同育人的体制；在德育管理上，运用现代管理科学，按照"工程建设"的方式，建立和实行严格的责任制。这样，新时期的德育工作，主动适应了社会主义现代化建设的需要，主动适应了不断深化改革开放的需要，主动适应了党和国家事业未来发展的需要。这种主动适应，就是在继承基础上的改革与创新，也就是创造性适应。正因为如此，新时期德育工作获得重大突破，取得重大成绩。

四、理论奠基

党的十五大报告指出："邓小平理论形成了新的建设有中国特色社会主义理论的科学体系。"[①] 这个论断既符合邓小平理论形成发展的实际；也是我们党把邓小平理论确立为指导思想和行为指南，实现党的指导思想与时俱进的内在依据。邓小平理论是马克思列宁主义同中国实际相结合又一次历史性伟大飞跃的理论成果，是当代中国马克思主义奠基与形成的标志。因此，邓小平新时期德育思想，也必然成为当代中国马克思主义德育理论和当代德育原理的开篇性、奠基性理论。

（一）科学回答新时期德育一系列基本问题

一种新的理论形成，首先必须科学地回答新的研究领域、新的实践发展的一系列基本问题。邓小平德育思想正是在改革开放的伟大时代，从建设有中国特色社会主义的宏大历史背景出发，对新时期德育工作做出了科学回答，解决了改革开放历史条件下德育一系列基本问题。

1. 新时期德育的地位与作用

思想政治工作是我们党的优良传统和政治优势。改革开放的新形势、新任务、新要求，更加需要我们党改进加强思想政治工作。改革是一场新的革命，需要人们不断解放思想，树立新的思想观念；改革必然要调整和整合原有的利益结构，需要统一人们的思想认识；实行对外开放，在引进西方发达国家的资金、技术和先进管理经验的同时，也会带来一些消极的思想意识、价值观念乃至腐朽落后的思想文化，这就需要我们保持清醒头脑，并采取切实有效的措施加以抵制。邓小平同志基于对改革开放新形势、新情况、新问题的科学把握，特别强调新时期德育工作只能加强，不能削弱。他指出："我们一定要把思想政

---

① 江泽民文选：第2卷［M］．北京：人民出版社，2006：11.

治工作放在非常重要的地位,切实认真做好,不能放松。"① "经济调整是一个很艰巨、很复杂的任务。……为了完成这个任务,为了保证全党思想上行动上的一致,必须有效地加强和改善我们党的思想政治工作。"② 对于改革开放带来的一些不良影响,邓小平同志指出:"我们用法律和教育这两个手段来解决这个问题。只要不放松,认真抓,就会有办法。"③ 同时,邓小平同志反复强调要"两手抓,两手都要硬",不断加强和改进德育工作,抓好思想政治教育,既是社会主义精神文明建设的内在要求和基础性工程;也是为整个社会主义"两个文明"建设提供思想政治保证,为改革开放和社会主义现代化建设保驾护航的需要。

2. 新时期德育的指导思想

马克思列宁主义、毛泽东思想是我们党的指导思想,当然也是德育的指导思想。邓小平同志强调,在整个改革开放和社会主义现代化建设进程中,必须始终坚持四项基本原则,即坚持社会主义道路,坚持无产阶级专政,坚持共产党的领导,坚持马列主义、毛泽东思想。同时他又强调,要完整地准确地掌握马克思列宁主义和毛泽东思想的科学体系;我们党所坚持的和当作行动指南的,是马列主义、毛泽东思想的基本原理,是由这些基本原理构成的科学体系;而经典作家在某一特定的时间和条件下,针对一些具体问题的论述和具体结论,随着时间和条件的变化,也会表现出它的局限性。他指出:"至于个别的论断,那末,无论马克思、列宁和毛泽东同志,都不免有这样那样的失误。但是这些都不属于马列主义、毛泽东思想的基本原理所构成的科学体系。"④ 因此,必须用马克思主义的基本立场、观点和方法,研究新情况、解决新问题,而不是机械地教条式地理解甚至割裂马列主义和毛泽东思想。这本身又是在实践中不断丰富和发展马列主义、毛泽东思想。邓小平同志指出:"实现四个现代化所必须坚持的四项基本原则,虽然我已经说过都不是什么新问题,但是这些原则在目前的新形势下却都有新的意义,都需要根据新的丰富的事实作出新的有充分说服力的论证。"⑤ 邓小平同志以巨大的政治勇气和非凡的理论智慧而创立的邓小

---

① 邓小平文选:第2卷[M]. 北京:人民出版社,1994:342.
② 邓小平文选:第2卷[M]. 北京:人民出版社,1994:364.
③ 邓小平文选:第3卷[M]. 北京:人民出版社,1993:156.
④ 邓小平文选:第2卷[M]. 北京:人民出版社,1994:171.
⑤ 邓小平文选:第2卷[M]. 北京:人民出版社,1994:179-180.

平理论,就是对马列主义、毛泽东思想的继承和发展,开拓了马克思主义的新境界,是马克思主义在中国发展的新成果。邓小平同志还指出:"学马列要精,要管用的。"① 这就是要掌握实事求是的精髓,掌握其基本原理;要紧密联系当代中国改革开放和现代化建设的实际,能够解决问题。"只有结合中国实际的马克思主义,才是我们所需要的真正的马克思主义。"② "把马克思主义的普遍真理同我国的具体实际结合起来,走自己的道路,建设有中国特色的社会主义,这就是我们总结长期历史经验得出的基本结论。"③ 就新时期德育工作而言,就是要以建设有中国特色的社会主义理论为指导,并用这一科学的理论来武装人、教育人,从而解决了新时期德育指导思想的问题。

3. 新时期德育的目标和任务

新时期全党工作中心转移到经济建设上来的战略决策,决定了德育工作必须服从和服务于经济建设这个中心。邓小平同志指出:"社会主义现代化建设是我们当前最大的政治。"④ "经济工作是当前最大的政治,经济问题是压倒一切的政治问题。"⑤ 因此,要实行改革开放,加快经济建设,集中力量搞四个现代化。这不仅关系企业增加利润,国家增加实力,劳动者增加个人收入和集体福利,而且决定着党和国家的前途和命运。正如邓小平同志所说:"政治工作要落实到经济上面,政治问题要从经济的角度来解决。"⑥ 否则,"政治就变成空头政治,就离开了党和人民的最大利益"。⑦ 德育服从和服务于经济建设,德育工作结合经济工作一起做,最重要的就是全面准确地宣传贯彻党的基本路线,坚持开展以经济建设为中心和改革开放的教育,坚持四项基本原则、反对资产阶级自由化的教育,为改革开放和现代化建设提供思想政治保证和精神动力。而实现社会主义现代化关键在人,德育工作就是培育和造就有理想、有道德、有文化、有纪律的社会主义新人,不断提高中华民族的思想道德素质。

---

① 邓小平文选:第3卷[M].北京:人民出版社,1993:382.
② 邓小平文选:第3卷[M].北京:人民出版社,1993:213.
③ 邓小平文选:第3卷[M].北京:人民出版社,1993:3.
④ 邓小平文选:第2卷[M].北京:人民出版社,1994:163.
⑤ 邓小平文选:第2卷[M].北京:人民出版社,1994:194.
⑥ 邓小平文选:第2卷[M].北京:人民出版社,1994:195.
⑦ 邓小平文选:第2卷[M].北京:人民出版社,1994:150.

4. 新时期德育的内容和重点

德育的目标和任务决定着德育的内容。围绕着培养社会主义"四有"新人的目标任务，围绕着经济建设这个中心、这个大局，围绕着实现社会主义现代化的宏伟目标，邓小平同志对德育内容做了系统的论述。他强调要用共同的理想和坚定的信念把人民团结起来，进行马克思主义信仰、共产主义信念和中国特色社会主义共同理想教育；用科学正确的理论武装人、教育人，进行建设有中国特色社会主义理论教育，国情教育，党的基本路线和方针、政策教育；用爱国主义精神把人民凝聚起来，进行爱国主义和民族自尊心、自信心教育；要大力开展社会主义道德和共产主义道德教育，艰苦奋斗和艰苦创业精神教育，社会主义民主、法制和纪律教育；要进行反对资产阶级自由化、抵制资本主义腐朽思想、反对封建残余思想的教育；要进行改革开放和社会主义现代化建设的教育；特别要加强对党政领导干部和青少年的教育；等等。所有这些，也明确了党政干部和青少年为教育重点对象。

5. 新时期德育的原则与方法

邓小平同志根据新时期德育面临的新形势、新任务，不断研究新情况、解决新问题，科学总结和概括德育实践的新经验，有针对性地提出加强和改进德育工作的原则，创造性地提出一系列德育方法。在新的历史时期，邓小平同志始终把德育工作置于建设有中国特色社会主义伟大事业的高度来认识、设计、部署和实施，强调德育工作是党的事业的重要组成部分，同时德育工作又必须紧紧围绕党的中心任务和工作大局而展开，提出德育工作要坚持以经济建设为中心、服务全党全国工作大局的原则。他针对十年"文革"对德育工作造成的破坏，针对"文革"结束后党内不少同志思想僵化的现象，针对推进改革开放和现代化建设新实践的需要，提出新时期德育工作必须坚持解放思想、实事求是的原则，必须贯彻党的群众路线，必须把先进性要求与广泛性要求结合起来，把解决思想问题与解决实际问题结合起来，把教育与管理结合起来。他要求结合德育新实践，不断探索新的德育方式和方法。他总结提出了说服教育、以理服人的方法，批评与自我批评的方法，言传身教、以身作则的方法，建立严格责任制的方法，运用科学管理的方法等。他还提出了判断改革开放各项工作得失的"三个有利于"标准，这也是新时期德育评价的根本标准；并提出了一系列的具体评价标准和方法。

6. 新时期党对德育工作的领导

面对全党工作中心转移到经济建设上来,针对党内可能产生忽视宣传思想工作的倾向,邓小平同志高屋建瓴,提出"两手抓,两手都要硬"的方针。他指出:"在工作重心转到经济建设以后,全党要研究如何适应新的条件,加强党的思想工作,防止埋头经济工作、忽视思想工作的倾向。"①"要两手抓,一手抓改革开放,一手抓严厉打击经济犯罪,包括抓思想政治工作。"②并就如何抓好抓实精神文明建设、民主法制建设、思想政治工作、打击犯罪、惩治腐败等,做出系统科学的阐述。就德育工作而言,他强调:"必须大力加强党对思想战线的领导。"③"改善党的领导,其中最主要的,就是加强思想政治工作。"④ 为了把党对德育工作的领导落到实处,要坚持党要管党,管好党员和干部,党的各级领导干部要以身作则,做党员和群众的表率。要加强党的基层组织建设和制度建设,加强政工队伍建设,维护政工部门的权威,发挥党、政、工、青、妇各自的优势,齐抓共管,协力同心,真正把德育工作落实到每一个基层组织中,落实到经济工作和其他一切工作中,落实到解决群众的实际问题和困难中。

(二) 构建新时期德育理论科学体系

创立一种新的理论,应当构建起一个科学的、有层次的、连贯的命题系统。这个命题系统通常包括核心命题、基本命题、实践命题三个层面。从逻辑结构上看,核心命题处于命题体系的中心,也是其他层面命题的依据;基本命题是由核心命题推导而来的次生命题;实践命题是基本命题进一步推演的结果,它处在整个理论体系的外层,直接表现为理论在实践中的运用。理论也正是通过实践命题与现实发生联系,指导实践并检验自身的正确性。在实践发展的过程中,使实践命题不断丰富,并促进基本命题的丰富与发展,从而强化和巩固核心命题的核心思想和中心地位。在改革开放的伟大实践中产生的邓小平新时期德育思想,就具有这样一个完整的命题体系,展示了其理论逻辑与实践逻辑的统一性、科学内涵与完整体系的统一性。

在邓小平新时期德育思想体系中,处于核心命题地位的是马克思主义关于

---

① 邓小平文选:第3卷 [M]. 北京:人民出版社,1993:48.
② 邓小平文选:第3卷 [M]. 北京:人民出版社,1993:306.
③ 邓小平文选:第3卷 [M]. 北京:人民出版社,1993:45.
④ 邓小平文选:第2卷 [M]. 北京:人民出版社,1994:365.

社会存在与社会意识辩证关系这一唯物史观的核心原理。面对我国改革开放和发展社会主义商品经济、社会主义市场经济的现实存在，针对人们的思想和社会意识形态领域出现的新情况、新问题、新矛盾，邓小平同志根据这一核心原理的基本思想，对物质文明与精神文明、经济与政治、经济建设与思想政治工作、物质利益与牺牲精神、国家和集体与个人、理想与现实、实行改革开放与党员干部身体力行共产主义和社会主义道德、学习外国对我国有用的东西与弘扬爱国主义精神和提高民族自尊心自信心、提高和改善人民生活水平与发扬艰苦奋斗精神、坚持马列主义毛泽东思想与在实践中推进其丰富和发展等的辩证关系，都做出了科学的阐述。他既看到新时期社会现实存在的变化带给人们思想意识的变化，这是社会存在对社会意识的决定性作用，新的变化了的思想意识只不过是新的变化了的社会存在在人们头脑中的反映而已；同时，他又肯定人们对社会存在的反映不是完全消极被动的，人们可以通过主观努力来反作用于现实存在，从而推动各种新出现的矛盾朝着正确的方向运动，在这个过程中不断解决新出现的问题。邓小平同志反复强调在整个改革开放和社会主义现代化建设过程中，都必须加强和改进思想政治工作，从某种意义上来说，就是在强调要充分发挥人们社会意识对社会存在的积极的反作用，就是在论证新时期德育工作何以必要、何以可能。邓小平德育思想也正是围绕"培养什么人、怎样培养人"这个核心战略，围绕如何提高人们的思想、政治觉悟和道德、文化素质而展开的，并系统回答和科学解决了新时期德育工作的一系列基本问题，构建了新时期德育工作的科学理论体系。

邓小平德育思想体系的基本命题，集中体现在新时期德育工作的本质论和发展论。邓小平同志从新时期德育的核心命题出发，根据改革开放和社会主义现代化建设提出的新要求，针对人们社会意识和思想品德的新情况、新变化，揭示了德育工作的内在本质联系和发展规律。邓小平同志指出："培养社会主义新人就是政治。"[①] "社会主义现代化建设是我们当前最大的政治，因为它代表着人民的最大利益、最根本利益。"[②] 这样，德育作为一项培养人的工作，就是要用建设中国特色的社会主义理论武装人、教育人，做好群众工作，培养和造就社会主义"四有"新人，为当代中国的改革开放和社会主义现代化建设这

---

① 邓小平文选：第2卷 [M]. 北京：人民出版社，1994：256.
② 邓小平文选：第2卷 [M]. 北京：人民出版社，1994：163.

个"最大的政治"服务和保驾护航。也就是说,现代化建设这个"最大的政治",决定了培养"四有"新人的德育实践的政治方向和服务面向。这就深刻揭示了新时期德育工作与社会主义现代化建设的内在逻辑关系,阐明了新时期德育的本质就是服从和服务于现代化建设,提高全体人民的思想道德素质。所谓的"服从",就是要主动适应改革开放新的历史条件下的社会主义现代化建设;所谓的"服务",就是要促进社会主义现代化事业的发展。可见,新时期的德育工作要主动适应和促进党的中心工作,主动适应和推动建设中国特色社会主义的经济、政治、文化的全面发展;而在这个过程中又促进人的全面发展,推动人的现代化和全民族素质的提高。因此,邓小平同志始终从党的整个事业和新时期"最大的政治"的高度来强调加强和改进德育工作来把握德育的本质。他指出,各级党组织和党的领导机关,"要腾出主要的时间和精力来做思想政治工作,做人的工作,做群众工作"①,并进一步指出,教育好共产党员、人民、青年和军队,选拔德才兼备的干部,这是关系党的基本路线要管一百年和国家长治久安的大局和大事。②江泽民同志也指出:"党的思想政治工作本质上是群众工作,是宣传群众、教育群众、引导群众、提高群众的工作";"我们加强和改进思想政治工作,归根到底是为社会主义经济基础服务的"。③这也反映了当代中国马克思主义德育理论关于新时期德育本质的一以贯之而坚持的基本理论观点。

邓小平同志科学地把握改革开放的时代特征和社会主义现代化建设实践的新特点,提出了新时期德育创新和发展的新要求。邓小平同志1983年10月为景山学校题词:"教育要面向现代化,面向世界,面向未来。"④这"三个面向"的重要思想,阐明了教育与现代化建设的关系,拓展了教育的国际视野,深化了对现代教育本质的认识,成为新时期发展教育事业的战略方针,也必然是新时期德育工作的重要遵循,为德育创新与发展指明了方向。教育和德育的"三个面向"是一个不可分割的有机整体,面向现代化是核心要求,为经济建设这个党的中心工作服务,是新时期德育本质的体现;而要达到面向现代化这个核心的本质的要求,必须面向世界和面向未来,才能主动适应和有效地服务于经济社会的未来发展。当代中国的改革开放是以思想解放为前提的,没有"真理

---

① 邓小平文选:第2卷[M].北京:人民出版社,1994:365.
② 邓小平文选:第3卷[M].北京:人民出版社,1993:380.
③ 江泽民文选:第3卷[M].北京:人民出版社,2006:95.
④ 邓小平文选:第3卷[M].北京:人民出版社,1993:35.

标准"大讨论带来的思想解放运动,不可能有改革开放的伟大抉择。这就更加突显了德育工作的前瞻性与未来性作用,彰显了德育的世界眼光的重要性,展现了德育为现代化建设服务的时代要求。因此,邓小平同志反复强调,新时期德育工作既要坚持和传承党的思想政治工作的优良传统,又必须超越传统,根据新的时代要求而不断创新;既要立足中国的实际,又必须超越时空,学习借鉴全人类优秀的德育文化成果。这样才能真正服务于社会主义市场经济和社会主义政治与文化建设的需要,从而回答了怎样创新和发展新时期德育工作的问题。

党的十一届三中全会以后,在邓小平同志亲自领导或指导下,党中央、国务院及其相关部委制定了新时期思想政治工作的方针、政策,颁布和实施了一系列加强和改进德育工作的文件,构成了邓小平德育思想体系的实践命题。这些文件既有针对全国的普遍性政策规定与总体部署,也有针对党内、企业、农村、学校、部队等专门性的政策规定与要求,都反映了党的宣传思想工作和精神文明建设的战略部署和新举措,始终为深化改革扩大开放和社会主义现代化建设服务。如:在宏观部署方面,有《关于教育体制改革的决定》(1985)、《中共中央关于社会主义精神文明建设指导方针的决议》(1986)、《中国教育改革和发展纲要》(1993)、《中共中央关于加强社会主义精神文明建设若干重要问题的决议》(1996);在加强党的建设和党内教育方面,有《关于党内政治生活的若干准则》(1980)、《关于加强党员教育工作的通知》(1983)、《关于加强党风廉政建设的意见》(1990)、《中共中央关于加强党的建设几个重大问题的决议》(1994);在宣传思想工作的总体部署和要求方面,有《中共中央关于加强宣传、思想工作的通知》(1989)、《中共中央关于加强和改进宣传思想工作,更好地为经济建设和改革开放服务的意见》(1992);在爱国主义教育上,有《关于加强爱国主义宣传教育的意见》(1983)、《爱国主义教育实施纲要》(1994);在学校德育方面,有《关于高等学校学生思想政治工作的意见》(1980)、《关于改革学校思想品德和政治理论课程教学的通知》(1985)、《关于改革和加强中小学德育工作的通知》(1988)、《中国普通高等学校德育大纲》(1995);在企业思想政治工作方面,有《国营企业职工思想政治工作纲要(试行)》(1983)、《中共中央关于加强和改进企业思想政治工作的通知》(1988)、《关于加强和改进企业思想政治工作的若干意见》(1995);在农村思想政治工作方面，有《关于加强农村思想政治工作的通知》(1983)、《关于深入开展农村社会主义精神文明建设活动的若干意见》(1995)；在军队政治工作方面，有《中国人民解放军战士政治教育大纲》(1982)、《关于新时期军队政治工作的决定》(1987)；在党的指导理论学习方面，有《关于学习〈邓小平文选〉的通知》(1983)、《关于学习〈毛泽东选集〉第一卷至第四卷第二版的通知》(1991)、《中共中央关于学习〈邓小平文选〉第三卷的决定》(1993)、《中共中央关于印发〈邓小平同志建设有中国特色社会主义理论学习纲要〉的通知》(1995)等。党和政府的这些文件和方针、政策，直接指导着新时期德育工作改革和德育实践的发展，取得了新成效。正如江泽民同志在2000年6月中央思想政治工作会议上指出："改革开放以来，党的思想政治工作联系贯彻落实党的基本理论和基本路线、推进建设有中国特色社会主义的实践，取得了新的成绩，积累了新的经验，也经受了新的考验。"①

党的十五大以后，我们党坚持以邓小平理论、中国特色社会主义理论体系为指导，制定和实施正确的政策，采取切实措施，继续推进德育工作的创新与发展。如先后颁发《中共中央关于加强和改进思想政治工作的若干意见》(1999)、《公民道德的建设实施纲要》(2001)、《关于进一步加强和改进未成年人思想道德建设的意见》(2004)、《关于进一步加强和改进大学生思想政治教育的意见》(2004)、《关于培育和践行社会主义核心价值观的意见》(2013)、《关于加强和改进新形势下高校思想政治工作的意见》(2017)、《新时代公民道德建设实施纲要》(2019)、《新时代爱国主义教育实施纲要》(2019)等，为21世纪以来进一步加强德育工作的制度化、科学化建设，为德育工作的改革与创新，提供了新的政策保障。这既丰富和发展了邓小平德育思想体系的实践命题，也进一步深化了对其基本命题和核心命题的认识。

(三) 创造性运用科学的思维方法

一种科学理论的产生，应当在科学的世界观和方法论的指导下，运用科学严密的思维方法来构建自己的理论体系。邓小平同志坚持马克思主义的辩证唯物主义和历史唯物主义的世界观和方法论，创造性运用辩证和逻辑思维方法，揭示了新时期德育的内在本质联系和发展规律，形成一系列具有内在联系的基

---

① 江泽民文选：第3卷 [M]. 北京：人民出版社，2006：75.

本原理和基本观点，构筑起了新时期德育思想体系。邓小平德育思想体系各个理论要素之间绝非简单机械的叠加，而是丝丝入扣、层层相连、相互贯通，有着严密的逻辑关系。因此，邓小平新时期德育思想贯穿着科学、严密的思维方法。

1. 邓小平德育思想在世界观层面上的方法论

毫无疑问，邓小平德育思想在世界观层面上的方法论是马克思主义的辩证唯物主义和历史唯物主义，它集中体现在解放思想、实事求是的思想路线与群众路线的思想和工作方法上，这也是邓小平德育思想形成的思想基础。在邓小平理论体系中，处处体现着解放思想、实事求是的世界观和方法论。这种世界观不仅是中国共产党领导革命、建设和改革取得胜利的保证，也是指导中国共产党人一切活动的最根本的思想方法。正如邓小平同志指出："实事求是，是无产阶级世界观的基础，是马克思主义的思想基础。过去我们搞革命所取得的一切胜利，是靠实事求是；现在我们要实现四个现代化，同样要靠实事求是。"① 他还指出："按照实际情况决定工作方针，这是一切共产党员所必须牢牢记住的最基本的思想方法、工作方法。"② 从邓小平德育思想形成的客观历程分析，解放思想、实事求是是先于其他理论观点而首先确立的。邓小平同志强调："解放思想是当前的一个重大政治问题。""解放思想，开动脑筋，实事求是，团结一致向前看，首先是解放思想。"③ "只有解放思想，坚持实事求是，一切从实际出发，理论联系实际，我们的社会主义现代化建设才能顺利进行，我们党的马列主义、毛泽东思想的理论也才能顺利发展。"④ 邓小平同志也正是运用马克思主义实事求是的思想方法，紧密联系改革开放的实际，深入研究新时期德育工作规律，丰富和发展了我们党的德育理论。他针对新时期德育工作新特点而提出的一系列理论观点，形成了既继承党的思想政治工作优良传统，又富于时代特色，适应改革开放和发展社会主义市场经济需要的德育思想体系。

邓小平德育思想体系贯穿的群众观点和群众路线，也是其世界观层面方法论的重要体现。群众观点和群众路线是共产党人和无产阶级世界观、人生观、

---

① 邓小平文选：第2卷 [M]. 北京：人民出版社，1994：143.
② 邓小平文选：第2卷 [M]. 北京：人民出版社，1994：114.
③ 邓小平文选：第2卷 [M]. 北京：人民出版社，1994：141.
④ 邓小平文选：第2卷 [M]. 北京：人民出版社，1994：143.

价值观的集中反映。邓小平同志指出："世界观的重要表现是为谁服务。"① 他曾在一篇文章中满怀深情地写道："我是中国人民的儿子。我深情地爱着我的祖国和人民。"② 邓小平同志的一生，心中只有事业，只有人民；祖国的前途和命运，人民的安康和幸福都融在他的血液里，铸就了他的高尚灵魂，形成他的伟大人格。群众观点和人民立场，贯穿于邓小平德育思想体系。他在党的十二大开幕词中指出："在全国人民中，共产党员始终只占少数。我们党提出的各项重大任务，没有一项不是依靠广大人民的艰苦努力来完成的。"③ 他还指出："党的组织、党员和党的干部，必须同群众打成一片，绝对不能同群众相对立。"④ 广大人民群众是创造物质文明和精神文明的实践主体，从一定意义上来说也是党的德育工作实践的主体。德育工作必须贯彻群众路线，坚持相信群众、依靠群众、密切联系群众，广泛动员群众投入到德育工作实践中去。这既是党的思想政治工作的优良传统，也是邓小平德育思想体系中一贯坚持的思想方法。

新时期改革开放的新形势、新特点，更加突显了德育工作坚持群众路线的重要性和必要性。邓小平同志特别强调党的工作包括党的德育工作，都应该在紧密结合实际中贯彻群众路线。他指出："社会主义现代化建设的极其艰巨复杂的任务摆在我们的面前。很多旧问题需要继续解决，新问题更是层出不穷。党只有紧紧地依靠群众，密切地联系群众，随时听取群众的呼声，了解群众的情绪，代表群众的利益，才能形成强大的力量，顺利地完成自己的各项任务。"⑤ 建设富强、民主、文明的社会主义现代化国家，既是关系亿万人民群众切身利益的大事，又是需要广大人民积极参与和努力实践的伟大事业。只有坚持群众路线，获得广大人民群众的理解、支持和参与，推进改革开放和发展社会主义市场经济，建设中国特色的社会主义，才会有坚实的群众基础。总之，坚持群众路线，坚持人民利益至上的思想，始终是邓小平德育思想中贯穿的思想方法和工作方法。

---

① 邓小平文选：第2卷 [M]. 北京：人民出版社，1994：92.
② 中共中央文献研究室. 邓小平年谱（一九七五——一九九七）：下 [M]. 北京：中央文献出版社，2004：714.
③ 邓小平文选：第3卷 [M]. 北京：人民出版社，1993：4.
④ 邓小平文选：第2卷 [M]. 北京：人民出版社，1994：368.
⑤ 邓小平文选：第2卷 [M]. 北京：人民出版社，1994：342.

2. 邓小平德育思想在结构体系层面上的方法论

邓小平新时期德育思想体系完整、结构严密、内容丰富、思想内涵深邃。邓小平同志从新时期德育工作客观现实出发，深刻总结德育实践特别是改革开放新时期德育实践经验，提出了一系列科学的概念、原理、观点、命题和方针原则，把生动具体的经验提升为科学的理论。这种理论的提升和概括，是需要逻辑前提的，这就是邓小平同志科学揭示和抽象出了新时期德育工作的内在本质，确立了新时期德育服从和服务于经济建设这个大局的德育功能观。为了实现这样的德育本质和功能，邓小平同志又提出新时期德育工作的根本目标和任务是培养社会主义"四有"新人，并根据德育目标任务的要求，对德育核心内容和方法做出了新规定。而党的领导是落实德育工作，把党的德育理论和方针政策付之于实践的根本保证，邓小平同志对加强和改善党对德育工作的领导，做出了系统阐述。从理论思维的逻辑来说，所有这一切，又是在继承、借鉴和创新的基础上进行的，邓小平德育思想彰显出强烈的批判精神，具有批判的内在机制，它既坚持要继承，更强调要创新；既坚持学习借鉴外国优秀文化成果，更强调要结合中国实际进行改造、为我所用。

邓小平同志研究改革开放新形势下德育工作新情况，解决新问题，概括新经验，从而形成了一系列关于新时期德育工作的概念、范畴、命题、观点和新的思想，如：德育工作的党性与人民性统一论、德育工作的发展论、德育工作的开放论、德育工作的保证论、德育工作的加强论、德育工作的服务论、德育工作的功能论、德育工作的评价论等。这些新的思想理论观点，立论准确、观点鲜明、内容丰富，是被新时期德育工作的实践证明了的正确理论。邓小平德育思想的结构体系的思维方法，充分反映其体系结构的内在逻辑联系，显示其理论思维与辩证思维、逻辑思维、政治思维、创新思维的高度统一。

3. 邓小平德育思想战略层面上的方法论

邓小平新时期德育思想体系，反映出提高中华民族思想道德素质的战略构想。邓小平同志系统阐述了新时期德育战略的指导思想、德育的战略方针和目标、战略任务和内容、战略重点、战略原则和方法，以及实施新时期德育战略的方略。邓小平德育战略体系中还贯穿着一系列如何实施德育战略的微观层面的思维方法。如把各项德育工作任务落实到基层，实行责任制；充分发挥现代媒体作用，加强德育工作；把群众性精神文明创建活动作为德育工作的重要载体，重视发挥文化的育人功能；注重发挥先进典型的示范引导作用；把解决思想问题同解决人民群众的实际问题和利益问题相结合；等等。在邓小平德育思想指导下，我们党坚持宏观上的战略把握与微观上的具体实施和落实的有效结合，有力推进了新时期德育实践新发展。总之，邓小平德育思想在世界观层面、结构体系层面和战略层面上的方法论，构成其科学思维方法的有机整体。

第二章

当代德育原理的基本特征

邓小平、江泽民、胡锦涛、习近平同志，基于当代中国改革开放伟大历史进程的新特点，全面推进中国特色社会主义现代化建设事业的时代特征，经济全球化、政治格局多极化、社会信息化的新变化，德育工作面临的新情况、新问题、新矛盾的内在特性，从整体性上以辩证发展的思维，科学地阐述了其大德育思想。这既彰显了当代中国马克思主义德育理论的鲜明特性，也突显了当代德育原理的基本特征。

一、大德育思想

大变革、大开放、大发展与大德育观的有机统一，是当代中国马克思主义德育理论内在属性的表达与重要特征。胡锦涛同志在纪念党的十一届三中全会召开30周年大会上的讲话指出："新时期最鲜明的特点是改革开放。"党的十一届三中全会以来，邓小平、江泽民、胡锦涛、习近平同志依据国际国内两个大局，改革开放时期大变革、大开放、大发展的特征，党的宣传思想工作发展的大格局，中国特色社会主义文化建设的大战略，教育面向世界、面向现代化、面向未来的大视野，提出了加强和改进德育工作、提高中华民族思想道德素质的战略构想，科学阐述了培养主动适应中国特色社会主义现代化建设需要的合格建设者和接班人的大德育思想。

改革开放是党领导全国各族人民在新的历史条件下进行的新的伟大革命。这场新的革命，必然会带来我国政治、经济、文化、社会领域深刻的变革，也必然会引起人们思想观念的深刻变化。我国从高度集中的计划经济体制，变革过渡到商品经济体制，再变革成充满活力的社会主义市场经济体制，形成适应时代要求和中国国情相统一的基本经济制度,形成在国家基本经济制度条件下市场对资源配置起决定性作用的经济体制。经济体制的不断变革,牵引着我国政治体制、文化体制、社会体制,以及各领域各方面体制的不断深化变革。大变革伴随着我国对外开放的深化扩大,开启了从封闭到实现全方位开放的伟大历史转折,推动了开放型经济不断加快发展。马克思主义认为:经济基础决定上层建筑,社会存在决定社会意识。经济体制的变革也必然要求作为社会主义上层建筑的德育工作的变革。从"文化大革命"极"左"的德育观,"以阶级斗争为纲"的德育工作,转变到为党的中心工作经济建设服务,为中国特色社会主义现代化建设事业服务上来。大变革、大开放、大发展就要求德育工作有大视野和大格局,主动适应改革开放和社会主义现代化建设需要。当代中国马克思主义德育理论,正是依据国际国内两个大局,立足于党的中心工作的大局,以大德育理念推进德育工作的实践创新,并引领当代德育原理的新发展。

邓小平同志指出:"现在就是要硬着头皮把经济搞上去,就这么一个大局,一切都要服从这个大局。"① 他还说:"在工作重心转到经济建设以后,全党要研究如何适应新的条件,加强党的思想工作。"② 江泽民同志也强调指出:"深化改革,扩大开放,促进发展,保持稳定,是全党工作的大局。""全党全军全国人民都要自觉地维护这个大局,服从这个大局,促进这个大局。"③ 服务于以经济建设为中心的大变革、大开放、大发展的大局,需要德育工作以大德育理念主动与之相适应。

新世纪新阶段,胡锦涛同志从党和国家事业发展的全局出发,提出了科学发展观的重大战略思想。要求全党和各级政府与领导干部都要自觉地树立和落实科学发展观,坚持按照科学发展规律来谋划发展大计,统领经济社会协调发展的全局。强调党的宣传思想工作,要围绕中心,服务大局。他指出:"紧密结合全面建设小康社会的实际,遵循未成年人思想道德建设的规律,坚持以人为本,促进未成年人的全面发展。"④ 他强调:"培养造就千千万万具有高尚思想

---

① 邓小平文选:第3卷[M].北京:人民出版社,1993:129.
② 邓小平文选:第3卷[M].北京:人民出版社,1993:48.
③ 中共中央文献研究室.十四大以来重要文献选编:上[G].北京:中央文献出版社,1996:823.
④ 中共中央文献研究室.十六大以来重要文献选编:中[G].北京:中央文献出版,2006:81.

品质和良好道德修养、掌握现代化建设所需要的丰富知识和扎实本领的优秀人才"①;"确保实现全面建设小康社会、进而实现现代化的宏伟目标,确保中国特色社会主义事业兴旺发达、后继有人,确保实现中华民族的伟大复兴,具有重大而深远的战略意义"。② 邓小平、江泽民、胡锦涛同志从大变革、大开放、大调整的工作大局,科学阐述了德育工作围绕中心、服务大局的大德育思想。

在我国进入全面建成小康社会,推进建设富强、民主、文明、和谐、美丽的中国特色社会主义现代化强国的新时代,习近平同志把握中国特色社会主义新时代的大势,从顶层设计全面建成小康社会,实现中华民族伟大复兴中国梦和治国理政的战略大局。要求党的宣传思想工作和德育工作要把握大势,着眼大事,服务好党的工作大局。他指出:"宣传思想工作一定要把围绕中心、服务大局作为基本职责,胸怀大局、把握大势、着眼大事,找准工作切入点和着力点,做到因势而谋、应势而动、顺势而为。"③ 他强调社会主义核心价值观,是国家治理体系和治理能力的重要方面,是一种大德。"核心价值观,其实就是一种德,既是个人的德,也是一种大德,就是国家的德,社会的德。"这就特别强调了新时代大德育的工作格局。

改革开放和发展社会主义市场经济,贯穿于当代中国经济社会发展的全过程和全方位。这就内在要求德育工作必须是贯穿于全过程、全方位的大德育实践。社会主义市场经济以公有制为主体、多种经济成分并存的基本经济制度的特征,决定了德育工作重点性、广泛性、多样性和复杂性的全员大德育特征。当代中国马克思主义德育理论把握这一时代特征,针对德育工作这一新情况、新问题、新特点,谋划了主动适应大变革、大开放、大发展和发展社会主义市场经济的大德育战略构想,推动了培养德智体美全面发展的社会主义现代化事业合格建设者和接班人的全员大德育实践。大变革,尤其是社会主义市场经济体制改革的不断深化,带来了我国社会领域的深刻变化。经济和社会生活长期积累的深层次问题逐步显现,人民内部矛盾的内容和表现形式也出现了复杂的情况。这场深刻的社会变革,既促进了人们思想的解放,也使得人们的思想和

---

① 中共中央文献研究室.十六大以来重要文献选编:中[G].北京:中央文献出版社,2006:75.
② 中共中央文献研究室.十六大以来重要文献选编:中[G].北京:中央文献出版社,2006:74.
③ 习近平谈治国理政[M].北京:外文出版社,2014:153.

意识发生了重大变化。特别是随着我国改革开放和现代化建设新实践的不断深入和发展，我国社会经济成分多样化和经济利益多元化、社会生活方式多样化、社会组织形式多样化、就业岗位和就业方式多样化的趋势日益明显，这一方面增加了人们思想活动的独立性、选择性、多变性和差异性，增强了人们的竞争意识、效率意识、民主法制意识和开拓创新意识；另一方面市场经济活动存在的弱点及其带来的消极影响，反映到人们的思想意识和人与人之间的关系上来，使人们的思想观念多样化、价值取向多元化，并容易在一些人当中诱发自由主义、分散主义、拜金主义、享乐主义、利己主义思想。邓小平同志告诫全党："经济调整是一个很艰巨、很复杂的任务。现在我们已经看到存在不少问题，我们还会遇到许多现在预料不到的问题。为了完成这个任务，为了保证全党思想上行动上的一致，必须有效地加强和改善我们党的思想政治工作。"① 江泽民同志指出："党的十一届三中全会以来，我们实行改革开放，发展社会主义市场经济，推进两个根本性转变，进一步解放和发展我国社会主义社会的生产力，这场深刻的社会变革，必然会引起人们精神世界的深刻变化。"②

经济社会领域的变革，使我国意识形态领域也发生了深刻变化，其斗争呈现出复杂性和尖锐性。党的意识形态面临着新挑战和新考验。能否经受住新时期改革开放、市场经济、民主执政、科学执政、依法执政的考验，能否经得住意识形态领域复杂斗争的考验，这是摆在全党同志面前的重大政治问题。个别党员和干部放松了对自己主观世界的改造，淡忘了党的宗旨和执政理念，丧失了党和国家的政治立场，经受不住这些新考验，而成为资产阶级思想和其他腐朽思想的俘虏，成为国内外敌对势力的帮凶和资产阶级意识形态的"代言人"，有的甚至堕落成腐败分子。正如邓小平同志所指出的："中国要出问题，还是出在共产党内部。对这个问题要清醒，要注意培养人，要按照'革命化、年轻化、知识化、专业化'的标准，选拔德才兼备的人进班子。"③ 他还语重心长地对全党同志说："要把我们的军队教育好，把我们的专政机构教育好，把共产党员教育好，把人民和青年教育好。"④ 这就强调了在意识形态领域斗争日益尖锐复杂的新形势下，把全体党员、全体人民和全军队教育好的全员大德育思想。

---

① 邓小平文选：第2卷 [M]．北京：人民出版社，1994：364.
② 江泽民文选：第3卷 [M]．北京：人民出版社，2006：81.
③ 邓小平文选：第3卷 [M]．北京：人民出版社，1993：380.
④ 邓小平文选：第3卷 [M]．北京：人民出版社，1993：380.

大变革、大开放，同时也伴随着人类社会的经济全球化、政治多极化和社会信息化发展趋势的日益加快。世界格局朝着多极化方向发展，经济全球化进程加快，世界科学技术日新月异，世界范围内的文化交流、交融、交锋日益增多，各种思潮相互影响、相互交融、相互激荡。面对这一新情况、新挑战，当代中国马克思主义者提出了面向现代化、面向世界、面向未来的大德育观，进行了全员、全方位、全过程的大德育实践。

经济全球化的实质是资源在全球范围内趋向于直接流动和配置。这些资源不仅包含着资本和物质资源等物态要素，包含着信息、知识、精神产品等文化范畴的要素，而且更重要的是，还包括作为文化价值最重要的主体——人的要素。因此，"经济流"同时必然也是"文化流"和作为经济和文化主体的"人员流"。从这个意义上说，经济全球化对人们思想的影响是必然和广泛的。经济全球化对人们思想的影响包括市场自由化所内含的文化市场的不断开放、信息与知识的跨国传播、跨文化体系的人际交流，以及以经济活动本身为载体传播文化与价值观念这一改变。此外，西方大国的文化霸权主义，更是利用经济全球化进程，别有用心地展开思想文化渗透活动，传播和渗透西方文化价值观，这种活动在经济、政治力量对比失衡的基础上愈演愈烈。这无疑大大地加剧了经济全球化对人们思想的影响。

经济全球化扩大了国际思想文化的交流和传播，一方面对人们开拓心智、充实自我、丰富文化生活、汲取全人类优秀文明成果起到了促进作用。但是另一方面，它对人们思想和意识的消极影响也是非常明显的，面对汹涌而来的外来思想文化观念，个别人可能会良莠不辨，"囫囵吞枣"。同时，当代世界科学技术新发展，特别是互联网技术的新发明、新创造、新发展，使人类步入了信息化社会，网络技术和信息融进了人类社会生活的方方面面。国际互联网的广泛运用和普及，使各种信息大量地跨国界流动和传播，客观上加剧了不同文化价值体系与意识形态领域间的冲突、渗透以及对互联网话语传播权的争夺。一些西方国家凭借自身在经济、科技等方面的优势，不断向其他国家输出自己的价值标准、意识形态和文化观念，这也给我国政治、经济、文化、社会生活领域带来严峻挑战与一些负面影响，对人们的思想特别是青少年的文化生活、价值取向、思想观念产生了不良影响。

随着冷战结束，苏联解体、东欧剧变，世界政治格局发生了重大变化，政治多极化趋势日益明显并不断发展。这一变化加剧了各国之间各种思想文化的交流和碰撞，给人们的思想和意识带来了较大影响。在世界多极化的背景下，人们接触种种不良思想与价值观的机会在增加，在辨别真伪与是非难度加大的情况下，容易造成一部分人迷失自我和思想混乱，弱化思想政治教育的效果。外部复杂的国际环境对德育工作的影响是长期存在的，而在不断深化改革的新形势下，在大变革、大开放、大调整带来激烈竞争的新情况下，则大大加重了对人们思想观念和意识的影响，加大了德育工作的艰巨性、复杂性以及应对的难度。当代中国马克思主义德育理论，正确分析把握国际形势和国际斗争的新动态、新变化和新特点，开创了大德育实践的新局面。

江泽民同志指出："世界正在朝着多极化方向发展，经济全球化进程也正在加快，世界科学技术进步更是日新月异。在这种情况下，各种思潮相互交错、相互激荡。这必然会对我国的思想领域、对我们干部群众的思想意识产生影响。"① 面对改革开放以来我国思想文化领域发生的深刻变化，胡锦涛同志也强调指出："改革开放以来，我国思想文化领域发生了深刻变化，人们思想活动的独立性、选择性、多变性、差异性明显增强。""我国思想道德领域出现了一些不容忽视的现象，诸如一些人的理想信念出问题，一些腐朽落后思想文化沉渣泛起，拜金主义、享乐主义、极端个人主义有所滋长，部分社会成员思想道德失范，有些人世界观、人生观、价值观发生扭曲，等等。"② 当代中国马克思主义德育理论针对这种新情况，强调要加强对人民群众的教育引导，更好地引领社会思潮，弘扬社会正气，培育文明风尚，改进和创新德育工作，形成德育实践的大格局。针对互联网、新媒体广泛应用与思想文化传播的新变化，胡锦涛同志强调加强网络德育和网络安全教育的极端重要性。他说："网上违法犯罪活动日益突出，现实社会违法犯罪向虚拟社会蔓延，利用互联网和手机等新兴媒体传播淫秽色情信息和进行赌博诈骗等违法犯罪活动猖獗，败坏社会风气，污染社会环境，影响未成年人的健康成长。""网上渗透和反渗透，颠覆和反颠覆的斗争尖锐复杂，对我国国家安全的现实危害加大。"③ 党的十八大以来，习近

---

① 江泽民文选：第3卷［M］．北京：人民出版社，2006：82．
② 中共中央文献研究室．十七大以来重要文献选编：下［G］．北京：中共文献出版社，2013：147．
③ 中共中央文献研究室．十七大以来重要文献选编：下［G］．北京：中共文献出版社，2013：144-145．

平同志从国家安全的大局出发，更加强调互联网技术创新和监管与网络安全教育的重要性。他指出："没有网络安全就没有国家安全。"① 要创新改进网上宣传，运用网络传播规律加强党的宣传思想政治工作。"做好网上舆论工作是一项长期任务，要创新改进网上宣传，运用网络传播规律，弘扬主旋律，激发正能量，大力培育和践行社会主义核心价值观，把握好网上舆论引导的时、度、效，使网络空间清朗起来。"② 当代中国马克思主义德育理论科学分析和把握经济全球化的进程和方位，改革开放与深化社会主义市场经济改革的大势与阶段性特点，科学技术迅猛发展特别是互联网技术创新与广泛运用于传播的发展态势，阐述了当代德育工作是全员、全方位、全过程的大德育格局和大德育实践。

二、德育理论的整体性

当代中国马克思主义德育理论是一个科学整体性的体系，是中国特色社会主义理论体系的重要组成部分。正如江泽民同志在党的十五大报告中指出的："邓小平理论形成了新的建设有中国特色社会主义理论的科学体系。"当代中国马克思主义德育理论是对马克思主义思想政治工作理论的科学运用与发展，内在体现了新时期党的德育理论整体性与科学性相统一，是被改革开放实践证明具有指导性的科学理论。当代中国马克思主义德育理论的科学性与整体性的有机统一，是当代中国马克思主义德育世界观的完整表达，科学系统地回答并解决了新的历史时期德育的一系列基本问题，有力指导了新的历史条件下德育实践和当代德育原理的新发展。

当代中国马克思主义德育理论是一脉相承又与时俱进的整体性体系。邓小平德育思想是当代中国马克思主义德育理论的开篇之作。江泽民、胡锦涛同志坚持邓小平德育思想，并丰富发展了当代中国马克思主义德育理论。习近平同志既坚持当代中国马克思主义德育理论，又在新时代中国特色社会主义伟大实践中开启了全面以德治国的新实践，全面丰富发展了当代中国马克思主义德育理论。这个理论体系始终抓住并贯通着为中国特色社会主义事业培养合格建设者和接班人这个根本问题；始终为解决改革开放与发展社会主义市场经济出现的新情况、新问题、新矛盾而创新和丰富发展；始终围绕着服务于党的中心工

---

① 习近平谈治国理政 [M]. 北京：外文出版社，2014：198.
② 习近平谈治国理政 [M]. 北京：外文出版社，2014：198.

作，为建设富强、民主、文明、和谐、美丽的社会主义现代化强国，提供思想政治保证和精神动力而开创党的工作的新实践；始终坚持中国特色社会主义理论体系指导；始终随着党的理论创新发展而丰富发展。其理论渊源、实践基础、思想理论体系与基本实践是一脉相承而又丰富发展的，充分体现其科学性和发展性与整体性的有机统一。

邓小平同志提出新时期培育社会主义"四有"新人的德育目标，江泽民、胡锦涛同志坚持这一德育目标，并丰富了它的内涵，强调培养社会主义"四有"新人，促进人的全面发展和社会全面进步。习近平同志全面丰富了培育社会主义"四有"新人的内涵，提出培育德才兼备、又红又专、德智体美劳全面发展的社会主义事业合格建设者和可靠接班人；要培育"四有"人民、"四有"军人、"四有"教师、"四有"学生和"四有"干部。

邓小平同志提出了"两手抓、两手都要硬"的德育方针，江泽民、胡锦涛同志坚持这一德育方针，并强调一手抓经济建设，一手抓思想政治工作；一手抓改革开放，一手抓惩治腐败；一手抓经济建设，一手抓民主法制。习近平同志既坚持一手抓以经济建设为中心，强调用"五大发展理念"引领经济健康协调发展；一手抓党的思想政治工作，特别强调要抓好从严治党，抓党内的思想政治教育。

邓小平、江泽民、胡锦涛同志一脉相承地科学阐述了新时期德育工作的地位和作用。他们强调：要把思想政治工作放在非常重要的地位，作为党的工作的中心环节；特别强调越是改革开放，越要加强和改进思想政治工作；为改革开放保驾护航，为社会主义现代化建设事业提供思想政治保证和精神动力。习近平同志坚持并强调这一德育地位和作用，又深化了对德育地位的认识，强调意识形态工作是党的一项极端重要的工作。"宣传思想工作就是要巩固马克思主义在意识形态领域的指导地位，巩固全党全国人民团结奋斗的共同思想基础。"①

邓小平同志提出新时期德育工作的根本任务，就是提高全民族的思想道德素质，用马列主义、毛泽东思想武装全党、教育人民，对全党同志和全体人民进行理想信念教育。江泽民、胡锦涛、习近平同志坚持提高全民族思想道德素质的德育根本任务，强调用中国特色社会主义理论武装全党、教育人民，强化对全党同志特别是党的领导干部进行理想信念教育，对全体人民进行中国特色

---

① 习近平谈治国理政［M］．北京：外文出版社，2014：153．

社会主义共同理想教育。

邓小平、江泽民、胡锦涛、习近平同志都要求德育工作坚持以马克思主义为指导，服务于经济建设为中心的大局，遵循务实求新的原则，理论联系实际的原则，齐抓共管的原则，坚持理解人、关心人、尊重人的原则。他们提出德育工作应采取民主的方法，说理疏导的方法，榜样教育的方法，批评与教育相结合的方法，落细、落小、落实教育的方法，运用大众传媒教育的方法等。

当代中国马克思主义德育理论，既坚持中国特色社会主义理论体系对德育工作的指导，又强调加强党对思想政治工作的领导；既坚持邓小平德育思想，又在德育目标、方针、根本任务、原则和思想方法等方面丰富发展了邓小平德育思想，充分体现了当代中国马克思主义德育理论的发展性与整体性的有机统一。

当代中国马克思主义德育理论，是一个系统的、科学的、连贯的理论体系。这个理论体系的核心命题是马克思主义关于思想政治工作的基本观点、立场和方法，马克思主义唯物史观"社会存在决定社会意识"的核心原理。当代中国马克思主义德育理论，依据国际国内两个大局的客观存在，面对改革开放和发展社会主义市场经济的客观现实，针对改革开放不同阶段人们思想和社会意识形态领域出现的新情况、新问题、新矛盾，科学地确立了思想政治工作的思想路线和地位、党对意识形态和思想政治工作的领导核心，确立了以经济建设为中心的社会主义现代化是当代最大的政治这个核心命题。与核心理论命题相连贯的是新时期思想政治工作的本质论与发展论。当代中国马克思主义德育理论认为：新时期德育工作的本质和根本任务就是为中国特色社会主义现代化事业培养合格的建设者和接班人，提高全民族的思想道德素质，服务于改革开放与实现国家治理体系和治理能力现代化的需要，这是德育工作最大的政治和本质要求。德育工作要面向现代化，就必须用中国特色社会主义现代化的理念和思维方式创新德育工作，加强改进德育工作；德育工作要面向世界，既要应对世界深刻变化给德育工作带来的新挑战，研究新的世情特点，又要借鉴吸收人类德育文明的优秀成果，改进德育工作，为党的中心工作服务和保驾护航。德育工作要面向中国特色社会主义现代化建设事业发展的未来，为其提供长效的精神动力和智力支持。这就科学地回答了怎样创新发展新时期德育工作的问题。本质论命题连贯着德育的实践命题，这就是在当代中国马克思主义德育理论指导下，制定出党的德育方针、政策和一系列文件，直接指导推动着德育实践的发展。这样的思想理论命题的逻辑结构，反映了新时期德育工作的内在本质联系，彰显其理论体系的系统性、连贯性、整体性与科学性的有机统一。

当代中国马克思主义德育理论，具有严密科学的思维方法，反映了改革开放新的历史时期德育目的性与规律性的内在联系，体现了其基本理论与基本实践的内在统一的逻辑关联，贯穿着严谨科学的逻辑思维方法。其理论体系结构互相贯通，严谨科学有序。首先这一思想体系在世界观层面的方法论，构成新时期德育工作的根本思想基础和科学的思想方法，这就是解放思想、实事求是的党的思想路线。其次这一理论体系在结构层面的思维方法：一是从新时期德育工作具体实际出发，提出了一系列正确的概念、原理、观点、原则和方法；二是对新时期德育工作的本质和目标方针做出了新的阐述和理论概括；三是对新时期德育工作的地位和作用做出了新的定位；四是对新时期德育工作的领导、制度保证、体制机制做出了科学的阐述；五是对新时期德育工作的实践提出了新思路和新要求。这五个层面的内在逻辑关系，深刻反映了在研究新情况、化解新矛盾、解决新问题、概括新经验中的思想方法，从而构成了核心概念和目标、原理和范畴、观点和方法有机统一的新的理论体系，揭示了其理论结构科学性与整体性的内在统一。这一理论体系，不仅理论严谨科学，原理厚实，观点鲜明，而且也是被改革开放实践证明了的正确思想。

当代中国马克思主义德育理论科学性内在体现了其理论体系的完整性，是中国特色社会主义完整世界观的科学表达。当代中国马克思主义运用马克思主义社会存在决定社会意识，生产力决定生产关系的唯物史观的基本原理，把握社会主义初级阶段的国情、党情和世情，当代中国所处的历史方位和时代特征，从建设和发展中国特色社会主义出发，阐述了当代中国的政治观："社会主义现代化建设是我们当前最大的政治"；[①] 运用唯物史观和改革开放的政治观，确立了以经济建设为中心，大力发展社会生产力的经济观；再运用唯物史观、政治观和经济观，分析当代中国民主政治建设的实际和发展的未来，确立了"没有民主就没有社会主义，就没有社会主义现代化"的民主观[②]；再从中国特色社会主义本质属性出发，运用其政治观、经济观和民主观提出：发展中国特色社

---

① 邓小平文选：第2卷[M]．北京：人民出版社，1994：163．
② 邓小平文选：第2卷[M]．北京：人民出版社，1994：168．

会主义先进文化，创造优质文化产品，培育和践行社会主义核心价值体系和社会主义核心价值观，不断提高全民族的思想道德素质，不断满足人民日益增长的文化生活和对美好生活的需要，确立中国特色社会主义文化观。当代中国马克思主义阐述了坚持不断发展社会生产力，"不断改善人民的物质文化生活"①，不断改善民生，建设和谐社会，实现好、维护好、发展好最广大人民根本利益的思想，从而确立其社会观；坚持运用唯物史观，坚持科学发展观，提出人、社会、自然和谐发展，协调发展，经济社会绿色发展，从而确立其生态观。这就构成了当代中国马克思主义关于建设和发展中国特色社会主义的完整世界观和科学方法论。这一完整世界观引领，新时期大变革、大发展、大调整的时代特征，推动着德育理论和实践不断丰富和全面整体性发展。

当代中国马克思主义德育理论，还体现了其理论体系核心战略思想的完整性，围绕着培养什么人、如何培养人、为谁培养人，做出了科学完整性的阐述，为中国共产党领导的中国特色社会主义现代化事业培养合格建设者和接班人，培育"四有"干部、"四有"人民，培养德智体美劳全面发展的社会主义"四有"新人，用中国特色社会主义理论体系武装全党、教育人民，以科学的理论武装人，以正确的舆论引导人，以优秀的作品鼓舞人，以高尚的精神塑造人，用社会主义核心价值观引领社会思潮，教育全党和全体人民，打牢全党和全国人民团结奋斗的共同思想基础。这是当代中国马克思主义德育理论核心战略完整的表达。就其德育核心思想的展开，整体性回答了改革开放新的历史时期德育工作创新和发展的一系列基本问题，系统解决了怎样加强改进德育工作的问题。就新时期德育的指导思想、目标、方针、战略重点、战略原则、战略要求、战略方略，对提高中华民族思想道德素质、培育"四有"新人做出整体性的战略构想，彰显其育人理论体系与德育实践体系的有机统一。这就体现出当代中国马克思主义德育理论科学性与整体性相统一的理论品格。

三、德育理论的辩证思维

当代中国马克思主义德育理论，贯通着马克思主义的唯物辩证法。邓小平、江泽民、胡锦涛和习近平同志在阐述大德育思想的同时，也内在地涉及了当代

---

① 邓小平文选：第3卷 [M]. 北京：人民出版社，1993：63.

德育实践创新与发展的辩证思维和辩证统一。"文化大革命"一结束，邓小平同志就特别强调要加强和改进德育工作。他领导恢复了实事求是的党的思想路线，破除了以阶级斗争为纲的极"左"德育，开创了改革开放新时期德育工作的新局面。他首先从破与立的辩证统一中，阐述了加强和改进德育工作的辩证新思维。他指出："十年最大的失误是教育，这里我主要是讲思想政治教育，不单纯是对学校、青年学生，是泛指对人民的教育。"① "思想政治教育和思想政治工作队伍都必须大大加强，决不能削弱。"②

邓小平同志是在纠正"文化大革命"以阶级斗争为纲的德育错误路线，破除"假、大、空"极"左"德育的实践中，强调要加强改进新时期德育工作。同时他又强调在"立"中改进德育工作。他认为德育工作要主动适应改革开放的新形势，研究新情况，洞察新问题，大力改进德育工作，使德育工作能够有效地为改革开放和社会主义现代化事业保驾护航。他指出："为了保证全党思想上行动上的一致，必须有效地加强和改善我们党的思想政治工作。"③

邓小平同志在阐述新时期加强改进德育工作时，充分体现了在加强中改进、在改进中加强的德育辩证思维。改革开放不久，邓小平同志针对党的工作中出现的新情况、新问题、新矛盾，运用马克思主义的辩证思维，反复强调要在研究新情况中加强德育工作，在研究解决新问题、新矛盾中改进德育工作。他告诫全党同志："在工作重心转移到经济建设以后，全党要研究如何适应新的条件，加强党的思想工作。"④ "最重要的一条是，在经济得到可喜发展、人民生活水平得到改善的情况下，没有告诉人民，包括共产党员在内，应该保持艰苦奋斗的传统。坚持这个传统，才能抗住腐败现象。所以要加强对人民进行思想政治工作。"⑤ 他认为：新时期德育工作要注重解决新问题、新矛盾，主动适应新的条件下改革开放和发展社会主义商品经济的需要。他强调社会主义现代化建设是当前最大的政治，要围绕在改革开放中思想战线上出现的新动态、新问题，有针对性地加强对全体党员和人民的教育，并就改进和发展德育工作做出了重要战略部署。要紧紧围绕适应改革开放和社会主义现代化建设事业的需要，

---

① 邓小平文选：第3卷 [M]．北京：人民出版社，1993：306．
② 邓小平文选：第3卷 [M]．北京：人民出版社，1993：145．
③ 邓小平文选：第2卷 [M]．北京：人民出版社，1994：364．
④ 邓小平文选：第3卷 [M]．北京：人民出版社，1993：48．
⑤ 邓小平文选：第3卷 [M]．北京：人民出版社，1993：290．

培育"四有"新人；要一手抓改革开放、抓发展经济，一手抓培育人的工作、抓思想政治工作；要完善德育工作制度，改进德育思想方法和工作方法。他指出："各级党委，首先是党委主要负责同志，要密切注视和深入研究思想战线的形势和问题，采取切实有效的办法改进这条战线的工作"①，"党和国家的现行的一些具体制度中，还存在不少的弊端，妨碍甚至严重妨碍社会主义优越性的发挥。如不认真改革，就很难适应现代化建设的迫切需要"②，要有勇气"打破老框框，勇于改革不合时宜的组织制度、人事制度，大力培养、发现和破格使用优秀人才"③。邓小平同志就加强与改进德育工作的一系列基本问题，做出了科学辩证的回答，内在地体现了新时期德育工作辩证发展的新思路。

江泽民同志坚持运用马克思主义的唯物辩证法，针对改革开放不断深入的新形势，对加强和改进德育工作做了科学阐述。改革开放后，面对发展社会主义商品经济和市场经济出现的深刻变革，国际环境出现的深刻变化，江泽民同志科学地阐述了如何认识社会主义发展的历史进程，如何认识资本主义发展的历史进程，如何认识我国社会主义改革实践过程对人们思想的影响，如何认识当今国际环境和国际政治斗争带来的影响，怎样加强和改进德育工作。要针对我国经济成分和经济利益多样化，社会生活方式多样化，社会组织形式多样化，就业岗位和就业方式多样化的新特点，改进和创新德育工作。针对发展社会主义市场经济出现的重大认识问题，思想战线上出现的各种复杂的问题和各种思潮，尤为强调进行"四个如何认识""四信"和"四人"教育的重要性。江泽民指出："这方面的问题认识清楚了，处理好了，我们进行新时期的思想政治工作就有了一个根本的比较切合实际的基础。"④

他在分析总结和把握改革开放以来的经验教训后，特别强调要着力加强全党同志和全体人民的"信仰、信念、信心、信任"的教育，帮助广大干部群众"坚定对马克思主义的信仰，坚定对社会主义的信念，增强对改革开放和现代化建设的信心，增强对党和政府的信任"⑤。要针对"四个多样化"新情况改进德育工作，创新德育工作的思想方式，创新德育工作的思路和方法。"要大胆

---

① 邓小平文选：第3卷 [M]. 北京：人民出版社，1993：48.
② 邓小平文选：第2卷 [M]. 北京：人民出版社，1994：327.
③ 邓小平文选：第2卷 [M]. 北京：人民出版社，1994：326.
④ 江泽民文选：第3卷 [M]. 北京：人民出版社，2006：76.
⑤ 江泽民文选：第3卷 [M]. 北京：人民出版社，2006：277.

在新的实践中探索新的途径、方法、手段，积累新的经验。希望大家共同努力，力求使我们的宣传思想工作创造出一个新的局面，提高到一个新的水平。"① 越是深化改革、扩大开放，越是面对新的挑战，就越要加强改进德育工作。"越是改革开放，越要加强思想政治工作，只有思想政治工作加强了，才能够促进改革开放的健康发展。"② "各级党委，特别是主要领导同志一定要充分认识到，做好人的工作，做好思想政治工作，是在现代化建设实践中把两个文明建设统一起来的中心环节。"③ 江泽民同志阐述的德育工作"两点论"和"中心论"的思想方法，深刻表明在加强创新中改进、在改进创新中加强德育工作的辩证发展的思维。

进入新世纪新阶段，胡锦涛同志把握住当代世界正处在深刻变化的态势，当代中国正处在深刻变革的历史方位，就全面建设小康社会发展到新阶段的新机遇、新挑战、新情况和新问题，用科学发展的战略思维和思想方法，阐述加强和改进德育工作的辩证思想。胡锦涛同志指出："我们改革开放正处在关键时期。如何按照党的十六大和十六届三中全会的要求，根据新形势新任务的要求，不断推进全面建设小康社会进程，开创中国特色社会主义事业新局面，是我们必须深入思考和认真抓好的重大课题。"④ 这就要求：全党同志特别是各级领导干部一定要增强忧患意识，做到居安思危，担当起历史赋予的时代使命，善于抓住新机遇，解决新问题，实现新发展。要注重加强德育工作，要增强广大人民群众的凝聚力，发挥全体党员干部的先锋模范作用，调动广大人民群众的积极性和创造性。把实现好、维护好、发展好最广大人民的根本利益，作为推进德育创新发展的出发点和落脚点。他指出："改革发展越是处于关键时期，党的群众工作越是要加强。"⑤ "越是矛盾突出，越是问题复杂，越要耐心细致地做好宣传群众、教育群众的工作。"⑥ 胡锦涛同志的这些重要阐述，特别强调了改

---

① 中共中央宣传部. 毛泽东邓小平江泽民论思想政治工作［M］. 北京：学习出版社，2000：173.
② 中共中央文献研究室. 新时期党的建设文献选编［G］. 北京：人民出版社，1991：712.
③ 江泽民文选：第1卷［M］. 北京：人民出版社，2006：583.
④ 胡锦涛文选：第2卷［M］. 北京：人民出版社，2016：173.
⑤ 中共中央文献研究室. 十六大以来重要文献选编：中［G］. 北京：中央文献出版社，2006：314.
⑥ 中共中央文献研究室. 十六大以来重要文献选编：中［G］. 北京：中央文献出版社，2006：317.

革开放越处于关键时期,越要加强改进德育工作。"深入进行思想道德教育,特别要加强民主法制教育,深入开展思想政治工作。"① 这是贯彻落实科学发展观"以人为本"德育观的辩证发展思维。他认为:德育工作既要为促进社会全面发展服务,又要以促进人的全面发展为目的;既要为推进经济社会协调发展提供精神动力和政治保证,又要与经济社会发展主动相适应、相协调;既要统筹经济社会的发展,又要统筹德育工作的科学发展。他说:"实施素质教育不仅涉及教育各个阶段和领域,更涉及文化传统、经济发展、社会结构、用人制度等方方面面,必须统筹兼顾、协调推进。"② 同时又指出:"坚持以人为本,在教育工作中最集中的体现就是育人为本、德育为先。"③ 这就强调加强改进德育工作本质性与全面性、协调性、统筹性的辩证统一。胡锦涛同志所阐述的在抓住新机遇、促进新发展中全面协调推进德育工作发展,又在化解新矛盾、解决新问题中全面加强改进德育工作,在坚持育人为本中推进德育为先的德育新实践和新发展,促进人的全面发展和社会全面进步,是其坚持育人为本德育观的辩证思想的科学表达。

党的十八大以来,习近平同志坚持运用马克思主义的科学社会主义基本原理和唯物辩证法,辩证科学地阐述了"四个全面"战略布局和"新发展理念",从顶层设计当代中国全面建成小康社会、实现中华民族伟大复兴中国梦的战略蓝图。他指出:"我以为,实现中华民族伟大复兴,就是中华民族近代以来最伟大的梦想。这个梦想,凝聚了几代中国人的夙愿,体现了中华民族和中国人民的整体利益。"④ 他强调:"把我们的党建设好,团结全体中华儿女把我们国家建设好,把我们民族发展好,继续朝着中华民族伟大复兴的目标奋勇前进。"⑤ 全面从严治党把我们的党建设好,全面依法治国把我们国家建设好,全面深化

---

① 中共中央文献研究室. 十六大以来重要文献选编:中 [G]. 北京:中央文献出版社,2006:317.
② 中共中央文献研究室. 十七大以来重要文献选编:中 [G]. 北京:中央文献出版社,2011:880.
③ 中共中央文献研究室. 十七大以来重要文献选编:中 [G]. 北京:中央文献出版社,2011:879.
④ 中共中央文献研究室. 十八大以来重要文献选编:上 [G]. 北京:中央文献出版社,2014:84.
⑤ 中共中央文献研究室. 十八大以来重要文献选编:上 [G]. 北京:中央文献出版社,2014:84.

改革让人民共享改革成果,把我们的社会发展好,科学辩证统一到全面建成小康社会的价值目标上,统一到实现中华民族伟大复兴中国梦的实践中,这就内在地体现了"四个全面"战略布局与实现中华民族伟大复兴中国梦的辩证思想。同时,"四个全面"战略布局也体现了与"新发展理念"的辩证统一。实现创新、协调、绿色、开放、共享发展,体现了推进全面建成小康社会发展与人的全面发展的辩证统一,全体人民投身改革开放和现代化建设与共享全面建成小康社会发展成果的内在统一,完善和发展中国特色社会主义制度与推进国家治理体系和治理能力现代化的辩证统一。

习近平同志认为,要把思想和行动统一到推进"四个全面"战略布局和贯彻"新发展理念"的实践中,实现国家治理体系和治理能力现代化的实践中,就需要大力加强和改进中国特色社会主义进入新时代条件下党的宣传思想工作,着力解决新常态下我国思想战线和社会领域里出现的各种新问题和新矛盾,强化实现中华民族伟大复兴中国梦的理想信念教育、社会主义核心价值观教育,把培育和践行社会主义核心价值观贯穿到实现国家治理体系和治理能力现代化整个实践过程。习近平指出:"推进国家治理体系和治理能力现代化,要大力培育和弘扬社会主义核心价值体系和核心价值观。"[①] "要深入开展中国特色社会主义宣传教育,把全国各族人民团结和凝聚在中国特色社会主义伟大旗帜之下。要加强社会主义核心价值体系建设,积极培育和践行社会主义核心价值观。"[②] 这就强调要加强改进德育工作与加强社会主义核心价值观教育的辩证统一。习近平同志强调:在全面建成小康社会的伟大实践中,要加强中国梦的教育,弘扬中国精神,凝聚中国力量,为实现中国梦提供强有力的思想道德和精神支撑。同时,又要在推进全面建成小康社会的实践中,加强对全体党员、全体人民实现中国梦的教育,调动广大人民群众积极性、主动性和创造性,这样才能凝聚中国力量,弘扬中国精神。既要推进我国经济社会创新、协调、绿色、开放、共享发展,又要促进人的全面发展,提高全民族的思想道德素质;既要全面推进法治国家建设的实践、全面深化改革,又要加强对广大人民进行改革开放和依法治国的教育;既要努力推进国家治理体系和治理能力现代化,又要加强依法治国与以德治国相统一的教育。通过加强和改进思想政治工作,"开展深入细

---

① 习近平谈治国理政 [M]. 北京:外文出版社,2014:106.
② 习近平谈治国理政 [M]. 北京:外文出版社,2014:154.

致的思想政治工作，注重用先进思想、先进文化教育引导群众前进"。① 习近平同志强调德育工作既要主动服务于推进国家治理体系和治理能力现代化的需要，又要在治国理政实践中加强改进德育工作，在加强中主动适应，在改进中不断加强和创新。

  邓小平、江泽民、胡锦涛、习近平同志，在改革开放与坚持发展中国特色社会主义的进程中，阐述了德育工作在主动适应中加强改进，在加强改进中主动适应和创新；在服务党的工作大局中推进德育创新发展，在德育创新发展中为服务党的工作大局提供有力保证；在治国理政中加强德治和法治，在加强法治和德治中为党治国理政提供思想政治保证和法制保障；在推进全面建成小康社会的实践中促进人的全面发展，在促进全体公民思想道德素质全面提高的实践中促进社会的全面进步。这就彰显了当代中国马克思主义德育理论相承性与整体性相统一的辩证思维与鲜明的理论特征。

---

① 中共中央文献研究室. 十七大以来重要文献选编：下 [G]. 北京：中央文献出版社，2013：185.

第三章

当代德育的核心战略和指导方针

"培养什么人,怎样培养人,为谁培养人",是关系中国特色社会主义事业后继有人的重大问题,是贯穿当代德育实践发展的一条主线,是邓小平、江泽民、胡锦涛和习近平同志论述德育工作的核心问题,是提高整个中华民族思想道德素质的核心战略问题。为了不断推进改革开放和社会主义现代化建设事业的发展,实现中华民族的伟大复兴,实现人民对美好生活的向往,我们党确立了一手紧抓物质文明,一手紧抓精神文明,"两手抓、两手都要硬"的重要方针,这也是当代德育工作的指导方针。

一、培养什么人、怎样培养人、为谁培养人的核心战略

"培养什么人"是育人的规格和标准问题,即按照什么样的方向、以什么样的质量标准去育人的问题,它是教育工作的出发点和落脚点。"怎样培养人"是根据教育目的如何来办学,即用什么样的教育思想、教育内容、教育方式和方法以及教育环境来育人的问题。"为谁培养人"是教育的目的和为谁服务的根本性问题,集中反映了教育的世界观和价值观。党的十一届三中全会以来,邓小平同志深刻总结我们党德育工作的经验,根据时代发展和建设中国特色社会主义的客观要求,科学地提出了培养有理想有道德有文化有纪律的社会主义"四有"新人的思想。这就内在地表达了当代德育工作培养人、教育人的核心战略。这一育人核心战略思想,有力地保证了当代德育实践的正确方向,并在实践中不断完善和发展。

(一) 培养社会主义"四有"新人的战略目标

培养社会主义"四有"新人的重要思想,作为邓小平理论关于德育思想的

核心内容,是邓小平同志在探索中国特色社会主义道路的过程中逐步形成的。在整个改革开放和社会主义现代化建设的过程中,江泽民、胡锦涛、习近平同志一以贯之地强调,要加强和改进德育工作,培养中国特色社会主义事业的合格建设者和可靠接班人,坚持和发展了这一核心战略思想。

邓小平同志作为我们党第一代中央领导集体的重要成员和第二代中央领导集体的核心,高度重视党和国家教育事业。他明确指出:"教育是一个民族最根本的事业。"① 1954年7月9日,他就当时学校教学秩序混乱的情况,在政务院第二百二十一次政务会议讨论教育工作时,提出要整顿和加强学校纪律。他提出:"学校的纪律问题,好多年了没有得到解决。过去只是纠缠在口头上,现在要认真去做,纪律不好就要整顿。"② 在这一时期,他多次接见青年学生代表,鼓励他们要怀揣梦想,立足现实,不懈奋斗,"青年应当有远大的理想,又要十分重视任何细小的工作。要有远大的理想,才能永远保持前进的勇气和方向。而达到理想的道路是要由无数细小的日常工作积累起来的"。③ 邓小平同志十分关心青年人,关心他们的思想道德素质和科学文化素质。1957年5月15日,在中国新民主主义青年团第三次全国代表大会祝词中,他肯定了中国青年良好的表现:不怕牺牲、不怕困难、不怕吃苦、热爱劳动、遵守纪律;并倡导"共产主义青年团员不仅要把这个光荣传统继承下来,而且要在新的历史条件下把它大大地加以发扬"。④ 1961年10月23日,在接见中国共产主义青年团中央工作会议全体同志讲话时,他要求广大青年"要树立共产主义的远大理想。人穷志不要短,越到困难的时候,越要有志气"。⑤ 1958年4月7日,针对各地搞"大跃进"、不顾客观条件而大办学校、青年人不能很好地学习科学文化知识等现象,他在主持中央书记处会议讨论教育工作时强调:"我们的方针是,一要普及,二要提高,两者不能偏废。只普及不提高,科学文化不能很快进步;只提高不普及,也不能适应国家各方面的需要。"⑥ 随后,邓小平同志又在一次中央

---

① 中华人民共和国教育部,中共中央文献研究室.毛泽东邓小平江泽民论教育[M].北京:中央文献出版社,2002:175.
② 邓小平文选:第1卷[M].北京:人民出版社,1994:210.
③ 中共中央文献研究室.邓小平文集(一九四九——一九七四年):中[M].北京:人民出版社,2014:230.
④ 邓小平文选:第1卷[M].北京:人民出版社,1994:278.
⑤ 邓小平文选:第1卷[M].北京:人民出版社,1994:290.
⑥ 邓小平文选:第1卷[M].北京:人民出版社,1994:280.

书记处会议上重申:"科学教育水平并不决定于数量,主要是质量。"邓小平同志在中华人民共和国成立初期关于青年教育和人才培养的重要论述,为改革开放时期探索"培养什么人、怎样培养人、为谁培养人"的德育核心战略,奠定了重要的认识论基础。

1978年党的十一届三中全会确定党和国家的工作中心转移到经济建设以后,邓小平同志围绕开创社会主义现代化建设新局面,对教育和人才培养问题进行了深入思考,提出了一系列重要的新思想、新观点,并鲜明地提出了培养社会主义"四有"新人的战略目标。1977年,邓小平同志复出并主持科学与教育工作。为实现"四个现代化",他开始思考党和国家究竟应该培养什么样的社会主义接班人的问题。同年8月8日,他在复出后主持的第一个全国科教工作座谈会上就强调:"我们要实现现代化,关键是科学技术要能上去。发展科学技术,不抓教育不行。靠空讲不能实现现代化,必须有知识,有人才"。① 邓小平同志还认为,要在社会上营造出"爱劳动、守纪律、求进步等好风气、好习惯"。② 1978年4月22日,他在全国教育工作会议上强调,抓好学校工作是扭转不良社会风气的重要环节。"学校要大力加强革命秩序和革命纪律,造就具有社会主义觉悟的一代新人,促进整个社会风气的革命化";"革命的理想,共产主义品德,要从小开始培养"。③ 邓小平同志坚持毛泽东思想和我们党的教育方针,他指出:"培养人才有没有质量标准呢?有的。这就是毛泽东同志说的,应该使受教育者在德育、智育、体育几方面都得到发展,成为有社会主义觉悟的有文化的劳动者。"④ 1979年10月30日,邓小平同志在中国文学艺术工作者第四次代表大会上,要求文艺工作者在刻画和培育社会主义新人方面,要付出更大的努力,要在文艺作品中塑造出四个现代化建设者"有革命理想和科学态度、有高尚情操和创造能力、有宽阔眼界和求实精神的崭新面貌"。⑤ 邓小平同志的这些论述和思想观点,已经初步形成了培养社会主义"四有"新人的战略设想。1980年12月25日,邓小平同志在中共中央工作会议上的讲话强调,要加强和改善党的思想政治工作,他指出:"要努力使我们的青少年成为有理想、有道德、有知

---

① 邓小平文选:第2卷[M].北京:人民出版社,1994:40.
② 邓小平文选:第2卷[M].北京:人民出版社,1994:54.
③ 邓小平文选:第2卷[M].北京:人民出版社,1994:105.
④ 邓小平文选:第2卷[M].北京:人民出版社,1994:103.
⑤ 邓小平文选:第2卷[M].北京:人民出版社,1994:210.

识、有体力的人，使他们立志为人民作贡献，为祖国作贡献，为人类作贡献，从小养成守纪律、讲礼貌、维护公共利益的良好习惯。"① 1982年7月4日，邓小平同志又在军委座谈会上指出："搞社会主义精神文明，主要是使我们的各族人民都成为有理想、讲道德、有文化、守纪律的人民。"② 1982年9月，党的十二大报告明确指出，要"带动越来越多的社会成员成为有理想、有道德、有文化、守纪律的劳动者"。③ 至此，邓小平同志培养社会主义"四有"新人的德育战略目标重要思想已基本形成，并通过党的全国代表大会上升为全党的意志，成为社会主义精神文明建设和德育工作的重要遵循，成为我国社会主义教育和人才培养的目标。

党的十二大以后，随着我国全面改革和对外开放形势的发展，随着社会主义商品经济的发展，我国经济社会呈现出崭新的局面，人们的物质生活条件得到了很大的改善，思想意识和精神状态也发生了很大变化。社会主义精神文明建设和德育工作取得成就的同时，社会上也出现了一些拜金主义、享乐主义和资产阶级自由化思潮，侵蚀着人民群众特别是青少年的思想，严重影响了社会风气。为了扭转这种不良社会风气，1983年5月4日，邓小平同志要求广大团员青年学习张海迪，做有理想、有道德、有文化、守纪律的共产主义新人。同年10月20日，邓小平同志又在党的十二届二中全会上，要求思想战线的工作者要"教育和引导人民正确地对待历史，认识现实，坚信社会主义和党的领导，鼓舞人民奋发努力，积极向上，真正做到有理想、有道德、有文化、守纪律，为伟大壮丽的社会主义现代化建设事业而英勇奋斗"。④ 1985年3月7日，他在全国科技工作会议上强调，我们党"在建设具有中国特色的社会主义社会时，一定要坚持发展物质文明和精神文明，坚持五讲四美三热爱，教育全国人民做到有理想、有道德、有文化、有纪律"。⑤ 这就正式提出了培养社会主义"四有"新人的概念和范畴，标志着邓小平新时期德育战略目标的思想观点正式形成。

---

① 邓小平文选：第2卷[M]. 北京：人民出版社，1994：369.
② 邓小平文选：第2卷[M]. 北京：人民出版社，1994：408.
③ 中共中央文献研究室. 十二大以来重要文献选编：上[G]. 北京：人民出版社，1986：30.
④ 邓小平文选：第3卷[M]. 北京：人民出版社，1993：40.
⑤ 邓小平文选：第3卷[M]. 北京：人民出版社，1993：110.

伴随我国改革开放和社会主义现代化建设事业的不断推进,德育战略这一思想也得到了不断的丰富与完善。1986年9月28日,党的十二届六中全会通过的《中共中央关于社会主义精神文明建设指导方针的决议》(以下简称"决议")明确指出:"社会主义精神文明建设的根本任务,是适应社会主义现代化建设的需要,培育有理想、有道德、有文化、有纪律的社会主义公民,提高整个中华民族的思想道德素质和科学文化素质。"① 决议对有什么样的理想、道德和文化,守什么样的纪律、实现什么样的民主等方面的问题做了全面的阐释。决议指出:理想分为共同理想和最高理想,"建设有中国特色的社会主义,把我国建设成为高度文明、高度民主的社会主义现代化国家,这就是现阶段我国各族人民的共同理想";"建立各尽所能、按需分配的共产主义社会"是我们党的最高理想,无论过去、现在和将来,这个最高理想都是我们共产党人和先进分子的力量源泉和精神支柱;全体人民要树立和发扬社会主义道德风尚,"爱祖国、爱人民、爱劳动、爱科学、爱社会主义";"要在全体人民中坚持不懈地普及法律常识,增强社会主义的公民意识,使人们懂得公民的基本权利和义务,懂得与自己工作和生活直接有关的法律和纪律,养成守法遵纪的良好习惯";"公民都要遵守宪法,党员还要遵守党章";"在法纪面前人人平等,绝不允许有任何超越法律和纪律的特殊人物,这应当成为我国政治和社会生活中不可动摇的准则";当今世界,科学越来越成为推动历史进步的革命力量,科学文化成为代表一个民族文明水平的重要标志;"我们进行现代化建设,应当更加自觉地依靠科学,发扬尊重科学、追求知识的精神,努力在全民族范围扎扎实实地组织教育科学文化的普及和提高"。② 决议还深入阐述了培养社会主义"四有"新人的理论基础,指出:"坚持以马列主义、毛泽东思想为指导,是我国社会主义现代化事业的根本,也是社会主义精神文明建设的根本。作为工人阶级的科学世界观和全人类精神文明的伟大成果的马克思主义,是社会主义事业和党的领导的理论基础,是社会主义意识形态的最重要的组成部分,对整个精神

---

① 中共中央文献研究室. 十二大以来重要文献选编:下[G]. 北京:人民出版社,1988:1176.
② 中共中央文献研究室. 十二大以来重要文献选编:下[G]. 北京:人民出版社,1988:1185.

文明建设起着重大的指导作用。"① 决议集中体现了邓小平同志关于社会主义精神文明建设和德育工作战略目标的思想,并成为改革开放新形势下指导德育实践的重要纲领性文献。但是,在实际工作中,一些地方和部门对经济建设抓得比较紧,而精神文明建设被忽视了。同时,国际上也出现了东欧剧变、苏联解体等重大事件,使国际范围内的思想文化和意识形态领域的斗争形势更趋激烈。针对这样的形势,邓小平同志越发重视培养社会主义"四有"新人的工作。他反复强调:"要用历史教育青年,教育人民。"② "要教育人民成为'四有'人民,教育干部成为'四有'干部。'四有'就是有理想、有道德、有文化、有纪律。"③ 总之,邓小平同志培育社会主义"四有"新人的思想,在改革开放和社会主义现代化建设的实践中逐步形成,并强有力地指导了社会主义精神文明建设和德育实践的新发展,成为不断提高中华民族思想道德素质和科学文化素质的伟大战略思想。

党的十三届四中全会特别是党的十四大以后,随着改革开放的不断深入,社会主义市场经济的不断发展,针对社会上思想文化和不同阶层人们思想意识的新变化,江泽民同志在继承邓小平同志提出的培养社会主义"四有"新人这一核心战略、总结新时期德育工作的经验基础上,丰富和发展了培养社会主义"四有"新人核心战略思想。1990年11月25日,江泽民同志在广西考察时指出:"学校要坚持正确的政治方向,培养四有新人。"④ 1993年3月7日,在党的十四届二中全会上,他强调广泛深入开展爱国主义、集体主义和社会主义教育,开展理想信念、人生观和价值观教育,"这是我们在社会主义精神文明建设中要锲而不舍地长期坚持的一项重要工作,目标是培养有理想、有道德、有文化、有纪律的一代新人"。⑤ 1993年11月2日,在学习《邓小平文选》第三卷报告会上,他又强调:"要加强思想政治工作,培养有理想、有道德、有文

---

① 中共中央文献研究室. 十二大以来重要文献选编:下 [G]. 北京:人民出版社,1988:1186.
② 邓小平文选:第3卷 [M]. 北京:人民出版社,1993:206.
③ 邓小平文选:第3卷 [M]. 北京:人民出版社,1993:205.
④ 中共中央政策研究室. 江泽民论社会主义精神文明建设 [M]. 北京:中央文献出版社,1999:23.
⑤ 中共中央政策研究室. 江泽民论社会主义精神文明建设 [M]. 北京:中央文献出版社,1999:118.

化、有纪律的新人。"① 1994年1月24日，在全国宣传思想工作会议上，他还从社会主义精神文明建设的更广的角度特别强调："培养有理想、有道德、有文化、有纪律的社会主义新人，是我国社会主义精神文明建设的根本目标。"② 1994年6月14日，他在全国教育工作会议上又一次指出，要抓紧对青少年学生的思想政治教育，培养社会主义"四有"新人，"只有培养一代又一代有理想、有道德、有文化、有纪律的献身有中国特色社会主义事业的建设者和接班人，才能保证我国长治久安"。③ 1996年3月28日，在参加四川交通大学负责人座谈会时，他再次强调，要"努力把学生培养成为有理想、有道德、有文化、有纪律的社会主义事业建设者和接班人"。④ 1997年2月25日，江泽民同志在邓小平同志追悼大会上再次要求全党："我们一定要按照邓小平同志的教导，以有理想、有道德、有文化、有纪律为目标，努力提高全民族的思想道德素质和科学文化素质。"⑤ 所有这些，都充分说明江泽民同志继承了邓小平同志提出的培养社会主义"四有"新人这一战略目标，并以此指引党的德育工作新实践。

1997年9月12日，江泽民同志在党的十五大报告中指出："建设有中国特色社会主义，必须着力提高全民族的思想道德素质和科学文化素质，为经济发展和社会全面进步提供强大的精神动力和智力支持，培育适应社会主义现代化要求的一代又一代有理想、有道德、有文化、有纪律的公民。这是我国文化建设长期而艰巨的任务。"⑥ 在2001年7月1日庆祝建党80周年的重要讲话中，江泽民同志指出："发展社会主义文化的根本任务，是培养一代又一代有理想、有道德、有文化、有纪律的公民。要坚持以科学的理论武装人，以正确的舆论引导人，以高尚的精神塑造人，以优秀的作品鼓舞人。坚持和巩固马克思主义的指导地位，帮助人们树立正确的世界观、人生观和价值观，坚定对马克思主义的信仰、坚定对社会主义的信念、增强对改革开放和现代化建设的信心、增

---

① 中共中央政策研究室. 江泽民论社会主义精神文明建设 [M]. 北京：中央文献出版社，1999：72.
② 中共中央政策研究室. 江泽民论社会主义精神文明建设 [M]. 北京：中央文献出版社，1999：24.
③ 江泽民文选：第1卷 [M]. 北京：人民出版社，2006：370.
④ 中共中央政策研究室. 江泽民论社会主义精神文明建设 [M]. 北京：中央文献出版社，1999：292.
⑤ 江泽民文选：第1卷 [M]. 北京：人民出版社，2006：638.
⑥ 江泽民文选：第2卷 [M]. 北京：人民出版社，2006：33.

强对党和政府的信任,增强自立意识、竞争意识、效率意识、民主法制意识和开拓创新精神。"① 他还强调:"我们要在发展社会主义社会物质文明和精神文明的基础上,不断推进人的全面发展";"要努力提高全民族的思想道德素质和科学文化素质,实现人们思想和精神生活的全面发展";"要促进人和自然的协调与和谐,使人们在优美的生态环境中工作和生活"。② 这反映了江泽民同志对培养社会主义"四有"新人战略目标全面深刻的阐释和新的发展。在这里,他不仅明确提出要通过开展"三观""四信"和"五种意识"的教育,来培养社会主义"四有"新人;而且明确提出了"四有"建设的任务,要用科学理论、正确舆论、高尚精神、优秀作品,来武装人、教育人。特别是把培养"四有"新人与促进人的全面发展联系起来,深化了对德育目标与任务的认识,丰富和发展了"培养什么人、怎样培养人、为谁培养人"的核心战略思想。

党的十六大以后,以胡锦涛同志为总书记的党中央站在我们党的事业后继有人和社会主义事业兴旺发达的战略高度,在继承邓小平、江泽民同志关于培养社会主义"四有"新人核心战略基础上,提出了一系列关于培养中国特色社会主义事业合格建设者和可靠接班人的新思想、新论断。2004年2月,中共中央、国务院颁发《关于进一步加强和改进未成年人思想道德建设的若干意见》,该意见指出:"坚持以人为本,教育和引导未成年人树立中国特色社会主义的理想信念和正确的世界观、人生观、价值观,养成高尚的思想品质和良好的道德情操,努力培育有理想、有道德、有文化、有纪律的,德、智、体、美全面发展的中国特色社会主义事业建设者和接班人。"③ 2006年8月29日,在中共中央政治局第三十四次集体学习时,针对当今世界日益激烈的国际竞争,胡锦涛同志强调:"知识越来越成为提高综合国力和国际竞争力的决定性因素,人力资源越来越成为推动经济社会发展的战略性资源。……必须全面提高全体人民的科学文化素质和思想道德素质,大力推进教育普及和发展,着力培养造就大批高素质人才。"④ 就我国而言,社会主义现代化建设进入建设创新型国家、构建

---

① 江泽民文选:第3卷[M]. 北京:人民出版社,2006:277.
② 江泽民文选:第3卷[M]. 北京:人民出版社,2006:294-295.
③ 中共中央文献研究室. 十六大以来重要文献选编:上[G]. 北京:中央文献出版社,2005:793.
④ 中共中央文献研究室. 十六大以来重要文献选编:下[G]. 北京:中央文献出版社,2008:615-616.

和谐社会、实现全面建设小康社会目标的新时期、新阶段,要把我国从人力资源大国"建设成为人力资源强国,为全面建设小康社会、实现中华民族的伟大复兴提供强有力的人才和人力资源保证"。① 为实现这一目标,我国教育事业必须承担艰巨任务。为此,胡锦涛同志强调,我们党务必要坚持把教育摆在优先发展的战略地位,努力办好让人民群众满意的教育。"要坚持育人为本、德育为先,把立德树人作为教育的根本任务,努力培养德智体美全面发展的社会主义建设者和接班人";要"加强爱国主义教育,深入开展理想信念教育,引导学生树立正确的世界观、人生观、价值观、荣辱观,增强学生热爱祖国、服务人民的使命感和责任感";要"激发学生发展的内在动力","提高学生的创新精神和实践能力";要"形成全社会推进素质教育的强大合力和良好环境"。② 2010年7月13日,胡锦涛同志在全国教育工作会议上指出:"坚持以人为本、全面实施素质教育是教育改革和发展的战略主题,是贯彻党的教育方针的时代要求,其核心是解决好培养什么人、怎样培养人的重大问题。"③ 同时强调"德是做人的根本";"要把德育融入学校课堂教学、学生管理、学生生活全过程,创新德育观念、目标、内容、方法,充分体现时代性,准确把握规律性,大力增强实效性"。④ 这就是要努力培养德智体美全面发展的社会主义"四有"建设者和接班人。胡锦涛同志还强调:"全国高校都要始终不渝地全面贯彻党的教育方针,坚持学校教育、育人为本,德智体美、德育为先,充分发挥大学生思想政治教育主阵地、主课堂、主渠道的作用,全方位推进大学生思想政治教育,多方面促进大学生全面发展,为培养造就一代新人做出贡献。"⑤ 可见,"育人为本、德育为先"重要理念的提出,是胡锦涛同志对新时期德育本质的科学把握,也是对德育目标和规律的科学揭示,继承和发展了邓小平、江泽民同志关于培养社会主义"四有"新人的战略思想。

胡锦涛同志指出:"要把育人为本作为教育工作的根本要求,加强理想信念

---

① 中共中央文献研究室. 十六大以来重要文献选编:下 [G]. 北京:中央文献出版社,2008:616.
② 中共中央文献研究室. 十六大以来重要文献选编:下 [G]. 北京:中央文献出版社,2008:617.
③ 胡锦涛文选:第3卷 [M]. 北京:人民出版社,2016:420.
④ 胡锦涛文选:第3卷 [M]. 北京:人民出版社,2016:420-421.
⑤ 中共中央文献研究室. 十六大以来重要文献选编:中 [G]. 北京:中央文献出版社,2006:640.

教育和道德教育，把社会主义核心价值体系融入国民教育全过程，深入推动中国特色社会主义理论体系进教材、进课堂、进头脑，引导学生形成正确的世界观、人生观、价值观，坚定学生对中国共产党领导、社会主义制度的信念和信心。"① 用社会主义核心价值体系武装广大人民群众特别是青少年一代，是胡锦涛同志对培养社会主义事业合格建设者和接班人所提出的新要求。在社会主义核心价值体系中，坚持马克思主义的指导地位，就抓住了社会主义核心价值体系的灵魂，是德育工作和育人实践的思想基础；树立中国特色社会主义共同理想，就突出了社会主义核心价值体系的主题，是德育工作和育人实践的根本要求；培育和弘扬以爱国主义为核心的民族精神和以改革创新为核心的时代精神，就把握了社会主义核心价值体系的精髓，是马克思主义与时俱进的思想和实践源泉，也是德育工作和育人实践的重要任务；树立和践行以"八荣八耻"为主要内容的社会主义荣辱观，就打牢了社会主义核心价值体系的思想道德基础，是德育工作的重要实践方向。2011年党的十七届六中全会强调，社会主义核心价值体系是兴国之魂，是社会主义先进文化的精髓，这也是当代德育的思想引领。十七届六中全会还强调，要在全社会大力加强教育和引导，把社会主义核心价值体系融入国民教育、精神文明建设和党的建设的全过程，贯穿改革开放和社会主义现代化建设各领域，体现到精神文化产品创作生产传播各方面。这是繁荣发展社会主义先进文化的根本任务，也是德育工作的根本任务。胡锦涛同志提出用社会主义核心体系武装全党、教育人民和广大青少年，鲜明地提出和解决了新世纪新阶段的德育工作"培养什么人，怎样培养人，为谁培养人"的核心战略问题。

2008年5月3日，胡锦涛同志在北京大学师生代表座谈会上要求高校，"要在深入学习中国特色社会主义理论体系上狠下功夫；要在提高大学生综合素质上狠下功夫；要在提高实践本领上狠下功夫"。② 可见，胡锦涛同志要求广大学生学习和掌握中国特色社会主义理论体系，用中国特色社会主义理论体系来武装自己的头脑，提升自己的素质和能力，指导自己的行为实践。胡锦涛同志还在致信中国青年群英会时对青年人提出希望，他说："希望全国广大团员和各族青年牢记党和人民的重托，自觉担负起时代的重任，以英雄模范为榜样，努力

---

① 胡锦涛文选：第3卷 [M]．北京：人民出版社，2016：420-421．
② 胡锦涛．在北京大学师生代表座谈会上的讲话 [M]．北京：人民出版社，2008：5．

成为理想远大、信念坚定的新一代，品德高尚、意志顽强的新一代，视野开阔、知识丰富的新一代，开拓进取、艰苦创业的新一代。"2008年6月14日，在同共青团中央新一届领导班子成员和团十六大部分代表座谈时，他再次重申，希望全国青年"要坚定理想信念、勤奋刻苦学习、勇于艰苦创业，培养高尚品德"。① 胡锦涛同志提出的这些殷切希望，虽然主要针对大学生和青年朋友，但实际上也是对广大人民群众提出的要求；特别是"四个新一代"，是胡锦涛同志在总结改革开放30年经验的基础上，为了适应我国经济又好又快的发展，实现全面建设小康社会的宏伟目标，对培育"四有"新人核心战略目标的新阐释。

我国改革开放和社会主义现代化建设的实践发展，推动了党的指导理论的创新与发展。以胡锦涛同志为总书记的党中央提出了坚持以人为本、全面协调可持续的发展观，并经过党的十七大把改革开放以来我们党的理论创新成果概括为中国特色社会主义理论体系。胡锦涛同志反复强调，坚持马克思主义的指导地位，就是要坚持中国特色社会主义理论体系；要用这个理论体系武装全党、教育人民；要贯彻落实科学发展观，深入学习和实践科学发展观；要在建设和发展中国特色社会主义的伟大实践中，坚持以人为本，促进人的全面发展，推动社会全面进步，构建社会主义和谐社会，努力实现社会和谐。总之，围绕着促进人的全面发展，为社会全面进步服务，为改革开放和社会主义现代化建设服务，胡锦涛同志提出的一系列新思想、新观点，丰富和发展了党的德育理论，既是对党的德育指导思想和德育理论的创新，也是对培养社会主义"四有"新人战略目标的新发展。

党的十八大以来，在新的历史起点上，习近平同志坚持邓小平、江泽民、胡锦涛同志关于培养什么人、怎样培养人的德育核心战略，站在实现中华民族伟大复兴中国梦的战略高度，再次强调培养什么人、如何培养人、为谁培养人的德育根本问题。他在2016年12月8日全国高校思想政治工作会议上指出，要把立德树人作为中心环节，作为高校的立身之本。强调要培养"德智体美全面发展的社会主义事业建设者和接班人"②，培养为人民服务，为中国共产党治国理政服务，为巩固发展中国特色社会主义制度服务，为改革开放和社会主义现代化建设服务的又红又专的人才。这就是要为中国共产党领导的中国特色社会

---

① 胡锦涛. 把青春奉献给中国特色社会主义壮丽事业[N]. 人民日报，2008-06-15（1）.
② 习近平. 始终坚持社会主义办学方向[N]. 人民日报，2016-12-10（1）.

主义建设事业而培育人才，为实现中华民族伟大复兴中国梦而培养人才；培养有理想、有道德、有真学问、有担当、守纪律、能实干的人才。这就科学地回答了为谁培养人，培养什么人的核心问题。如何培养人？习近平同志强调：要用马克思主义理论体系和中国特色社会主义的共同理想培养人、武装人。他指出："要坚持不懈传播马克思主义科学理论，抓好马克思主义理论教育。"① 要教育全党同志和全体人民坚定对马克思主义的信仰，做中国特色社会主义共同理想的坚定信仰者和忠实践行者。他要求广大党员和青年学生，科学地认识和把握中国特色社会主义的历史必然性，不断树牢共产主义远大理想和中国特色社会主义的共同理想。习近平同志指出："坚持不忘初心、继续前进，就要坚持中国特色社会主义道路自信、理论自信、制度自信、文化自信。"② "我们要坚信，中国特色社会主义道路是实现社会主义现代化的必由之路"③；"我们要坚信，中国特色社会主义理论体系是指导党和人民沿着中国特色社会主义道路，实现中华民族伟大复兴的正确理论"。④ 这就科学地表达了用中国特色社会主义理论体系武装人、培养人的极端重要性。习近平同志要求用社会主义核心价值观培育人、教育人。他指出：社会主义核心价值观，"实际上回答了我们要建设什么样的国家、建设什么样的社会、培育什么样的公民的重大问题"。⑤ 他对中共中央政治局常委全体同志、省部级领导干部、社区群众、青少年学生都做出过重要讲话和阐述，要求在全社会"广泛开展社会主义核心价值观宣传教育，积极引导人们讲道德、尊道德、守道德，追求高尚的道德理想，不断夯实中国特色社会主义的思想道德基础"。⑥ 他要求全体党员和广大人民要把社会主义核心价值观内化为自己的精神追求，外化为践行的自觉行动。这是对培养什么人、如何培养人的科学阐述。习近平同志强调要用中华优秀传统文化和中国特色社

---

① 习近平. 把思想政治工作贯穿教育教学全过程 开创我国高等教育事业发展新局面［N］. 人民日报，2016-12-09（1）.

② 习近平. 在庆祝中国共产党成立 95 周年大会上的讲话［M］. 北京：人民出版社，2016：12.

③ 习近平. 在庆祝中国共产党成立 95 周年大会上的讲话［M］. 北京：人民出版社，2016：13.

④ 习近平. 在庆祝中国共产党成立 95 周年大会上的讲话［M］. 北京：人民出版社，2016：13.

⑤ 习近平谈治国理政［M］. 北京：外文出版社，2014：168.

⑥ 习近平谈治国理政［M］. 北京：外文出版社，2014：163.

会主义先进文化培育人,要用中国精神和改革开放的时代精神激励人、教育人。他指出:"要更加注重以文化人以文育人"①,要弘扬中国精神,要用改革开放时代精神鼓舞人、塑造人。"这种精神是凝心聚力的兴国之魂、强国之魂"②,"全国各族人民一定要弘扬伟大的民族精神和时代精神,不断增强团结一心的精神纽带、自强不息的精神动力"③。习近平同志指出:"要坚持把立德树人作为中心环节,把思想政治工作贯穿教育教学全过程,实现全程育人、全方位育人"④;"要坚持立德树人,把培育和践行社会主义核心价值观融入教书育人全过程"⑤。这就强调了全党和全社会,要把德育工作作为党的工作中心环节,切实地实现全程育人、全员育人和全方位育人。总之,为谁培养人,是培养人的目的性和为谁服务的根本性问题;培养什么人,是培养人的规格和标准;如何培养人,是培养人的实践方向和效果。三者互相贯通,有机统一于德育工作的育人实践中。

习近平同志提出的"培养什么人,如何培养人,为谁培养人"的德育根本问题,是对邓小平、江泽民、胡锦涛同志培养"四有"新人的科学坚持与发展,是对当代德育核心战略的新表达,是新时代推进德育实践发展的行动指南。

(二)有理想有纪律

培养有理想、有道德、有文化、有纪律的社会主义"四有"新人,是当代德育的战略目标。在这"四有"当中,有理想、有纪律处在特别重要的位置。邓小平同志指出:"这四条里面,理想和纪律特别重要。"⑥ "我们这么大一个国家,怎样才能团结起来、组织起来呢?一靠理想,二靠纪律。组织起来就有力量。"⑦ 有理想是"四有"新人的首要的思想政治素质,理想决定着人们的奋斗目标和前进方向,又是人们追求和实现奋斗目标的精神支柱。有纪律既是人们

---

① 习近平. 把思想政治工作贯穿教育教学全过程 开创我国高等教育事业发展新局面[N]. 人民日报,2016-12-09(1).
② 习近平谈治国理政[M]. 北京:外文出版社,2014:40.
③ 习近平谈治国理政[M]. 北京:外文出版社,2014:40.
④ 习近平. 把思想政治工作贯穿教育教学全过程 开创我国高等教育事业发展新局面[N]. 人民日报,2016-12-09(1).
⑤ 习近平. 坚持立德树人思想引领 加强改进高校党建工作[N]. 人民日报,2014-12-30(1).
⑥ 邓小平文选:第3卷[M]. 北京:人民出版社,1993:110.
⑦ 邓小平文选:第3卷[M]. 北京:人民出版社,1993:111.

理想信念和道德情操的体现，也是人们为理想而奋斗、不断提升道德修养的保证。因此，邓小平同志特别强调："有理想，有纪律，这两件事我们务必时刻牢记在心。"① 在整个改革开放和社会主义现代化建设的进程中，我们党坚持按照培养社会主义"四有"新人的标准，十分重视对全国人民尤其是党员干部和青少年的理想信念教育和遵纪守法教育，坚持把理想信念教育作为德育工作的核心内容，坚持依法治国与以德治国相结合，把普法教育和纪律建设摆在德育工作的重要位置。

江泽民同志指出：要"突出加强理想信念教育，不断增强全体人民的凝聚力"②；"坚持党的纪律，反对自由主义"。③ 胡锦涛同志也强调，加强和改进大学生思想政治工作，"要以理想信念教育为核心，深入进行正确的世界观、人生观、价值观教育"。④ 他还指出："一个品德优良的人，必然是一个遵纪守法、诚实守信的人；严于律己、防微杜渐的人；一心为公、甘于奉献的人。"⑤ 党的十八大以来，以习近平同志为核心的党中央，根据党的工作任务新特点，针对党员教育和干部队伍建设面临的新形势、新挑战，反复强调坚持党要管党、从严治党。习近平同志鲜明地指出："我们党是靠革命理想和铁的纪律组织起来的马克思主义政党，纪律严明是党的光荣传统和独特优势"⑥，要"加强纪律建设，把守纪律讲规矩摆在更加重要的位置"。⑦ 党的十八大以来，党中央不仅大力加强党内教育，使广大党员坚定共产主义理想信念，坚守共产党人的政治本色，严明党纪、严守国法，做到"讲政治、有信念，讲规矩、有纪律，讲道德、有品行，讲奉献、有作为"；而且在全体人民中着力开展社会主义核心价值观教育，广泛开展中国梦教育，引导人们树立中国特色社会主义共同理想，做遵纪守法、诚信友善的好公民，为实现中华民族伟大复兴的中国梦贡献力量。

教育人民有理想，就是要树立中国特色社会主义共同理想，对于共产党员

---

① 邓小平文选：第3卷［M］.北京：人民出版社，1993：112.
② 江泽民文选：第3卷［M］.北京：人民出版社，2006：89.
③ 江泽民文选：第3卷［M］.北京：人民出版社，2006：324.
④ 中共中央文献研究室.十六大以来重要文献选编：中［G］.北京：中央文献出版社，2006：244.
⑤ 胡锦涛文选：第1卷［M］.北京：人民出版社，2016：325.
⑥ 习近平谈治国理政［M］.北京：外文出版社，2014：386.
⑦ 中共中央文献研究室.习近平总书记重要讲话文章选编［G］.北京：中央文献出版社，2016：249.

和进步分子，还要教育其树立共产主义远大理想。理想是人们对未来的向往和追求，是人们为之奋斗的目标，是世界观、人生观、价值观的集中体现。理想是人生实践和前进的强大精神动力。马克思主义认为，人类社会实践活动中的动力，既有物质的力量，又有精神的力量。马克思说："物质力量只能用物质力量来摧毁；但是理论一经群众掌握，也会变成物质力量。"① 这说明精神力量也是非常巨大的。而崇高的理想就能产生巨大的精神力量，它能够激起人们为之献身的热情，给人以坚定的信念，指明人们前进的方向和奋斗目标，从而产生强大的精神力量。共产党人的理想就是实现共产主义，这种崇高理想产生的力量和作用是巨大的。邓小平同志指出："为什么我们过去能在非常困难的情况下奋斗出来，战胜千难万险使革命胜利呢？就是因为我们有理想，有马克思主义信念，有共产主义信念。"② 在革命战争年代，在艰苦险恶的环境下，在敌人的监狱或刑场上，无数的革命先辈和仁人志士之所以能够坚贞不屈、矢志不渝、英勇奋斗和牺牲，就是因为他们有崇高的理想。据民政部门统计，全国有名可查的革命烈士有370万人，还有许多英烈连名字都没有留下，这足以说明理想的巨大作用。共产党人的理想之所以产生如此强大的力量，是因为它符合社会发展的规律和时代的要求，具有科学的理论基础。马克思、恩格斯创立了无产阶级的唯物史观，深入研究了资本主义社会，发现了剩余价值的规律，第一次揭开了资本主义剥削的秘密，揭示了资本主义社会发展的规律，得出了资本主义必然灭亡，社会主义、共产主义必然胜利的结论，科学地揭示了人类社会发展的规律。这样，就使共产主义作为共产党人的崇高理想，有了坚实的科学的理论基础。

邓小平同志指出："我们马克思主义者过去闹革命，就是为社会主义、共产主义崇高理想而奋斗。现在我们搞经济改革，仍然要坚持社会主义道路，坚持共产主义的远大理想。"③ 习近平同志也反复强调："革命理想高于天""不忘初心、继续前进""坚定共产主义远大理想和中国特色社会主义共同理想，不断把为崇高理想奋斗的伟大实践推向前进"④。社会主义是共产主义的低级阶段。我

---

① 马克思恩格斯选集：第1卷［M］．北京：人民出版社，1995：9．
② 邓小平文选：第3卷［M］．北京：人民出版社，1993：110．
③ 邓小平文选：第3卷［M］．北京：人民出版社，1993：116．
④ 习近平．在庆祝中国共产党成立95周年大会上的讲话［M］．北京：人民出版社，2016：10．

国正处在社会主义的初级阶段,作为现阶段我国各族人民共同奋斗的目标和理想,就是建设和发展中国特色社会主义。这是在马克思主义理论指导下,结合中国国情和时代特征提出的正确而又伟大的奋斗目标,是符合社会发展规律与时代发展需要的目标。因此,我们教育广大人民尤其是青少年有理想,就是要教育他们坚定对马克思主义的信仰,对科学社会主义的信念,对建设中国特色社会主义的信心。

共产党人的理想与现实是相统一的。邓小平同志说:"马克思主义必须发展。我们不把马克思主义当作教条,而是把马克思主义同中国的具体实践相结合,提出自己的方针,所以才能取得胜利。过去我们以农村包围城市,取得了革命的胜利,这一点在马克思列宁主义书本里是没有的。现在我们还是坚持马克思列宁主义、毛泽东思想。这里有继承的部分,有发展的部分。我们建设社会主义,准确地说是建设有中国特色的社会主义,这样才是真正地坚持了马克思主义。"① 在改革开放新时期,对人们进行理想教育,就必须坚持共产主义思想与建设中国特色社会主义实践相统一的理想教育。江泽民同志指出:"坚持邓小平理论,就是真正坚持马克思列宁主义、毛泽东思想;高举邓小平理论的旗帜,就是真正高举马克思列宁主义、毛泽东思想的旗帜。"② 胡锦涛同志也指出:"在当代中国,坚持中国特色社会主义道路,就是真正坚持社会主义。"③

坚持理想教育与现实教育相统一,就是要教育人们在实现理想的实践过程中,必须从现实出发,就是要教育激励人们脚踏实地为实现共同理想和最高理想而奋斗。共产党人的理想是共产主义。实现共产主义理想不可能一蹴而就,它是一个漫长积累的实践过程,它需要经历若干个发展阶段,不同阶段有不同的具体奋斗目标。中国共产党只有领导全国人民完成一个又一个阶段的历史任务,才能最终实现共产主义的最高目标。邓小平同志指出:"我们干的是社会主义事业,最终目的是实现共产主义。"④ "一定要让我们的人民,包括我们的孩子们知道,我们是坚持社会主义和共产主义的,我们采取的各方面的政策,都是为了发展社会主义,为了将来实现共产主义。"⑤ 我们应当善于把远大的理想

---

① 邓小平文选:第3卷[M].北京:人民出版社,1993:191.
② 江泽民文选:第2卷[M].北京:人民出版社,2008:12.
③ 胡锦涛文选:第2卷[M].北京:人民出版社,2016:621.
④ 邓小平文选:第3卷[M].北京:人民出版社,1993:110.
⑤ 邓小平文选:第3卷[M].北京:人民出版社,1993:112.

和日常工作结合起来,在任何工作中严格要求自己。在当前,教育人们有理想,就是要教育人们在日常工作岗位上,勤奋工作、开拓进取,为建设和发展中国特色社会主义事业多做贡献,为实现现阶段的共同理想而努力奋斗。正如习近平同志指出:"我们既要坚定走中国特色社会主义道路的信念,也要胸怀共产主义的崇高理想,矢志不移贯彻执行党在社会主义初级阶段的基本路线和基本纲领,做好当前每一项工作。"①

社会主义的首要任务就是发展生产力,逐步提高人民的物质和文化生活水平,不断满足人们日益增长的物质和文化生活的需要。这样的理想和目标,从本质上体现了最广大人民的根本利益和要求,因而它才能成为最广大人民共同追求的理想。社会主义、共产主义理想中的利益,主要是指全体劳动人民的根本利益。正如胡锦涛同志指出:"要始终把实现好、维护好、发展好最广大人民的根本利益作为党和国家一切工作的出发点和落脚点。"② 习近平同志也指出:"人民对美好生活的向往,就是我们的奋斗目标。"③ 当然全体劳动人民的根本利益中也包括了劳动者个人的利益。社会主义、共产主义并不是取消个人利益,恰恰相反,它是把社会利益、集体利益、个人利益有机统一起来,但是承认个人的正当利益,"决不是提倡各人抛开国家、集体和别人,专门为自己的物质利益奋斗,决不是提倡各人都向'钱'看。要是那样,社会主义和资本主义还有什么区别?"④ 因此,对人们进行理想教育必须与爱国主义、集体主义和社会主义思想教育以及正确的价值观教育相统一。

要教育广大干部和人民特别是青少年有理想,就必须要使他们具有艰苦奋斗的精神,因为理想要通过艰苦奋斗的伟大实践才能实现。邓小平同志指出:"中国搞四个现代化,要老老实实地艰苦创业。我们穷,底子薄,教育、科学、文化都落后,这就决定了我们还要有一个艰苦奋斗的过程。"⑤ "艰苦奋斗是我们的传统,艰苦朴素的教育今后要抓紧,一直要抓六十至七十年。我们的国家越发展,越要抓艰苦创业。"⑥ 对全体人民尤其是青少年进行艰苦创业的教

---

① 习近平谈治国理政 [M]. 北京:外文出版社,2014:23.
② 胡锦涛文选:第2卷 [M]. 北京:人民出版社,2016:624.
③ 习近平谈治国理政 [M]. 北京:外文出版社,2014:4.
④ 邓小平文选:第2卷 [M]. 北京:人民出版社,1994:337.
⑤ 邓小平文选:第2卷 [M]. 北京:人民出版社,1994:257.
⑥ 邓小平文选:第3卷 [M]. 北京:人民出版社,1993:306.

育是有理想教育的重要内容。我国社会主义现代化建设事业仍然处在艰苦创业的时期，需要通过不断深化改革，推进经济社会全面协调可持续发展，这是一项伟大的创业实践。江泽民同志指出："进行伟大的创业，必须有伟大的创业精神。我们建设有中国特色的社会主义就是伟大的创业，必须大力弘扬党的艰苦奋斗的优良传统。"① 胡锦涛同志也指出："越是改革开放和发展社会主义市场经济，越要弘扬艰苦奋斗精神。"② 这就鲜明地表达了我们党领导全国人民艰苦创业、实现理想的信心和决心。因此，我们必须长期艰苦奋斗，并长期进行这方面的教育；否则，一个国家、一个民族，如果不发扬艰苦奋斗、勤俭建国的精神，只想坐享其成，贪图享乐，不图进取，那么，这样的国家这样的民族是毫无希望的。正如习近平同志指出："能不能坚守艰苦奋斗精神，是关系党和人民事业兴衰成败的大事。"③

以艰苦奋斗为内容的理想信念教育，还应特别注意对党员干部尤其是党的高级干部进行这方面的教育。邓小平同志指出："艰苦创业，首先要我们党员、干部，特别是高级干部带头。"④ "要提高全党同志建设社会主义现代化强国的信心，通过各个岗位的党员的模范行动影响和吸引群众，振奋精神，团结一致，专心致志，稳步前进，实现我们的宏伟目标。"⑤ 作为党员干部，务必要使自己保持艰苦奋斗的作风，大力弘扬艰苦奋斗的精神，大力发扬党的艰苦奋斗的优良传统，做出表率，为实现中国特色社会主义的共同理想不懈奋斗，建功立业。江泽民同志还从党员干部讲政治和引领社会风气的高度，提出在全党和党员干部中大力弘扬艰苦奋斗精神，他指出："我们要在全国形成艰苦奋斗的良好风气，首先党内要大兴艰苦朴素、勤俭节约之风。"⑥ "以艰苦奋斗、勤俭朴素为荣，以铺张浪费、奢侈挥霍为耻。对于共产党员和各级干部来说，这也是对政治立场、政治观点、政治鉴别力的一种考验。"⑦ 胡锦涛同志也要求党员干部带

---

① 中共中央宣传部. 毛泽东邓小平江泽民论思想政治工作 [M]. 北京：学习出版社，2000：138.
② 胡锦涛文选：第2卷 [M]. 北京：人民出版社，2016：7.
③ 中共中央宣传部. 习近平总书记系列重要讲话读本 [M]. 北京：学习出版社，2014：166.
④ 邓小平文选：第2卷 [M]. 北京：人民出版社，1994：260.
⑤ 邓小平文选：第2卷 [M]. 北京：人民出版社，1994：369.
⑥ 江泽民文选：第1卷 [M]. 北京：人民出版社，2006：622.
⑦ 江泽民文选：第1卷 [M]. 北京：人民出版社，2006：621.

头发扬艰苦奋斗精神,他指出:"大力弘扬艰苦奋斗精神,关键是领导干部要以身作则。"① 党的十八大以来,以习近平同志为核心的党中央向全党提出"八项规定",狠抓作风建设,大力弘扬艰苦奋斗精神。习近平同志强调:"抓改进工作作风,各项工作都很重要,但最根本的是要坚持和发扬艰苦奋斗精神";"各级领导干部要以身作则、率先垂范,说到的就要做到,承诺的就要兑现"。② 实践证明,党中央狠抓落实"八项规定",从中央政治局带头做起,以上率下,层层落实,效果显著。

在新形势下,对党员干部进行艰苦创业精神教育,尤其要抓好以下几个方面:一是要抓好坚持立党为公,执政为民,全心全意为人民谋利益,不为个人和小集团谋私利的教育。正如江泽民同志所说:"要抓住为人民服务这个核心,在全社会坚持倡导为人民服务的精神。"③ 习近平同志也指出:"我们要坚持党的群众路线,坚持人民主体地位,时刻把群众安危冷暖放在心上,及时准确了解群众所思、所盼、所忧、所急,把群众工作做实、做深、做细、做透。"④ 二是要抓好反对浪费,勤俭办一切事业,对党和国家的财产和人民利益高度负责的政治责任感的教育。要加强勤俭节约、勤俭建国的艰苦奋斗教育,大力弘扬勤俭办事、勤俭建国的艰苦创业精神。三是进行艰苦朴素,力戒奢侈的教育。生活中朴素勤俭,工作中艰苦创业,是中华民族的传统美德,也是共产党人的优良传统。作为改革开放时代的共产党人更应做到这一点。这是我们取得工作胜利的重要的思想保证,要使全体党员干部都深刻懂得这个道理。四是对广大党员干部进行埋头苦干、奋发向上的教育。艰苦奋斗的精神,表现在对待事业和工作的态度上,就是脚踏实地、埋头苦干、迎难而上、奋发进取。作为党员干部,尤其是党的高级干部,必须保持崇高的革命气节和敬业的精神状态,勤奋工作,勇于奉献,有所作为。真正用邓小平同志概括出的革命战争年代形成的艰苦奋斗精神即"发扬革命和拼命精神,严守纪律和自我牺牲精神,大公无私和先人后己精神,压倒一切敌人、压倒一切困难的精神,坚持革命乐观主义、

---

① 胡锦涛文选:第2卷 [M]. 北京:人民出版社,2016:11.
② 习近平谈治国理政 [M]. 北京:外文出版社,2014:387.
③ 中共中央宣传部. 毛泽东邓小平江泽民论思想政治工作 [M]. 北京:学习出版社,2000:166.
④ 习近平. 全面贯彻落实党的十八大精神要突出抓好六个方面工作 [J]. 求是,2013(1).

排除万难去争取胜利的精神"① 去鼓舞人、激励人、教育人。"如果一个共产党员没有这些精神,就决不能算是一个合格的共产党员。不但如此,我们还要大声疾呼和以身作则地把这些精神推广到全体人民、全体青少年中间去,使之成为中华人民共和国的精神文明的主要支柱,为世界上一切要求革命、要求进步的人们所向往,也为世界上许多精神空虚、思想苦闷的人们所羡慕。"②

在"四有"教育中,邓小平同志把有纪律教育与有理想教育并重提出。邓小平同志说,对于中国这样一个大国,对于中国共产党这样一个大党,只有依靠理想和纪律,才能团结起来、组织起来。他还指出:"有了理想,还要有纪律才能实现"③;"中国要坚持社会主义制度,要发展社会主义经济,要实现四个现代化,没有理想是不行的,没有纪律也是不行的"。④ 理想和纪律是维系团结的两条纽带;纪律又是实现理想的保证。只有理想,没有纪律,理想也难以实现,革命和建设也不会取得成功。在建设社会主义现代化国家新的历史条件下,加强纪律性,才能保证党的路线、方针、政策的贯彻执行,才能统一全党和全国人民的意志和行动,有效地进行社会主义现代化建设和改革开放,才能保证我们国家安定团结政治局面的巩固和发展。我们每位同志,全社会的各行各业都能各自遵守自己行业的纪律,整个社会的生产秩序、工作秩序、生活秩序就可以得到保障。邓小平同志说:"在党政机关、军队、企业、学校和全体人民中,都必须加强纪律教育和法制教育……大中小学的学生从入学起,工人从入厂起,战士从入伍起,工作人员从到职起,就要学习和服从各自所必须遵守的纪律。对一切无纪律、无政府、违反法制的现象,都必须坚决反对和纠正。否则我们就决不能建设社会主义,也决不能实现现代化。"⑤ 这说明,对全国人民进行有纪律教育尤为重要,纪律教育是全社会和全体人民都必须接受的重要教育内容。我们只有通过强有力的思想政治教育工作,使全体人民认清社会主义纪律的重要性,培养和增强人们遵守纪律的自觉性,形成全社会守纪律的风尚,才能保证社会主义现代化建设和改革开放事业取得成功。

在全社会和全体人民中加强纪律教育,必须教育人们正确处理纪律和民主、

---

① 邓小平文选:第2卷 [M]. 北京:人民出版社,1994:368.
② 邓小平文选:第2卷 [M]. 北京:人民出版社,1994:368.
③ 邓小平文选:第3卷 [M]. 北京:人民出版社,1993:111.
④ 邓小平文选:第3卷 [M]. 北京:人民出版社,1993:124.
⑤ 邓小平文选:第2卷 [M]. 北京:人民出版社,1994:360.

纪律和自由的关系。邓小平同志指出:"合理的纪律同社会主义民主不但不是互相对立的,而且是互相保证的。"① 社会主义民主实质上就是人民当家作主,只有充分让广大人民参与社会主义的建设事业和国家事务的管理,取得主人翁的地位和发挥其作用,让他们充分享受民主的权利,发挥他们的积极性和创造性,才能使广大人民自觉地接受纪律教育和自觉地遵守纪律。正如邓小平同志指出:"没有民主就不可能有自觉的纪律。"② 江泽民同志也指出:"我们党历来的规矩是,个人服从组织,少数服从多数,下级服从上级,全党服从中央。这是全党必须遵守的基本的组织纪律,它既是民主集中制的重要内容,又是民主集中制得以贯彻执行的重要保证。"③ 胡锦涛同志反复强调:"人民民主是社会主义的生命";④ 在建设和发展社会主义政治文明的进程中,"必须坚持党的领导、人民当家作主、依法治国有机统一"。⑤ 可见,民主与纪律、民主与集中、民主与法治是有机统一的。因此,发扬社会主义民主必须要有纪律和法治作保证,不要纪律和秩序的民主,绝不是真正的民主。邓小平同志还指出:"纪律和自由是对立统一的关系,两者是不可分的,缺一不可。"⑥ 按照马克思主义的观点,自由是对必然的认识和改造,必然是指客观事物的规律。人们只有认识了客观事物的规律并依据规律去改造世界,才能获得自由。作为政治上的自由,虽然是一项公民的权利,但它是哲学意义上的自由在政治生活中的具体体现,是个别与一般的关系。纪律是必然的反映,是人们为了维护社会公共利益以及自身利益,在长期的实践中依据对社会发展规律的认识所形成的共同遵守的行为准则。社会主义的纪律,体现了党的要求和人民的意愿,体现了社会主义精神文明的客观要求,体现了社会进步和社会发展的内在需要。它保障了社会和人民正常的生活秩序、工作秩序与生产秩序,规范了人民的行为,巩固了社会的安定团结。如果离开了大家共同遵守和社会发展需要的纪律,个人也就没有自由。正如邓小平同志引用毛泽东同志的讲话所强调的:"我们的目标,是想造成一个

---

① 邓小平文选:第2卷 [M]. 北京:人民出版社,1994:360.
② 邓小平文选:第2卷 [M]. 北京:人民出版社,1994:83.
③ 中共中央文献研究室. 十三大以来重要文献选编:中 [G]. 北京:人民出版社,1991:717.
④ 胡锦涛文选:第3卷 [M]. 北京:人民出版社,2016:632.
⑤ 胡锦涛文选:第3卷 [M]. 北京:人民出版社,2016:633.
⑥ 邓小平文选:第3卷 [M]. 北京:人民出版社,1993:111.

又有集中又有民主，又有纪律又有自由，又有统一意志又有个人心情舒畅、生动活泼，那样一种政治局面。"①

同时，我们还必须认识到，加强纪律教育，加强改革开放和社会主义现代化建设的纪律性，也是加强党的建设和坚持党的领导的客观要求，共产党员要做遵守纪律的表率。正如邓小平同志指出："要通过思想政治工作，加强全党的组织性、纪律性。各级组织、每个党员都要按照党章的规定，一切行动服从上级组织的决定，尤其是必须同党中央保持政治上的一致。这一点在现在特别重要。"② 因此，加强纪律教育，必须把加强党内纪律教育作为重点。邓小平同志指出："必须严格地维护党的纪律，极大地加强纪律性。个人必须服从组织，少数必须服从多数，下级必须服从上级，全党必须服从中央。必须严格执行这几条。否则，形成不了一个战斗的集体，也就没有资格当先锋队。"③ 进入新世纪，针对党的纪律方面出现的新情况新问题，江泽民同志指出："如果没有严密的纪律，就不能维护党的团结统一，保持党的先进性和纯洁性，增强党的凝聚力和战斗力，保证党的纲领、路线和任务的实现"；并强调"要把整顿和加强党的纪律，作为全面加强党的建设的一个重大问题抓紧抓好"。④ 我们党的历史证明：党什么时候纪律严明，什么时候就会步调一致，就会胜利前进；什么时候纪律松懈，就会力量涣散，丧失战斗力。胡锦涛同志指出："我们党要始终成为团结带领全国各族人民发展中国特色社会主义的坚强领导核心，战胜前进道路上可能出现的各种困难和风险，必须发挥纪律严明这个优势。"⑤ 习近平同志指出："加强纪律建设是全面从严治党的治本之策。我们党是用革命理想和铁的纪律组织起来的马克思主义政党，组织严密、纪律严明是党的优良传统和政治优势，也是我们的力量所在。全面从严治党，重在加强纪律建设。我们现在要强调的是扎紧党规党纪的笼子，把党的纪律刻印在全体党员特别是党员领导干部的心上。"⑥ 我们党是执政党，加强全党的纪律教育特别重要。中国革命和建设

---

① 邓小平文选：第2卷 [M]. 北京：人民出版社，1994：44.
② 邓小平文选：第2卷 [M]. 北京：人民出版社，1994：366.
③ 邓小平文选：第2卷 [M]. 北京：人民出版社，1994：271.
④ 江泽民文选：第3卷 [M]. 北京：人民出版社，2006：192.
⑤ 中共中央文献研究室. 十七大以来重要文献选编：上 [G]. 北京：中央文献出版社，2009：855.
⑥ 习近平. 习近平谈中共的纪律和规矩 [N]. 人民日报（海外版），2016-01-08（8）.

实践与经验反复证明，党具有了纪律性，就有了战斗力，就能发挥党的先锋队作用，就能领导好广大人民为实现党的纲领和任务而奋斗。一个党如果没有严格的纪律，就没有统一的意志，不可能有战斗力，党的任务就不能顺利完成。因此，对每个党员进行革命纪律教育，既是党章对党员的要求，是培养社会主义建设者和接班人必备政治素质的需要，也是社会主义现代化事业顺利进行的有力保证。邓小平同志指出："所有共产党员都要增强党性，遵守党的章程和纪律。不管是什么专家、学者、作家、艺术家，只要是党员，都不允许自视特殊，认为自己在政治上比党高明，可以自行其是。"① 习近平同志也强调："纪律面前一律平等，党内不允许有不受纪律约束的特殊党员。……党的纪律是全党必须遵守的行为准则，严格遵守和坚决维护纪律是做合格党员、干部的基本条件。"② 党的十八届六中全会指出，必须严格党的纪律，把纪律挺在前面，用铁的纪律从严治党。因此，全体党员都必须自觉地遵守党的纪律，党的干部尤其是党的高级干部都要成为遵守和维护纪律的模范。

（三）有道德、有文化

有道德、有文化是培养社会主义"四有"新人的重要内容。有道德作为人的基本思想素质，是一个人成长成才的基本要求；有文化就是要培养人们的科学和文化素质基础，为成为"四有"新人提供必要条件。改革开放以来，我们党的几代领导人都非常重视对全体人民的有道德、有文化的教育，把教育和引导广大人民加强道德修养，学习科学和文化知识，增强人文素养，树立科学精神，作为德育工作的重要任务，并一以贯之抓好落实。

教育广大人民有道德是提高全民族思想道德素质的一项重要任务，是实现德育工作培养社会主义"四有"新人战略目标的一项基础性工程。邓小平同志指出："我们一定要在全党和全国范围内有领导、有计划地大力提倡社会主义道德风尚，热爱社会主义祖国，提高民族自尊心，还要进行坚持社会主义道路、反对资本主义腐蚀的革命品质教育。"③ 江泽民同志也指出："加强社会主义思想道德建设，是发展先进文化的重要内容和中心环节。"④ 胡锦涛同志强

---

① 邓小平文选：第3卷[M]. 北京：人民出版社，1993：46.
② 中共中央文献研究室. 习近平总书记重要讲话文章选编[G]. 北京：中央文献出版社，2016：178.
③ 邓小平文选：第2卷[M]. 北京：人民出版社，1994：262.
④ 江泽民文选：第3卷[M]. 北京：人民出版社，2006：278.

调:"道德力量是国家发展、社会和谐、人民幸福的重要因素。"① 可见,社会主义道德建设与教育,是精神文明建设和德育工作的重要任务,是促进国家经济发展、构建和谐社会的重要保证。面对新的历史起点的新发展,习近平同志从国家昌盛、民族振兴和人才成长的战略高度,特别强调:"道德之于个人、之于社会,都具有基础性意义,做人做事第一位的是崇德修身。"② 他还指出:"国无德不兴,人无德不立。必须加强全社会的思想道德建设,激发人们形成善良的道德意愿、道德情感,培育正确的道德判断和道德责任,提高道德实践能力尤其是自觉践行能力,引导人们向往和追求讲道德、尊道德、守道德的生活,形成向上的力量、向善的力量。只要中华民族一代接着一代追求美好崇高的道德境界,我们的民族就永远充满希望。"③ 这充分反映了对道德建设和教育的重要性与基础性作用的深刻认识。

在改革开放和社会主义现代化建设进程中,我们党坚持以邓小平理论为指导,针对不同阶段的新特点,先后多次就精神文明和道德建设进行专门研究和部署,如1996年10月党的十四届六中全会通过的《关于加强社会主义精神文明建设若干重要问题的决议》明确提出,社会主义道德要"以为人民服务为核心,以集体主义为原则,以爱祖国、爱人民、爱劳动、爱科学、爱社会主义为基本要求,开展社会公德、职业道德、家庭美德教育,在全社会形成团结互助、平等友爱、共同前进的人际关系"。2001年9月中共中央颁发《公民道德建设实施纲要》,明确提出了"爱国守法、明礼诚信、团结友善、勤俭自强、敬业奉献"的公民道德基本规范,并对社会公德、职业道德、家庭美德的主要规范做出了清晰的表达。党的十八大以后,中共中央办公厅2013年12月印发《关于培育和践行社会主义核心价值观的意见》,2019年10月中共中央、国务院印发《新时代公民道德建设实施纲要》等,就加强思想道德建设做出了新的部署,推动了全社会道德建设的发展、社会良好风气的营造,促进人们树立正确的道德观和价值追求。

"五爱"是对全体社会成员进行道德教育的基本要求。邓小平同志指出:"在

---

① 胡锦涛文选:第2卷[M].北京:人民出版社,2016:610.
② 习近平谈治国理政[M].北京:外文出版社,2014:173.
③ 习近平.认真贯彻党的十八届三中全会精神 汇聚起全面深化改革的强大正能量[N].人民日报,2013-11-29(1).

很长的一段时间里,广大青少年好好学习,天天向上,爱祖国、爱人民、爱劳动、爱科学、爱护公共财物……树立了一代新风。"① "我们希望从事教育工作的同志,各个有关部门的同志,整个社会的家家户户,都来关心青少年思想政治的进步。"② 因此,加强全体社会成员特别是青少年的"五爱"教育尤为重要。在新世纪新阶段,胡锦涛同志提出用社会主义荣辱观来加强道德建设与教育,他指出:"要教育广大干部群众特别是广大青少年树立社会主义荣辱观,坚持以热爱祖国为荣、以危害祖国为耻,以服务人民为荣、以背离人民为耻,以崇尚科学为荣、以愚昧无知为耻,以辛勤劳动为荣、以好逸恶劳为耻,以团结互助为荣、以损人利己为耻,以诚实守信为荣、以见利忘义为耻,以遵纪守法为荣、以违法乱纪为耻,以艰苦奋斗为荣、以骄奢淫逸为耻。"③ 以"八荣八耻"为主要内容的社会主义荣辱观所强调和倡导的热爱祖国、服务人民、崇尚科学、辛勤劳动、遵纪守法等,实际上就是"五爱"在新的历史阶段的新表达。党的十八大以来,习近平同志关于坚定中国特色社会主义道路、理论、制度、文化自信,关于实现中华民族伟大复兴中国梦,关于改进工作作风和密切联系群众,关于实干兴邦、艰苦奋斗、接续奋斗,关于科技创新等方面的重要论述,进一步丰富和发展了"五爱"的科学内涵,为我们在新形势下开展"五爱"教育提供了重要的理论指导。

为人民服务是社会主义道德的集中体现。毛泽东同志在《为人民服务》这篇著作中曾对此做过专门的阐述,后来又作为党的宗旨写进了党章。邓小平同志对此也做过重要论述,他指出:"人民群众必须自己解放自己,党的全部任务就是全心全意地为人民群众服务。"④ 他还指出:"世界观的重要表现是为谁服务。"⑤ 为人民服务,体现了我们党一贯倡导的正确的世界观、人生观、价值观。树立"三观"最终要落实到为人民服务的行动上。经过我们党长期的道德教育和有力的倡导,为人民服务的道德观已经拥有深厚的群众基础。新的时代和新的实践赋予了为人民服务新的内涵,同时也迫切要求把为人民服务的时代内容在全社会推广开来。江泽民同志提出"三个代表"重要思想,其落脚点和

---

① 邓小平文选:第2卷 [M]. 北京:人民出版社,1994:105.
② 邓小平文选:第2卷 [M]. 北京:人民出版社,1994:105-106.
③ 胡锦涛文选:第2卷 [M]. 北京:人民出版社,2016:430.
④ 邓小平文选:第1卷 [M]. 北京:人民出版社,1994:217.
⑤ 邓小平文选:第2卷 [M]. 北京:人民出版社,1994:92.

归宿就是代表最广大人民的根本利益。我们党在深化改革和加快建设社会主义市场经济体制的进程中，把为人民服务的思想与代表最广大人民群众根本利益的思想观念统一起来，教育和引导广大党员、干部践行为人民服务的宗旨和道德要求。在全社会，不论何种岗位，不论能力大小，不论职务高低，为人民服务的责任和道德要求是一致的，因此为人民服务的道德应该成为全体人民的道德需要。我们应该在全体人民中大力提倡为人民服务的道德情操，弘扬尊重人、关心人、理解人，热爱集体、热心公益、扶贫帮困，为人民和社会多做好事的道德精神，反对和抵制拜金主义、享乐主义、极端的个人主义。党和国家机关工作人员尤其是领导干部要率先垂范，特别要注重加强自己的道德修养，身体力行共产主义道德，全心全意为人民服务。当前，根据全面建成小康社会、全面建设社会主义现代化国家和实现中华民族伟大复兴中国梦的新需要，我们要把培育和践行社会主义核心价值观作为思想道德建设的重中之重。习近平同志指出："核心价值观，其实就是一种德，既是个人的德，也是一种大德，就是国家的德、社会的德"①；"要立志报效祖国、服务人民"。② 因此，我们一定要坚持培育和践行社会主义核心价值观，不断提升道德修养，努力在时代的大潮中建功立业，服务人民，奉献社会。

有道德教育还必须坚持社会主义的集体主义教育。邓小平同志指出："在社会主义社会中，国家、集体和个人的利益在根本上是一致的，如果有矛盾，个人的利益要服从国家和集体的利益。为了国家和集体的利益，为了人民大众的利益，一切有革命觉悟的先进分子必要时都应当牺牲自己的利益。我们要向全体人民、全体青少年努力宣传这种高尚的道德。"③ 这说明，坚持社会主义的集体主义道德原则，是社会主义制度的基本要求。社会主义制度充分保障社会成员的个人利益，同时又决定着社会成员有着共同的利益。因此，在社会主义社会中，国家利益、集体利益与个人利益从根本上来说是一致的。在改革开放时期，坚持集体主义道德教育，其核心内容就是进行"富民强国，振兴中华"的道德精神教育。要教育和引导广大人民特别是党员干部和青少年一代，把个人的理想同祖国的前途和民族的命运结合起来，把个人的道德实践同全面深化改

---

① 习近平谈治国理政［M］. 北京：外文出版社，2014：168.
② 习近平谈治国理政［M］. 北京：外文出版社，2014：173.
③ 邓小平文选：第2卷［M］. 北京：人民出版社，1994：337.

革和实现民族复兴中国梦的伟大实践统一起来。正如习近平同志指出的："在实行改革开放和发展社会主义市场经济条件下，共产党员仍然要讲奉献，讲个人利益服从集体利益、局部利益服从全局利益、当前利益服从长远利益；仍然要坚持把人民利益放在最高位置。"① "要教育引导各级领导干部自觉用'四个全面'战略布局统一思想，正确把握改革大局，从改革大局出发看待利益关系调整，只要对全局改革有利、对党和国家事业发展有利、对本系统本领域形成完善的体制机制有利，都要自觉服从改革大局、服务改革大局，勇于自我革命，敢于直面问题，共同把全面深化改革这篇大文章做好。"② 也就是在改革发展中，在实现国家利益、集体利益、人民根本利益的基础上，来实现每个人的利益。

有道德教育要求加强社会公德、职业道德、家庭美德和个人品德教育。邓小平同志指出："要树立好的风气。讲风气，无非是党风、军风、民风、学风。"③ 邓小平同志说的树立好风气，就是指大力加强社会主义的社会公德、职业道德、家庭美德的教育和建设，就是要教育和引导全体人民不断加强个人品德修养。在协调推进"四个全面"战略布局新的历史条件下，我们要大力倡导爱国守法、明礼诚信、团结友善、勤俭自强、敬业奉献的道德精神，推动践行文明礼貌、助人为乐、爱护公物、保护环境、遵纪守法的社会公德，推动践行爱岗敬业、诚实守信、办事公道、热情服务、奉献社会的职业道德，推动践行尊老爱幼、男女平等、夫妻和睦、勤俭持家、邻里互助的家庭美德，推动践行爱国奉献、明礼遵规、勤劳善良、宽厚正直、自强自律的个人品德。正如习近平同志指出的，要教育和引导全体公民特别是青少年加强道德修养，要"明大德、守公德、严私德"；"既要立意高远，又要立足平实"；既要修好"立志报效祖国、服务人民"的"大德"，又要"从做好小事、管好小节开始起步"，"踏踏实实修好公德、私德，学会劳动、学会勤俭，学会感恩、学会助人，学会谦让、学会宽容，学会自省、学会自律"。④ 这样，才能在整个社会形成良好的道德风尚。

在有道德教育过程中，还要在全社会努力提倡共产主义道德。在改革开放

---

① 习近平. 始终坚持和充分发挥党的独特优势 [J]. 求是，2012（15）.
② 习近平. 把握改革大局自觉服从服务改革大局 共同把全面深化改革这篇大文章做好 [N]. 人民日报，2015-05-06（1）.
③ 邓小平文选：第2卷 [M]. 北京：人民出版社，1994：54.
④ 习近平谈治国理政 [M]. 北京：外文出版社，2014：173.

初期，针对一些人对共产主义道德产生怀疑和动摇的情况，邓小平同志强调指出："我们在新民主主义革命时期，就已经坚持用共产主义的思想体系指导整个工作，用共产主义道德约束共产党员和先进分子的言行"；在社会主义改革开放新时期，我们更要坚持这样做，"要教育全党同志发扬大公无私、服从大局、艰苦奋斗、廉洁奉公的精神，坚持共产主义思想和共产主义道德"。① 邓小平同志的精辟论述，充分说明了在改革开放时期，必须坚持共产主义道德教育，把道德教育的先进性与广泛性有机地结合起来。在道德教育和道德实践方面，共产党员和党的各级领导干部要始终坚持和体现先进性要求。尤其是新形势下我们党面对"四种考验"和"四种风险"，更需要全党同志特别是领导干部坚定理想信念，坚守共产党人的精神追求，不断加强共产主义道德思想的学习和实践，切实践行全心全意为人民服务的宗旨；在全社会的道德建设中，"模范践行社会主义荣辱观，讲党性、重品行、作表率，做社会主义道德的示范者、诚信风尚的引领者、公平正义的维护者，以实际行动彰显共产党人的人格力量"。② 这也是邓小平同志在改革开放之初所强调的："党和政府愈是实行各项经济改革和对外开放的政策，党员尤其是党的高级负责干部，就愈要高度重视、愈要身体力行共产主义思想和共产主义道德。"③ 习近平同志根据全面推进党的建设新的伟大工程的需要，提出了衡量共产党员和领导干部是否具有共产主义理想、是否符合合格共产党员的"四条标准"："能否坚持全心全意为人民服务的根本宗旨，能否吃苦在前、享受在后，能否勤奋工作、廉洁奉公，能否为理想而奋不顾身去拼搏、去奋斗、去献出自己的全部精力乃至生命。"④ 这也是向全党提出的坚持和践行共产主义道德的具体要求。

有文化，是一个民族素质的重要体现，也是一个民族思想道德素质在精神文化层面上的重要标志。贯彻落实"四有"的德育工作目标，必须教育广大人民特别是青少年有文化。培养人的科学文化素质，掌握相应的科学技术和专业知识，是学好马克思主义理论的必要条件。如果没有文化，就不可能懂得现代科学技术，也学不懂马克思主义的基本理论。邓小平同志说："历史上的劳动力，也都是掌握了一定的科学技术知识的劳动力。我们常说，人是生产力中最

---

① 邓小平文选：第2卷［M］．北京：人民出版社，1994：367．
② 胡锦涛文选：第3卷［M］．北京：人民出版社，2016：654．
③ 邓小平文选：第2卷［M］．北京：人民出版社，1994：367．
④ 习近平谈治国理政［M］．北京：外文出版社，2014：24．

活跃的因素。这里讲的人,是指有一定的科学知识、生产经验和劳动技能来使用生产工具、实现物质资料生产的人。"① "我们要掌握和发展现代科学文化知识和各行各业的新技术新工艺,要创造比资本主义更高的劳动生产率,把我国建设成为现代化的社会主义强国,并且在上层建筑领域最终战胜资产阶级的影响,就必须培养具有高度科学文化水平的劳动者,必须造就宏大的又红又专的工人阶级知识分子队伍。"② 基于邓小平同志的这一思想,要使广大人民尤其是青少年有文化,一方面要大力发展我国的教育事业,提高各级各类学校的教育质量,大力提高全体人民的文化素质,尤其是加强科技人才的培养;另一方面要加强全体社会成员的文化教育,尤其是抓好党员干部的文化教育,提高广大党员干部的科学文化水平。正如邓小平同志指出:"有计划地对大批干部、工人进行正规教育,提高他们的政治水平、文化水平、技术水平、经营管理水平,就是一种能够收到很好效果的智力投资。"③ "只靠坚持社会主义道路,没有真才实学,还是不能实现四个现代化。"④ 对于青少年来说,还特别要注重培养他们良好文化品位、思想情感和价值取向,提高其文化素养。邓小平同志指出:"法制观念与人们的文化素质有关,现在这么多青年人犯罪,无法无天,没有顾忌,一个原因是文化素质太低。"⑤ 因此,要加强教育,不断提升其文化素质。此外,提高青少年的文化品位、鉴赏能力,也是有文化教育的重要内涵。

在实现"两个一百年"奋斗目标的进程中,以习近平同志为核心的党中央高度重视文化建设、科技教育和人才培养工作,全面推进德育战略目标中"有文化"任务的实现。习近平同志指出:"当前,全党全国各族人民正在为全面建成小康社会、实现中华民族伟大复兴的中国梦而团结奋斗。我们比以往任何时候都更加需要强大的科技创新力量。"⑥ 为了发展科学技术、推动科技创新,必须大力发展教育,培养具有优秀文化素质的人才。习近平同志指出,我们要始终高度重视提高劳动者素质,培养宏大的高素质劳动者大军,要深入实施科教兴国战略、人才强国战略、创新驱动发展战略,把提高职工队伍整体素质作为

---

① 邓小平文选:第 2 卷 [M]. 北京:人民出版社,1994:88.
② 邓小平文选:第 2 卷 [M]. 北京:人民出版社,1994:104.
③ 邓小平文选:第 2 卷 [M]. 北京:人民出版社,1994:361.
④ 邓小平文选:第 2 卷 [M]. 北京:人民出版社,1994:262.
⑤ 邓小平文选:第 3 卷 [M]. 北京:人民出版社,1993:163.
⑥ 习近平谈治国理政 [M]. 北京:外文出版社,2014:119.

一项战略任务抓紧抓好,实施职工素质建设工程,推动建设宏大的知识型、技术型、创新型劳动者大军,要深入开展中国特色社会主义理想信念教育,打造健康文明、昂扬向上的职工文化,拓展广大职工和劳动者成长成才空间,不断提高思想道德素质和科学文化素质。① 在强调科技教育和科技创新的同时,习近平同志还十分重视文化软实力与思想文化建设和教育工作,他指出:"一个国家、一个民族的强盛,总是以文化兴盛为支撑的,中华民族伟大复兴需要以中华文化发展繁荣为条件。"② 他还强调:"提高国家文化软实力,关系'两个一百年'奋斗目标和中华民族伟大复兴中国梦的实现。要弘扬社会主义先进文化……不断增强文化整体实力和竞争力,朝着建设社会主义文化强国的目标不断前进。"③ 因此,我们教育广大人民尤其是青少年"有文化",要在引导人们学习科学知识和人文知识、树立科学精神和人文精神上下功夫。广大干部、职工尤其是青年学生,"要勤于学习、敏于求知,注重把所学知识内化于心,形成自己的见解,既要专攻博览,又要关心国家、关心人民、关心世界,学会担当社会责任"④,做社会主义"四有"新人。

总之,当代中国马克思主义德育理论关于培养社会主义"四有"新人的战略目标,是一个有机的整体。"四有"之间相互联系、相互贯通、相互促进,是一个有机统一的目标体系。有理想是"四有"新人首要的思想政治素质,理想是人的精神支柱,决定着人的前进方向。有道德是"四有"新人重要的思想道德素质,崇高的理想,要落实和体现到具体的道德品行中;同时,有了崇高理想,才能自觉地用先进的道德来规范自己的行为。有纪律是"四有"新人崇高理想和良好道德素质的体现,也是人们为理想而奋斗,形成良好道德的保证。有文化是"四有"新人文化素质的基础,科学文化知识是学习马克思主义、确立马克思主义世界观的基础,是形成正确思想、树立实事求是的科学态度和工作作风的必要条件,是坚持革命信念、实现共同理想、战胜落后愚昧和迷信的理论武器。有理想、有道德、有文化、有纪律的有机统一,体现了当代德育适

---

① 庆祝"五一"国际劳动节暨表彰全国劳动模范和先进工作者大会隆重举行[N].人民日报,2015-04-29(1).
② 习近平.认真贯彻党的十八届三中全会精神 汇聚起全面深化改革的强大正能量[N].人民日报,2013-11-29(1).
③ 习近平谈治国理政[M].北京:外文出版社,2014:160.
④ 习近平谈治国理政[M].北京:外文出版社,2014:172.

应改革开放和社会主义现代化建设的需要，是对马克思主义人的全面发展理论的创新性运用与发展，为当代德育工作实践指明了正确的目标与方向。

习近平同志就新时代德育工作和高校立德树人的根本任务，科学阐述了"培养什么人、怎样培养人、为谁培养人"的根本问题。实现中华民族伟大复兴的中国梦，需要一代又一代中国共产党人前赴后继努力地团结奋斗，也需要中国共产党培养一批又一批中国特色社会主义事业的合格建设者和接班人。这是事关党和国家命运与后继有人的百年大计。党的历代领导集体核心都高度重视人才培养工作，把培养什么人、怎样培养人作为中国特色社会主义事业人才强国的核心战略来抓。习近平同志既坚持"培养什么人、怎样培养人"的育人思想，又创新性提出了为谁培养人的根本问题，形成了培养和造就中国特色社会主义合格建设者和接班人的核心战略体系。为谁培养人是根本，决定培养人的目的和为谁服务的根本问题；培养什么人是培养人才的规格和标准，决定培养人的素质和本领的规格要求；如何培养人，就是用什么样的思想道德和文明素养、思想方法和方略培养人，决定培养人的实践方向和效果。这就构成了培养人的目的性、规格标准、实践方向和效果互相贯通、三位一体的德育根本任务。

德育工作是团结全党全国人民进行伟大斗争、维护和巩固党的领导的中心环节。习近平同志从高校德育新实践出发，提出了"为谁培养人"的根本问题。这是对高校德育工作目的性与培养人服务谁的政治方向性做出的科学论断，内在表达了为谁培养人和培养的人为谁服务的根本性问题。他旗帜鲜明地回答了高校德育工作就是为中国共产党实现中华民族伟大复兴的中国梦培养人，培养的人为中国共产党领导的中国特色社会主义现代化建设事业服务。这是对高校德育工作本质属性做出新的科学概括。他在全国高校思想政治工作会议上的讲话指出："我们的高校是党领导下的高校，是中国特色社会主义高校"[1]，"必须坚持正确政治方向"[2]。他要求全党同志把立德树人作为党的工作的中心环节，作为党的事业的核心战略来抓，要培养"为人民服务，为中国共产党治国理政服务，为巩固和发展中国特色社会主义制度服务，为改革开放和社会主义现代

---

[1] 始终坚持社会主义办学方向——二论学习贯彻习近平总书记高校思想政治工作会议讲话[N]. 人民日报，2016-12-10（1）.

[2] 始终坚持社会主义办学方向——二论学习贯彻习近平总书记高校思想政治工作会议讲话[N]. 人民日报，2016-12-10（1）.

化建设服务"的合格建设者和接班人。① 这就科学地回答了"为谁培养人"的根本问题。

习近平同志站在教育是民族振兴、社会进步重要基石的战略高度，就培养什么人做出新的科学阐述。他强调教育是对中华民族伟大复兴具有决定性意义的伟大事业，广大教师是担负着培养人这一伟大使命的最神圣的职业。他指出：要培养中国特色社会主义的合格建设者和接班人，首先就需要培养一大批好教师。"民族振兴、教育发展，需要我们大力培养造就一支师德高尚、业务精湛、结构合理、充满活力的高素质专业化教师队伍，需要涌现一大批好老师。"② 他特别强调要做党和人民满意的"四有"好老师："有理想信念、有道德情操、有扎实学识、有仁爱之心。"③ 同时，习近平同志又特别关心青年学生的培育和成长成才，对培养什么样的好学生提出了明确要求，广大青年学生应肩负起时代使命和责任，高扬理想风帆，静心刻苦学习，努力练好人生和事业的本领。要求青年做有理想、有追求、有担当、有作为，有品质、有修养的好学生。④ 他在2014年"五四"青年节视察北京大学时，又对大学生语重心长地说："希望大家努力在实现中国梦的伟大实践中创造自己的精彩人生"⑤，实现自己"有信念、有梦想、有奋斗、有奉献的人生"⑥。这就对培养什么样的好学生做出了新的科学阐述。

如何培养人？应该按照培养人的目的性、培养人的规格和要求去做。习近平同志首先强调用实现中华民族伟大复兴中国梦的理想信念培养人，他指出："理想指引人生方向，信念决定事业成败"⑦，"中国梦是全国各族人民的共同理想，也是青年一代应该牢固树立的远大理想"⑧。他要求用科学理论武装

---

① 习近平. 把思想政治工作贯穿教育教学全过程 开创我国高等教育事业发展新局面 [N]. 人民日报，2016-12-09（1）.
② 习近平. 做党和人民满意的好老师——同北京师范大学师生代表座谈时的讲话 [M]. 北京：人民出版社，2014：4.
③ 习近平. 做党和人民满意的好老师——同北京师范大学师生代表座谈时的讲话 [N]. 人民日报，2014-09-10（1）.
④ 习近平. 全面落实"十三五"规划纲要 加强改革创新开创发展新局面 [N]. 人民日报，2016-04-28（1）.
⑤ 习近平谈治国理政 [M]. 北京：外文出版社，2014：175-176.
⑥ 习近平谈治国理政 [M]. 北京：外文出版社，2014：175.
⑦ 习近平谈治国理政 [M]. 北京：外文出版社，2014：50.
⑧ 习近平谈治国理政 [M]. 北京：外文出版社，2014：50.

人，用中国特色社会主义理论体系武装全党，教育人民，"要坚持不懈传播马克思主义科学理论，抓好马克思主义理论教育"①。"我们要坚信，中国特色社会主义理论体系是指导党和人民沿着中国特色社会主义道路实现中华民族伟大复兴的正确理论。"② 这就切中了如何培养人的根本任务。习近平同志强调高校要广泛开展社会主义核心价值观的宣传和培育，切实把社会主义核心价值观贯穿于大学教育的方方面面，"要通过教育引导、舆论宣传、文化熏陶、实践养成、制度保障等"③，"使社会主义核心价值观成为人们日常工作生活的基本遵循"④。要用中华优秀传统文化滋养人，特别要用中国共产党先进的革命文化教育人和培育人，用中国精神尤其是改革开放的时代精神激励人、鼓舞人、培育人和塑造人。他说："这种精神是凝心聚力的兴国之魂、强国之魂。"⑤ 习近平同志就如何培养人还强调：要遵循培养人的规律性，坚持用科学原则和思想方法培养人。要用"滴灌"的方式坚持不懈、循序渐进地培育人；要在"落细、落小、落实上下功夫"⑥；并"内化为人们的精神追求，外化为人们的自觉行动"⑦。要坚持教书育人原则，增强思想政治教育的亲和力、吸引力和针对性，满足人的全面发展特别是大学生健康成长成才的需求和获得感。德育工作要务求实效，踏石留印，抓铁有痕，在补齐思想政治工作短板上取得实效性进展，切实提升德育工作育人的质量。

二、两手抓两手都要硬的指导方针

在建设物质文明的同时，建设好社会主义的精神文明，把两个文明都搞好，才是中国特色的社会主义。这是改革开放以来党的几代领导集体一贯坚持的重要思想。这一思想既是我们党建设和发展中国特色社会主义必须坚持的重要方针，也是德育工作的指导方针。

---

① 习近平. 把思想政治工作贯穿教育教学全过程 开创我国高等教育事业发展新局面 [N]. 人民日报，2016-12-09（1）.
② 习近平. 在庆祝中国共产党成立95周年大会上的讲话 [M]. 北京：人民出版社，2016：13.
③ 习近平谈治国理政 [M]. 北京：外文出版社，2014：164.
④ 习近平谈治国理政 [M]. 北京：外文出版社，2014：165.
⑤ 习近平谈治国理政 [M]. 北京：外文出版社，2014：40.
⑥ 习近平谈治国理政 [M]. 北京：外文出版社，2014：165.
⑦ 习近平谈治国理政 [M]. 北京：外文出版社，2014：16.

(一) 两手抓两手都要硬的科学内涵

马克思主义认为,人类社会除了繁衍后代的自身生产之外,还有社会生产,而社会生产又主要分为物质生产和精神生产两大类。邓小平同志依据中国的实际国情,把握世界和平与发展的时代特征,继承和发展了马克思主义这一基本原理,科学地阐述了物质文明与精神文明协调发展才是建设有中国特色社会主义的思想,也就是"两手抓、两手都要硬"的思想。所谓"两手抓",就是在进行社会主义现代化建设的过程中,一手抓物质文明建设,一手抓精神文明建设;"两手都要硬",就是在加强物质文明建设的同时,必须确保精神文明建设的重要地位,发挥精神文明的重要作用,保证两个文明建设全面、协调、健康地发展。这一思想经邓小平同志提出,并被江泽民、胡锦涛、习近平同志继承和发展。这为我们正确认识社会主义改革时期两个文明一起抓,提供了强有力的思想和理论指导。

邓小平同志在设计和领导我国改革开放和社会主义现代化的过程中,始终强调要坚持两手抓,两手都要硬。早在改革开放之初,1979年10月30日,邓小平同志就在《在中国文学艺术工作者第四次代表大会上的祝词》中指出:"我们要在建设高度物质文明的同时,提高全民族的科学文化水平,发展高尚的丰富多彩的文化生活,建设高度的社会主义精神文明。"① 这虽然是针对文学艺术工作者提出的,但其讲话内容的精神实质明确表达了两个文明一起抓的思想。1980年12月25日,他在中央工作会议上的讲话指出:"我们要建设的社会主义国家,不但要有高度的物质文明,而且要有高度的精神文明。所谓精神文明,不但是指教育、科学、文化(这是完全必要的),而且是指共产主义的思想、理想、信念、道德、纪律,革命的立场和原则,人与人的同志式关系,等等。"② 在这里,邓小平同志不仅对物质文明和精神文明建设一起抓的思想表述得非常清楚,而且对精神文明建设所包含的内容也做了较为完整的阐述。

1983年4月29日,邓小平同志会见印度共产党(马克思主义)中央代表团时指出:"在社会主义国家,一个真正的马克思主义政党在执政以后,一定要致力于发展生产力,并在这个基础上逐步提高人民的生活水平。这就是建设物质文明。过去很长一段时间,我们忽视了发展生产力,所以现在我们要特别注意

---

① 邓小平文选:第2卷 [M]. 北京:人民出版社,1994:208.
② 邓小平文选:第2卷 [M]. 北京:人民出版社,1994:367.

建设物质文明。与此同时，还要建设社会主义的精神文明，最根本的是要使广大人民有共产主义的理想，有道德，有文化，守纪律。"① 1985年3月7日，在全国科技工作会议上讲话时他又强调："有一点要提醒大家，就是我们在建设具有中国特色的社会主义社会时，一定要坚持发展物质文明和精神文明，坚持五讲四美三热爱，教育全国人民做到有理想、有道德、有文化、有纪律。"② 在这里，邓小平同志从历史经验教训和现实发展需要出发，对两个文明建设的目标任务做出了明确的表述，特别是培养和教育"四有"新人的要求，为新时期精神文明建设和德育工作，提供了目标遵循。

邓小平同志两个文明一起抓的重要思想，既提出了总的原则要求，又具有丰富的内涵和具体的内容。他根据改革开放过程中出现的新情况，在不同的场合，针对不同的问题，提出了一系列具体的"两手抓"思想。

随着改革开放的不断发展，特别是在对外开放中，人们开阔了眼界，学习了国外先进的科学知识和管理经验，思想观念也随之受到很大影响。社会上出现了一股资产阶级自由化思潮，一些人崇拜和宣扬西方资本主义国家的"民主""自由"，否定社会主义。针对这种不良情况，邓小平同志告诫全党，在实行改革开放政策、抓经济建设的同时，要注意抓好思想政治工作。1985年5月20日，他在同陈鼓应教授的谈话中指出："我们党的十一届三中全会决定实行开放政策，同时也要求刹住自由化的风，这是相互关联的问题。不刹住这股风，就不能实行开放政策。要搞四个现代化，要实行开放政策，就不能搞资产阶级自由化。"③ 这就鲜明地指出实行对外开放政策，必须坚决反对和抵制资产阶级自由化思潮。1989年3月4日，他在同中央负责同志谈话时，从总结改革开放经验教训的角度，尖锐地指出："十年来我们的最大失误是在教育方面，对青年的政治思想教育抓得不够，教育发展不够。"④ 同年6月9日在接见首都戒严部队军以上干部时的讲话中，他进一步指出："十年最大的失误是教育，这里我主要是讲思想政治教育，不单纯是对学校、青年学生，是泛指对人民的教育。"⑤ 1992年年初，邓小平同志在南方视察的谈话，再一次强调在整个改革开放的过

---

① 邓小平文选：第3卷［M］. 北京：人民出版社，1993：28.
② 邓小平文选：第3卷［M］. 北京：人民出版社，1993：110.
③ 邓小平文选：第3卷［M］. 北京：人民出版社，1993：124.
④ 邓小平文选：第3卷［M］. 北京：人民出版社，1993：287.
⑤ 邓小平文选：第3卷［M］. 北京：人民出版社，1993：306.

程中,必须加强精神文明建设,加强德育工作;必须坚持四项基本原则,反对资产阶级自由化。这是邓小平同志"两手抓"思想的基本内容。

在改革开放过程中,我们的一些党员干部经不起商品经济的考验,在各种物质利益的诱惑下走上经济犯罪的道路。针对这种实际情况,1982年4月10日,邓小平同志在中央政治局讨论《中共中央、国务院关于打击经济领域中严重犯罪活动的决定》的会议上指出:"我们自从实行对外开放和对内搞活经济两个方面的政策以来,不过一两年时间,就有相当多的干部被腐蚀了。卷进经济犯罪活动的人不是小量的,而是大量的。"① "所以,我们要有两手,一手就是坚持对外开放和对内搞活经济的政策,一手就是坚决打击经济犯罪活动。"② 同年7月4日,邓小平同志在军委座谈会上的讲话中又强调:"我们必须坚持对外开放、对内搞活经济这一手。但是为了保证这个政策在贯彻执行过程中能够真正有利于四化建设,能够不脱离社会主义方向,就必须同时还有另外一手,这就是打击经济犯罪活动。没有这一手,就没有制约。"③ 1989年6月9日,邓小平同志在接见首都戒严部队军以上干部的讲话中再次强调:"要两手抓,一手要抓改革开放,一手要抓严厉打击经济犯罪,包括抓思想政治工作。"④ 这就赋予"两手抓"以具体的工作内容,坚决打击经济犯罪,就是为了确保改革开放的社会主义方向,推进经济建设的顺利发展。同时,邓小平同志还从法制建设、反对腐败等方面提出"两手抓"的任务。1986年1月17日,在中央政治局常委会上邓小平同志指出:"搞四个现代化一定要有两手,只有一手是不行的。所谓两手,即一手抓建设,一手抓法制。"⑤ 1989年6月16日,他在同几位中央负责同志谈话时强调:"我们一手抓改革开放,一手抓惩治腐败。"⑥ 这是针对当时经济建设取得显著成绩,但社会上各种经济犯罪活动开始大量出现、党内腐败现象滋生蔓延的情况而特别提出的。这也是邓小平同志"两手抓"思想的重要内容。

因此,我们一定要坚持两手抓,两手都要硬。江泽民同志曾于1992年6月

---

① 邓小平文选:第2卷[M].北京:人民出版社,1994:402.
② 邓小平文选:第2卷[M].北京:人民出版社,1994:404.
③ 邓小平文选:第2卷[M].北京:人民出版社,1994:409.
④ 邓小平文选:第3卷[M].北京:人民出版社,1993:306.
⑤ 邓小平文选:第3卷[M].北京:人民出版社,1993:154.
⑥ 邓小平文选:第3卷[M].北京:人民出版社,1993:314.

指出:"坚持'两手抓'抓什么？小平同志在不同场合，针对不同问题，曾讲过要一手抓物质文明建设，一手抓精神文明建设；一手抓改革开放，一手抓打击经济犯罪和其他犯罪活动；一手抓改革开放，一手抓惩治腐败；一手抓建设，一手抓法制，等等。"① 这比较系统简明地概括了邓小平同志关于"两手抓"的主要任务和内容。我们要通过法制建设，打击各种犯罪，遏制腐败蔓延；要通过加强德育工作，提高人们思想政治觉悟和道德水平，树立良好的社会风气。否则，正如邓小平同志指出："经济建设这一手我们搞得相当有成绩，形势喜人，这是我们国家的成功。但风气如果坏下去，经济搞成功又有什么意义？会在另一方面变质，反过来影响整个经济变质，发展下去会形成贪污、盗窃、贿赂横行的世界。"② 这绝不是我们要建设的社会主义！我们的社会主义，必须是物质文明和精神文明协调发展的社会主义。

江泽民同志继承、坚持和发展了邓小平同志"两手抓"的思想，并着重在"两手都要硬"、如何"两手硬"上进一步阐发了这一重要战略思想。1992年10月12日，在党的十四大报告上，江泽民同志总结了改革开放14年我们党抓精神文明建设的经验教训，他指出："改革和建设的顺利进行，需要强有力的思想和政治保证。党提出一系列'两手抓'的战略方针，强调一手抓改革开放，一手抓打击犯罪；一手抓经济建设，一手抓民主法制；一手抓物质文明，一手抓精神文明。"③ 党的十三届四中全会以后，"党中央全面坚持党的基本路线，继续抓住经济建设这个中心，努力纠正'一手比较硬，一手比较软'的现象，加强思想政治工作和党的建设工作"④。14年改革开放伟大实践的经验，集中到一点，就是坚持以邓小平同志建设有中国特色社会主义理论为指导，坚持党的基本路线不动摇。我们党既坚持了以经济建设为中心，又坚持全面推进各项工作；既坚持改革开放，又坚持四项基本原则。他根据我国建立社会主义市场经济体制改革目标的新形势，全面部署20世纪90年代我国改革和建设的任务，突出强调两个文明一起抓。江泽民指出："要围绕经济建设这个中心，加强社会

---

① 中共中央宣传部.毛泽东邓小平江泽民论思想政治工作 [M]. 北京：学习出版社，2000：219.
② 邓小平文选：第3卷 [M]. 北京：人民出版社，1993：154.
③ 江泽民文选：第1卷 [M]. 北京：人民出版社，2006：215.
④ 江泽民文选：第1卷 [M]. 北京：人民出版社，2006：217.

主义民主法制和精神文明建设,促进社会全面进步"①;"坚持两手抓,两手都要硬,把社会主义精神文明建设提高到新水平"②;"改革开放和现代化建设,有力地推动着我国人民解放思想、开阔眼界、面向世界、走向未来,焕发出自强不息、奋力拼搏的精神,同时也对精神文明建设提出了更高要求。物质文明和精神文明都搞好,才是有中国特色的社会主义。精神文明建设必须紧紧围绕经济建设这个中心,为经济建设和改革开放提供强大的精神动力和智力支持"③。他着重强调了"精神文明重在建设"的思想,部署了精神文明建设需要抓好的重点工作,强调精神文明建设要真抓实干,不能只停留在口头上,使"这只手"真正硬起来:要高度重视理论建设,繁荣哲学社会科学,坚持和发展马克思主义;加强文化建设,繁荣社会主义文化;发挥思想政治工作的优势,加强思想政治教育;加强道德建设,广泛开展群众性的精神文明建设活动;特别强调要扫除各种社会丑恶现象,并强调各级党委要加强和改进对精神文明建设的领导,切实把社会主义精神文明建设提高到新水平。

党的十四大之后,江泽民同志对精神文明建设的基本思路与要求,就是要抓落实。1992年11月22日,江泽民同志在上海视察工作时就强调:"我们一方面要按照十四大的要求坚定不移地推进社会主义市场经济的改革,另一方面要坚持精神文明建设,防止和抵制一切腐朽、颓废思想的侵蚀,提高人民的思想文化素质,真正做到两手硬。在开展精神文明建设中,要反对形式主义。思想教育的方式应是多种多样的,要寓意于情,要充分发挥文艺对人民大众的教育功能。爱国主义、社会主义和集体主义应当成为我们社会的'主旋律'。"④ 1993年1月1日,在全国政协新年茶话会上他指出:"在加快改革开放和经济发展的过程中,要坚持'两手抓'的方针,真正实现两手都要硬。在加强物质文明建设的同时,要大力加强社会主义精神文明建设,坚持在干部和群众中进行党的基本路线和爱国主义、集体主义、社会主义教育,树立正确的理想、信念、

---

① 江泽民文选:第1卷[M].北京:人民出版社,2006:224.
② 江泽民文选:第1卷[M].北京:人民出版社,2006:237.
③ 江泽民文选:第1卷[M].北京:人民出版社,2006:238.
④ 中共中央政策研究室.江泽民论社会主义精神文明建设[M].北京:中央文献出版社,1999:12.

人生观和价值观。"① 3月16日,他同出席八届全国人大一次会议的西藏代表团一起审议政府工作报告时强调:"在大力发展物质文明的同时,还要努力加强社会主义精神文明建设,坚持'两手抓'的方针。要发扬中华民族的优秀传统,广泛开展爱国主义、集体主义、社会主义思想教育,增强民族自尊心、自信心,增强中华民族的凝聚力。"② 10月3日,他在中南西南十省区经济工作座谈会上强调:"要坚持两手抓,两手都要硬,不断加强思想政治工作,加强社会主义精神文明建设和民主法制建设,维护社会稳定,促进社会全面进步。"③ 可见,在党的十四大之后的这一年之内,江泽民同志不断强调,要把精神文明建设落到实处,就必须反对形式主义,采取切实措施,加强思想政治教育,真正使这一手硬起来。

此后,在加快推进社会主义市场经济体制改革的过程中,江泽民同志始终强调要贯彻落实好两手抓、两手都要硬的战略方针。1994年1月1日,他在全国政协新年茶话会上强调:"我们要大力推进社会主义精神文明建设,力求使全社会精神文明的进步有一个新的突破。……坚持物质文明和精神文明'两手抓',是贯穿社会主义现代化建设全过程的重要战略方针。越是大力发展社会主义市场经济,越要切实加强精神文明建设。"④ 1995年1月1日,他在全国政协新年茶话会上再次强调:"坚持两手抓、两手都要硬,是建设有中国特色社会主义的一项重要指导方针,要更好地贯彻和体现在今年的工作中。越是发展社会主义市场经济,越需要精神文明提供强大的精神动力和智力支持……努力使物质文明建设和精神文明建设相互促进,协调发展。"⑤ 1997年2月25日,他在邓小平同志追悼大会上指出:"邓小平同志一贯强调两大文明一起抓、两手都要硬,在集中力量进行经济建设、实行社会主义市场经济和对外开放的条件下,

---

① 中共中央政策研究室. 江泽民论社会主义精神文明建设[M]. 北京:中央文献出版社,1999:13.
② 中共中央政策研究室. 江泽民论社会主义精神文明建设[M]. 北京:中央文献出版社,1999:14.
③ 中共中央政策研究室. 江泽民论社会主义精神文明建设[M]. 北京:中央文献出版社,1999:16.
④ 中共中央政策研究室. 江泽民论社会主义精神文明建设[M]. 北京:中央文献出版社,1999:16.
⑤ 中共中央政策研究室. 江泽民论社会主义精神文明建设[M]. 北京:中央文献出版社,1999:19.

尤其不能忽视精神文明建设。"① 同年5月26日，在中央精神文明指导委员会首次会议上，江泽民同志再次强调："邓小平建设有中国特色社会主义的理论，是我们做好精神文明建设工作的行动指南。我们一定要认真学习、深刻领会小平同志关于'两手抓、两手都要硬'的战略思想和加强社会主义精神文明建设的一系列重要论述。"② 所有这些，都充分说明，江泽民同志对精神文明建设的要求提升到了一个新的高度，并明确提出"两手抓、两手都要硬"是我们党的重要战略方针。

随着改革开放和社会主义市场经济建设的发展，在两个文明建设不断取得新成就的形势下，江泽民同志在1997年9月党的十五大上提出了社会主义经济、政治和文化建设的基本纲领；在2001年1月全国宣传部长会议上提出了依法治国与以德治国相结合的治国方略；在2002年11月党的十六大上提出了建设社会主义法治国家、发展社会主义先进文化的任务。实践证明，这些思想对于把中国特色社会主义全面推向21世纪，对于新世纪新阶段我国社会主义两个文明建设的新发展，发挥了战略方针指导作用，体现了"两手抓、两手都要硬"战略思想的新发展。

党的十六大以后，我国开始进入全面建设小康社会的新阶段。胡锦涛同志根据党的十六大确定的全面建设小康社会的目标，即中国特色社会主义经济、政治和文化全面发展的目标，根据新世纪新阶段我国发展的阶段性特征，坚持和发展了"两手抓、两手都要硬"的战略思想。2003年4月15日，胡锦涛同志在广东视察工作时的讲话中指出："要坚持全面的发展观……广东要实现全面建设小康社会、加快率先基本实现社会主义现代化的目标，不仅要努力在物质文明建设方面走在全国前列，而且要努力在政治文明、精神文明建设方面走在全国前列。"③ 7月28日，他在全国防治"非典"工作会议的讲话中强调："我们要更好坚持全面发展、协调发展、可持续发展的发展观，更加自觉地坚持推动社会主义物质文明、政治文明、精神文明协调发展，坚持在经济社会发展的基

---

① 中共中央政策研究室. 江泽民论社会主义精神文明建设 [M]. 北京：中央文献出版社，1999：21.
② 中共中央政策研究室. 江泽民论社会主义精神文明建设 [M]. 北京：中央文献出版社，1999：21.
③ 胡锦涛文选：第2卷 [M]. 北京：人民出版社，2016：43-44.

础上促进人的全面发展,坚持促进人与自然的和谐。"① 发展不仅要经济增长,而且要在经济发展的基础上实现人与社会的全面发展。10月14日,党的十六届三中全会通过的《中共中央关于完善社会主义市场经济体制若干问题的决定》,正式提出"坚持以人为本,树立全面、协调、可持续的发展观"。2004年9月,党的十六届五中全会提出了"构建社会主义和谐社会"的理念,2005年2月19日,胡锦涛同志在省部级主要领导干部提高构建社会主义和谐社会能力专题研讨班上的讲话中指出:"我们党明确提出构建社会主义和谐社会的重大任务,就是要求全党同志在建设中国特色社会主义伟大实践中更加自觉地加强社会主义和谐社会建设,使社会主义物质文明、政治文明、精神文明建设与和谐社会建设全面发展。"② 这就使中国特色社会主义事业总体布局,更加明确地由经济、政治、文化建设"三位一体",发展为经济、政治、文化、社会建设"四位一体"。胡锦涛同志的重要论述和党中央的重大战略,既是我们党理论创新的重大成果,也是德育工作"两手抓、两手都要硬"战略思想的丰富和发展,特别是确立"以人为本"这一核心思想,更加突显了发展的依靠力量是人民,发展的目的和旨归也是人民。正如胡锦涛同志指出:"要始终把实现好、维护好、发展好最广大人民的根本利益作为党和国家一切工作的出发点和落脚点。……做到发展为了人民、发展依靠人民、发展成果由人民共享。"③ 科学发展观是马克思主义关于发展的世界观和方法论的集中体现;在贯彻"两手抓,两手都要硬"的方针上,坚持以人为本,坚持广大人民利益,这反映了它不只是一般的工作方针和工作方法,而彰显出我们党坚持人民立场、践行为人民服务宗旨的世界观、人生观和方法论。

实践是人的认识的来源,既往实践构成人的社会历史;而历史是一面镜子,总结历史经验是我们坚定理想信念的认识逻辑路径。2007年12月17日,胡锦涛同志在新进中央委员会的委员、候补委员学习贯彻党的十七大精神研讨班上的讲话中指出:"改革开放以来,我们党一直强调,要坚持物质文明和精神文明一起抓的战略方针,要坚持以经济建设为中心、推动社会全面进步,要促进城乡经济社会协调发展,要促进区域经济协调发展、实现东中西部优势互补和共

---

① 胡锦涛文选:第2卷[M]. 北京:人民出版社,2016:67.
② 胡锦涛文选:第2卷[M]. 北京:人民出版社,2016:274.
③ 胡锦涛文选:第2卷[M]. 北京:人民出版社,2016:624.

同发展，要实施可持续发展战略、促进人与自然和谐，等等。这是我们在发展实践中得出的重要认识。"① 历史和实践都充分证明，"两手抓、两手都要硬"的方针，是指导中国特色社会主义事业胜利前进的正确方针。时隔一年的2008年12月18日，胡锦涛同志在纪念党的十一届三中全会召开30周年大会上发表重要讲话，他进一步总结改革开放以来获得事业成功的经验，指出："三十年来，我们既重视物的发展即社会生产力的发展，又重视人的发展即全民族文明素质的提高，坚持物质文明和精神文明两手抓，实行依法治国和以德治国相结合，以科学的理论武装人、以正确的舆论引导人、以高尚的情操塑造人、以优秀的作品鼓舞人，着力培育有理想、有道德、有文化、有纪律的公民，不断提高全民族思想道德素质和科学文化素质，为改革开放和社会主义现代化建设提供强大精神动力和智力支持、营造良好舆论环境。"② 他进一步指出："中国特色社会主义是全面发展、全面进步的事业，是物质文明和精神文明相辅相成、协调发展的事业。物质贫乏不是社会主义，精神空虚也不是社会主义"；因此，"任何时候都不能以牺牲精神文明为代价换取经济的一时发展。"③ 2011年7月1日，胡锦涛同志在庆祝中国共产党成立90周年大会上的讲话指出："要坚持发展面向现代化、面向世界、面向未来的，民族的科学的大众的社会主义文化，推动社会主义先进文化更加深入人心，推动社会主义精神文明和物质文明全面发展，不断开创精神文明建设新局面，建设中华民族共有精神家园。"④ 可见，坚持"两手抓、两手都要硬"的指导方针，既是改革开放发展历程给予的重要启示和经验，也是中国特色社会主义事业继续前进的现实需要，正如胡锦涛同志2010年9月6日在深圳特区成立30周年庆祝大会上的讲话中强调指出："要坚持两手抓、两手都要硬的方针，坚持社会主义先进文化前进方向，促进人的全面发展，交好物质文明建设和精神文明建设两份答卷。"⑤

党的十八大以来，以习近平同志为核心的党中央根据十八大确定的"两个一百年"的奋斗目标，面对发展中国特色社会主义这一长期而艰巨的历史任务，针对我国新的发展进程中的新特点、新问题、新矛盾，形成并积极推进中国特

---

① 胡锦涛文选：第3卷 [M]．北京：人民出版社，2016：5．
② 胡锦涛文选：第3卷 [M]．北京：人民出版社，2016：163．
③ 胡锦涛文选：第3卷 [M]．北京：人民出版社，2016：163-164．
④ 胡锦涛文选：第3卷 [M]．北京：人民出版社，2016：539．
⑤ 胡锦涛文选：第3卷 [M]．北京：人民出版社，2016：429．

色社会主义"五位一体"总体布局和"四个全面"战略布局,正在谱写着坚持和发展中国特色社会主义这篇大文章的华美篇章。正如习近平同志在纪念中国共产党成立95周年大会上的讲话指出:为了实现全面建成小康社会的宏伟目标,"党的十八大以来,我们党形成并积极推进经济建设、政治建设、文化建设、社会建设、生态文明建设五位一体的总体布局,形成并积极推进全面建成小康社会、全面深化改革、全面依法治国、全面从严治党的战略布局。'五位一体'和'四个全面'相互促进、统筹联动,要协调贯彻好,在推动经济发展的基础上,建设社会主义市场经济、民主政治、先进文化、和谐社会、生态文明,协同推进人民富裕、国家富强、中国美丽。"① 习近平同志反复强调协调推进"五位一体"总体布局和"四个全面"战略布局的思想,是新的历史条件下对"两手抓、两手都要硬"战略思想的新发展。

习近平同志深刻阐述了物质文明和精神文明协调发展,对于发展中国特色社会主义的战略意义。坚持"两手抓、两手都要硬"的方针,是发展中国特色社会主义和实现中华民族伟大复兴中国梦的内在要求。习近平同志在2013年至2014年间对此进行了集中阐述,2013年4月28日在同全国劳动模范代表座谈时的讲话指出:实现"两个一百年"的宏伟目标,"不仅要在物质上强大起来,而且要在精神上强大起来"。② 5月4日在同各界优秀青年代表座谈时的讲话指出:"中国特色社会主义是物质文明和精神文明全面发展的社会主义。一个没有精神力量的民族难以自主自强,一项没有文化支撑的事业难以持续长久。"③ 8月19日在全国宣传思想工作会议上的讲话强调:"只有物质文明建设和精神文明建设都搞好,国家物质力量和精神力量都增强,全国各族人民物质生活和精神生活都改善,中国特色社会主义事业才能顺利向前推进。"④ 2014年3月27日在巴黎联合国教科文组织总部的演讲中指出:"实现中国梦,是物质文明和精神文明均衡发展、相互促进的结果。没有文明的继承和发展,没有文化的弘扬

---

① 习近平. 在庆祝中国共产党成立95周年大会上的讲话[M]. 北京:人民出版社,2016:15.
② 习近平谈治国理政[M]. 北京:外文出版社,2014:46.
③ 中共中央文献研究室. 习近平关于实现中华民族伟大复兴的中国梦论述摘编[G]. 北京:中央文献出版社,2013:39.
④ 习近平谈治国理政[M]. 北京:外文出版社,2014:153.

和繁荣，就没有中国梦的实现。"① 2014年10月5日，他在文艺工作座谈会上的讲话指出："没有中华文化繁荣兴盛，就没有中华民族伟大复兴。一个民族的复兴需要强大的物质力量，也需要强大的精神力量。没有先进文化的积极引领，没有人民精神世界的极大丰富，没有民族精神力量的不断增强，一个国家、一个民族不可能屹立于世界民族之林。"② 习近平同志的这些重要论述，对于我们在新时代深入认识"两手抓、两手都要硬"的战略方针的极端重要性，并在实际工作中自觉地全面贯彻党的基本路线，具有十分重要的思想理论指导意义。

同时，习近平同志着眼于发展中国特色社会主义，针对当前我国发展的新情况、新问题，对如何"两手抓、两手都要硬"进行了新的思考，并做出了全面部署。习近平同志强调抓精神文明建设和德育工作，要加强理想信念教育，营造良好社会风尚。2014年3月6日，他在参加十二届人大二次会议广东代表团的审议时讲话指出，在深化经济体制改革、发展社会主义市场经济的同时，要协同推进各领域的改革，健全与社会主义市场经济体制相适应的各方面体制机制；并进一步指出："要坚持物质文明和精神文明两手抓两手硬，加强思想教育，坚定理想信念，弘扬昂扬向上、只争朝夕、奋勇争先的良好精神状态，坚决扫除那些腐朽的、丑陋的、邪恶的现象，让阳光的、美好的、高尚的思想和行为更好占领阵地，进而普及开来，在全社会蔚然成风。"③

他反复强调要统筹推进中国特色社会主义"五位一体"的战略布局。2012年12月17日，他在十八届中央政治局第一次集体学习时讲话指出："我们要牢牢抓好党执政兴国的第一要务，始终代表中国先进生产力的发展要求，坚持以经济建设为中心，在经济不断发展的基础上，协调推进政治建设、文化建设、社会建设、生态文明建设以及其他各方面建设。"④ 2015年11月29日，他在党的十八届五中全会第二次全体会议上的讲话强调："补短板，着力解决好发展不平衡问题"；"'小康'讲的是发展水平，'全面'讲的是发展的平衡性、协调

---

① 习近平.在联合国教科文组织总部发表演讲[N].人民日报，2014-03-28（1）.
② 中共中央文献研究室.习近平总书记重要讲话文章选编[G].北京：中央文献出版社，2016：184.
③ 习近平李克强张德江俞正声分别参加全国两会一些团组审议讨论[N].人民日报，2014-03-07（1）.
④ 中共中央文献研究室.习近平总书记重要讲话文章选编[G].北京：中央文献出版社，2016：11.

性、可持续性";"全面小康,覆盖的领域要全面,是五位一体全面进步";"要在坚持以经济建设为中心的同时,全面推进经济建设、政治建设、文化建设、社会建设、生态文明建设,促进现代化建设各个环节、各个方面协调发展,不能长的很长、短的很短。"① 为了切实抓好精神文明建设这一手,党的十八大以来,习近平同志还就加强社会主义意识形态建设,培育践行社会主义核心价值观;加强社会主义法治建设,推进依法治国;坚决全面从严治党,反对腐败,加强党内教育等方面,进行了全面部署,并逐步形成了"四个全面"战略布局的思想,深化了我们党关于两手抓和协调发展思想的认识,有力指导和推进了中国特色社会主义事业的发展。

党的十八届五中全会提出了创新、协调、绿色、开放、共享的发展理念,特别是协调发展的理念是我们党一贯坚持的"两手抓"思想在新的历史条件下的集中体现。习近平同志2016年1月18日在省部级主要领导干部学习贯彻党的十八届五中全会精神专题研讨班上的讲话,全面阐述了"五大发展新理念",对于协调发展,他强调指出:"着力增强发展的整体性协调性";要把握新形势下发展的新特点,"协调既是发展手段又是发展目标,同时还是评价发展的标准和尺度""协调是发展两点论和重点论的统一""是发展平衡和不平衡的统一""是发展短板和潜力的统一";"下好'十三五'时期发展的全国一盘棋,协调发展是制胜要诀";"要着力推动区域协调发展、城乡协调发展、物质文明和精神文明协调发展";不断缩小地区发展差距和城乡发展差距,不断提高精神文明建设水平。② 按照党的十八届五中全会和习近平同志的部署,把发展新理念转化为工作中的实际行动和实践,就要求全党同志特别是各级领导干部要坚持深学笃用,自觉加强学习,增强领导能力,提高领导水平;用辩证的思维对事业的发展进行科学设计和施工;通过改革和法治来创新手段,推动贯彻落实新发展理念;并在贯彻落实新发展理念中,及时化解各种矛盾和风险。

总之,全面建成小康社会,离不开精神文化生活的小康;全面深化改革,离不开坚定的理想信念;全面依法治国,离不开崇德向善的正能量;全面从严治党,打铁还需自身硬。我们要根据"五位一体"总体布局和"四个全面"战

---

① 中共中央文献研究室.习近平总书记重要讲话文章选编[G].北京:中央文献出版社,2016:272-273.

② 中共中央文献研究室.习近平总书记重要讲话文章选编[G].北京:中央文献出版社,2016:393-394.

略布局,坚持"两手都要抓、两手都要硬"的方针,让精神文明建设这一手真正硬起来,使协调发展和新的发展理念切实得到贯彻落实;把精神文明建设贯穿改革开放和现代化建设全过程,渗透社会生活方方面面,不断巩固马克思主义在意识形态领域的指导地位,巩固全党全国人民团结奋斗的共同思想基础,最大限度地激发全体人民的积极性、主动性、创造性,不断推进中国特色社会主义各项事业的新发展。

(二)两手抓两手都要硬的认识逻辑

我们党提出并坚持"两手抓,两手都要硬"的方针,是基于对物质文明和精神文明辩证关系的深刻认识和把握。马克思主义认为,人类的社会生产包括物质生产和精神生产两大类。物质文明是人类为改造自然进行的物质生产所形成的物质成果的总和,主要体现为人们物质生产的进步和物质生活条件的改善,包括物质生产的发展水平、规模、效益和物质财富的积累,以及人均收入、日常物质生活水平等。精神文明是人类在改造客观世界和主观世界的过程中所取得的精神成果的总和,主要体现为人类智慧、道德的进步状态,包括社会的文化、知识、智慧的状况,教育、科学、文化、艺术、卫生、体育等各项事业的发展规模和发展水平,还包括社会的政治思想、道德面貌、社会风尚和人们的世界观、人生观、价值观,以及理想、情操、觉悟、信念与组织性、纪律性的状况等。物质文明是精神文明的物质基础,对精神文明特别是文化建设起决定性作用;精神文明为物质文明的发展提供思想保证、精神动力及政治、法律保障和智力支持。马克思在《经济学手稿(1857-1858年)》中指出,在改造世界的生产活动中,"在再生产的行为本身中,不但客观条件改变着,例如乡村变为城市,荒野变为开垦地等等,而且生产者也改变着,他炼出新的品质,通过生产而发展和改造着自身,造成新的力量和新的观念,造成新的交往方式,新的需要和新的语言"。① 这清楚地说明,一切精神文明成果也是在改造世界的实践中取得的,人类改造世界的生产活动是物质文明建设和精神文明建设的统一体。邓小平同志继承了马克思主义的这一基本原理,科学地阐发了物质文明和精神文明协调发展才是有中国特色的社会主义的思想。

物质文明是精神文明的基础,它为精神文明提供必要的物质前提、实践经

---

① 马克思恩格斯全集:第30卷[M].北京:人民出版社,1995:487.

验和合适的智能手段。物质文明作为人类改造自然界的物质成果，是整个社会系统赖以生存的物质基础，也是人类社会赖以生存的物质基础，还是人们从事精神生产，创造精神成果的物质前提。恩格斯在马克思的葬礼上深刻指出："马克思发现了人类历史的发展规律，即历来为繁芜丛杂的意识形态所掩盖着的一个简单事实：人们首先必须吃、喝、住、穿，然后才能从事政治、科学、艺术、宗教等等；所以，直接的物质的生活资料的生产，从而一个民族或一个时代的一定的经济发展阶段，便构成基础，人们的国家设施、法的观点、艺术以至宗教观念，就是从这个基础上发展起来的。"① 这就是说，物质资料的生产，物质成果即物质文明的积累，为精神生产、精神成果即精神文明的发展奠定必要的物质基础。第一，物质文明为精神文明的发展提供必需的物质生活资料。物质生产的成果如衣、食、住、行、用等物质生活资料，是一切精神活动的物质前提。只有切实解决衣、食、住、行、用等物质生活资料问题，人们才能从事科学、教育、文化和思想、政治、道德等精神生产，才能创造出越来越丰富的精神文明。第二，物质文明为精神文明的发展提供不可缺少的物力、财力和智能手段。精神生产并不是纯粹的思维活动，它需要借助一定的物质条件才能进行，正如科学研究需要实验室，教育活动要有学校，思想政治研究需用笔、墨、纸张那样。事实证明：物质生产越发达，物质文明越昌盛，科研机关、教育机构、文化设施、传播手段等就越先进，人们的科学教育文化素养、思想政治道德素质就越便于提高；反之，要提高人们的这些素质就会受到制约。第三，物质文明为精神文明的发展提供必要的实践经验。精神文明不论是科学、教育、文化一类的，还是思想、政治、道德一类的，都属于人的意识与精神现象，都是对物质文明的反映，说到底，都是从物质生产实践中产生的，并随着物质生产的发展而发展。物质生产的实践经验和客观需要，是精神文明以及精神文明发展的动力源泉，离开物质文明生产与发展的实践经验和客观需要，精神文明就无从产生，难以发展。虽然精神文明与物质文明之间并非简单的正比关系，不能简单地说物质文明如何精神文明就必然怎样；但是精神文明归根到底以物质文明为基础，物质文明对精神文明有着决定性作用。

精神文明为物质文明的发展提供一定的条件、动力和保证，对物质文明的发展具有强大的促进作用。人类是有思想意识和价值取向的社会动物。人总是

---

① 马克思恩格斯选集：第3卷［M］．北京：人民出版社，1995：776．

要有点精神的,精神是有能动性的。精神文明一旦产生,就获得了自身的相对独立性。通过这种相对独立性,就可以对制约自己的物质文明发挥强大的能动作用。第一,精神文明为物质文明的发展提供强有力的思想保证。精神文明所包含的进步的世界观、科学的方法论、先进的政治思想和决策思想等,为物质文明发展指明方向,提供科学有效的发展方法,使物质文明的生产能够克服各种错误思想和其他因素的干扰,从而健康有序地发展。第二,精神文明为物质文明提供强大的精神动力。精神文明所包含的先进的政治思想、法律思想、道德规范、纪律观念等,可以武装人们的头脑,指导人们的行为,大大增强人们的事业心和责任感,激发人们的主动性、积极性和创造性,转化为一种强大的精神动力,从而推动着物质文明向前发展。第三,精神文明为物质文明的发展提供强有力的智力支持。精神文明所包含的先进的科学理念、教育方法、文化思想等,可以大大提高人们的受教育水平、文化素质和科技实践能力,并转化为现实的生产力,推动物质文明发展。历史已经证明,一个社会的精神文明程度越高,即人们的教育科学文化水平和思想政治道德素质越高,物质文明的发展就会越快;反之,物质文明的发展就会受到很大影响。

　　正是基于对物质文明和精神文明辩证关系的深刻认识,我们党在改革开放和社会主义现代化建设的过程中,始终强调两个文明建设都搞好,才是中国特色的社会主义。正如江泽民同志指出的:"社会主义的优越性不仅表现在经济政治方面,表现在能够创造出高度的物质文明上,而且表现在思想文化方面,表现在能够创造出高度的精神文明上。贫穷不是社会主义;精神生活空虚,社会风气败坏也不是社会主义。"① 坚持两手抓,两手都要硬,促使两个文明建设都搞好,是指导我国改革开放和社会主义现代化建设必须长期坚持的指导方针。

　　我们党提出并坚持"两手抓、两手都要硬"的方针,也是基于对精神文明和思想政治工作在深化改革、推动发展和保持社会稳定中的特殊重要作用的深刻认识。在新的历史时期深化改革、扩大开放、发展社会主义市场经济,一方面有力地推动着人们解放思想、更新观念,勇于探索、开拓创新,民主与法制意识增强,学文化、学科学、学技术的积极性和自觉性不断提高,市场经济意识、平等意识、竞争意识、效率意识不断增强。这些积极的变化给社会主义精

---

① 中共中央文献研究室. 社会主义精神文明建设文献选编 [G]. 北京:中央文献出版社,1996:473.

神文明建设注入了新的活力，也给思想政治工作带来了发展、提供了机遇。随着改革开放的深入，国外一些好的东西进来的同时，也会带来一些消极腐朽的东西，影响乃至毒害人民和青少年。因此，一手抓改革开放，一手抓思想政治工作，就可以有效防止和减少各种丑恶现象的发生和腐朽文化的侵蚀。另一方面，我们进行的社会主义现代化建设的各项事业，是相互协调和全面发展的事业，不但经济建设要上去，人民的思想道德、科学文化素质也要提高，社会秩序、社会风气都要搞好，这样才能促进社会的全面进步和整个社会文明的全面发展。只有坚持两手抓、两手都要硬的方针，大力加强和改进思想政治工作，提高广大党员干部和人民的思想道德素质，才能有效抵制各种腐朽思想的侵蚀，促进改革开放和市场经济建设健康发展。所以，"我们愈是改革开放，愈要加强思想政治工作；愈是加强思想政治工作，愈能促进改革开放"。①

加强精神文明建设和德育工作，对于维护和保证社会政治稳定具有重要作用。邓小平同志指出："加强思想政治工作，改进宣传工作，已经作为保证这次调整的顺利实现、巩固安定团结的政治局面的一项极端重要的任务，摆在全党同志面前。"② 因此，我们各级党组织都必须有政治意识、稳定意识和两手抓的责任感。在抓社会政治稳定的同时，必须抓好思想政治工作。历史的经验表明，人民群众的生活水平急剧下降和社会精神领域里歪风邪气盛行，以及党内腐败现象严重，无论出现哪种情况都会造成社会动乱。我们要一手抓改革开放和经济发展，保障人民生活水平逐步提高，一手抓思想政治工作和精神文明建设，促进社会进步和人民的思想道德素质水平提高，这样才能促进国家的长治久安。同时，社会政治稳定了，又能促进思想政治工作顺利进行，并为思想政治工作创造良好的社会环境和工作环境，进而促进思想政治工作的开展。正如江泽民同志所说："要坚持两手抓的方针，维护社会政治稳定，这是我们顺利进行改革开放和现代化建设，集中力量把经济建设搞上去的政治保证，也是建设有中国特色社会主义的一个重要内容。没有稳定的社会政治环境，改革和建设都搞不成。改革和发展是社会政治稳定的基础。在稳定中推进改革和建设，以改革和

---

① 中共中央政策研究室. 江泽民论社会主义精神文明建设［M］. 北京：中央文献出版社，1999：113-114.

② 邓小平文选：第2卷［M］. 北京：人民出版社，1994：365.

建设来实现社会的长期稳定,是我们必须遵循的重要原则。"①

我们党提出和坚持"两手抓、两手都要硬"的方针,还建立在对历史经验教训的深刻总结基础之上。我国社会主义建设和改革开放的历史进程一再证明,无论在什么情况下,都要把物质文明和精神文明建设这两手抓好;忽视物质文明建设或者忽视精神文明建设,社会主义事业都不可能顺利地发展与进步。江泽民同志指出:"社会主义的优越性,不仅表现在它能够极大地解放和发展社会生产力,创造出高度的物质文明,而且表现在它能够消除资本主义和其他剥削制度所必然产生的种种贪婪和腐败现象,创造出高度的精神文明,保证社会全面进步。坚持两个文明全面发展,坚持两手抓、两手都要硬,这是邓小平同志总结改革和建设的经验得出的一个具有长远指导意义的重要结论。"②

在历史上我们曾经有过忽视发展生产力的深刻教训。邓小平同志指出:"过去很长一段时间,我们忽视了发展生产力。"改革开放以后,我们党通过拨乱反正,纠正了"文革"以来的极"左"思想,坚持把经济建设作为党和国家的中心工作任务,推动了社会主义现代化建设事业的快速发展。同时,以邓小平同志为核心的党的第二代领导集体反复强调,在整个改革开放和现代化建设过程中,要两个文明建设一起抓,要不断加强和改进德育工作。

邓小平同志指出:"一定要把思想政治工作放在非常重要的地位,切实认真做好,不能放松。这项工作,各级党委要做,各级领导干部要做,每个党员都要做。"③ 但是在一段时间内,邓小平同志关于"两手抓"的德育工作方针没有得到很好的贯彻和落实。对此,邓小平同志尖锐而深刻地指出:"我们最近十年的发展是很好的。我们最大的失误是在教育方面,思想政治工作薄弱了,教育发展不够。……所以要加强对人民进行思想政治工作,提倡艰苦奋斗。这是中国从几十年的建设中得出的经验。"④ 党的十三届四中全会以后,以江泽民同志为核心的党中央,坚持邓小平同志关于"两手抓、两手都要硬"的思想,不断改进和加强对新的历史条件下德育工作的领导,推动了德育工作的新发展。进入21世纪以后,特别是党的十八大以来,我们党坚持两手抓、两手都要硬,有

---

① 中共中央政策研究室. 江泽民论社会主义精神文明建设 [M]. 北京:中央文献出版社,1999:3.
② 江泽民文选:第1卷 [M]. 北京:人民出版社,2006:357-358.
③ 邓小平文选:第2卷 [M]. 北京:人民出版社,1994:342.
④ 邓小平文选:第3卷 [M]. 北京:人民出版社,1993:290.

力地推进了中国特色社会主义事业全面发展，取得了全方位、开创性的历史性成就。但是，我们必须清醒地认识到，在新的历史条件下，新的情况、新的问题也会不断出现，在实际工作中还可能产生一手硬、一手软的现象。特别是一些领导同志如果只注重业务工作和经济工作，而忽视思想政治工作，不把思想政治工作放到应有的重要地位，社会主义民主法治和文化建设就会抓的不给力。那么，社会上的一些丑恶的、腐朽的东西就会沉渣泛起，党内的腐败现象也可能滋长蔓延。对此，邓小平同志早就告诫全党同志和全国人民："要坚持两手抓，一手抓改革开放，一手抓打击各种犯罪活动。这两只手都要硬。打击各种犯罪活动，扫除各种丑恶现象，手软不得。"①

（三）坚持两手抓两手都要硬的指导方针

在改革开放的历史条件下，加强社会主义精神文明建设，是一项长期、艰巨的任务，是对全党同志的一个重要考验。如何在以经济建设为中心的前提下，使物质文明建设和精神文明建设相互促进，协调发展，防止和克服一手硬、一手软；如何在深化改革、建设社会主义市场经济体制的条件下，形成有利于社会主义现代化建设的共同理想、价值观念和道德规范，防止和遏制腐朽思想和丑恶现象的滋生蔓延；如何在对外开放、迎接世界新科技革命的情况下，吸收国内外优秀文明成果，弘扬中华优秀传统文化精华，防止和消除文化垃圾的传播，抵御敌对势力对我国实施的"和平演变"和"西化""分化"的图谋，这是在社会主义现代化进程中必须认真解决的重大课题。这就要求我们必须坚持两手抓、两手都要硬的方针，切实把社会主义精神文明和文化建设、把德育工作提高到重要位置，在抓紧落实上下功夫。

社会主义改革开放和现代化建设实践表明，两手抓、两手都要硬始终是我们党的重要方针。德育工作作为党的工作的重要组成部分，也必然要贯彻落实这一方针。正如江泽民同志所说的："在改革开放和现代化建设的进程中，要始终如一地坚持两手抓，两手都要硬的方针。"② 德育工作是精神文明建设的一项基础性工作，德育工作的根本任务与社会主义精神文明建设的目标任务相互统一。"精神文明建设，说到底，是要提高全民族的素质，培养有理想、有道德、

---

① 邓小平文选：第3卷［M］. 北京：人民出版社，1993：378.
② 中共中央文献研究室. 十四大以来重要文献选编：上［G］. 北京：人民出版社，1996：555.

有文化、有纪律的社会主义新人。"① 因此，新时期的德育工作，只有坚持两手抓、两手都要硬的工作方针，才能把德育工作落到实处，取得成效，才能服从、服务于社会主义现代化建设的大局。

坚持两手抓、两手都要硬的方针，必须坚持两点论与重点论的统一。邓小平同志关于两手抓、两手都要硬的工作方针，既强调两个文明建设相互促进、协调发展，又必须坚持以经济建设为中心。邓小平同志指出："为了建设现代化的社会主义强国，任务很多，需要做的事情很多……但是说到最后，还是要把经济建设当作中心。"② 按照马克思主义的唯物辩证法观点，坚持全面性是两点论，而不是一点论；但两点论，不是均衡论，而是坚持两点论的重点论。一段时间受"阶级斗争为纲"的"左"的错误思想影响，导致社会主义建设走了弯路，使我们党和国家遭受了严重的损失。党的十一届三中全会以后，邓小平同志领导了"真理标准"问题的大讨论，恢复了马克思主义解放思想、实事求是的思想路线，总结了社会主义建设正反两个方面的经验教训，把全党的工作重点转移到以经济建设为中心上来，科学地提出社会主义初级阶段的论断，指出了我国社会主义初级阶段的主要矛盾，这个主要矛盾贯穿于我国社会主义初级阶段发展的整个过程和社会生活的各个方面。而要解决好这一矛盾，关键的就是大力发展社会生产力。因此，经济建设在现代化建设中必须始终处于中心地位，它是两点论中的重点论。正如邓小平同志所说："过去很长一段时间，我们忽视了发展生产力，所以现在我们要特别注意建设物质文明。"③ 建设中国特色社会主义的各项工作都要服从、服务于经济建设这个中心。同时，以经济建设为中心，必须是物质文明与精神文明相互协调发展。如果精神文明建设搞不好，物质文明建设也要受到破坏，甚至社会也会变质。在大力发展社会生产力、发展社会主义市场经济的同时，必须切实加强社会主义精神文明建设，为经济发展和社会进步提供强大的精神动力和智力支持。

坚持两手抓、两手都要硬的方针，必须把社会主义精神文明建设提高到更加突出的地位。邓小平同志深刻指出："不加强精神文明的建设，物质文明的建

---

① 中共中央文献研究室. 十三大以来重要文献选编：中 [G]. 北京：人民出版社，1991：626.
② 邓小平文选：第2卷 [M]. 北京：人民出版社，1994：249-250.
③ 邓小平文选：第3卷 [M]. 北京：人民出版社，1993：28.

设也要受破坏，走弯路。"① 党的十一届三中全会以后，以邓小平同志为核心的党中央高度重视精神文明建设，全面贯彻落实两手抓、两手都要硬的工作方针，把两个文明建设科学地纳入建设中国特色社会主义的总体规划中。1995年党的十四届五中全会通过的《中共中央关于制定国民经济和社会发展"九五"计划和2010年远景目标的建议》明确指出，要把社会主义精神文明建设提到更加突出的地位，把精神文明建设纳入国民经济和社会发展规划，实现经济与社会相互协调和可持续发展。1996年党的十四届六中全会通过了《中共中央关于加强社会主义精神文明建设若干重要问题的决议》，为全面实现我国国民经济和社会发展"九五"规划和2010年的远景目标，提出了今后15年社会主义精神文明建设的目标、任务。这两个重要文件的制定，既是贯彻两手抓、两手都要硬的工作方针的重要体现，又是总结改革开放和社会主义现代化建设历史经验的成果，充分体现了社会主义精神文明建设是社会主义的重要特征，在建设高度物质文明的同时，必须建设高度的精神文明，坚决克服"一手硬，一手软"的现象。邓小平同志1989年6月在总结改革开放经验教训时指出："八十年代初建立经济特区时，我与广东同志谈，要两手抓，一手要抓改革开放，一手要抓严厉打击经济犯罪，包括抓思想政治工作。就是两点论。但今天回头来看，出现了明显的不足，一手比较硬，一手比较软。一硬一软不相称，配合得不好。讲这点，可能对我们以后制定方针政策有好处。"② 江泽民同志也指出："实行两手抓，应该成为我们领导现代化建设和改革开放事业的一个重要指导思想和领导方法、领导艺术。这样就可以使我们的政策更加鲜明，使我们在工作中防止顾此失彼。"③ 在建设和发展中国特色社会主义的进程中，在全面深化改革和发展社会主义市场经济的新形势下，社会主义精神文明建设只能加强、不能削弱。精神文明建设越加强越有利于深化改革，越有利于生产力的解放和经济的健康发展，也就越有利于社会主义优越性的充分发挥。

坚持"两手抓、两手都要硬"的方针，必须把两个文明建设纳入法治的轨道。邓小平同志在改革开放初期就强调指出："民主和法制，这两个方面都应该

---

① 邓小平文选：第3卷［M］．北京：人民出版社，1993：144．
② 邓小平文选：第3卷［M］．北京：人民出版社，1993：306．
③ 中共中央文献研究室．十三大以来重要文献选编：下［G］．北京：人民出版社，1993：2079-2080．

加强，过去我们都不足。要加强民主就要加强法制。没有广泛的民主是不行的，没有健全的法制也是不行的。"① 他还说："我们好多年实际上没有法，没有可遵循的东西。……经济方面的很多法律，比如工厂法等等，也要制定。我们的法律是太少了，成百个法律总要有的，这方面有很多工作要做，现在只是开端。民主要坚持下去，法制要坚持下去。这好像两只手，任何一只手削弱都不行。"② 在整个改革开放过程中，邓小平同志一再强调：在发展经济的同时，必须把社会主义精神文明建设搞好，把社会主义民主法制建设好；现在从党的工作来说，重点是端正党风，但从全局来说，是加强法制。党的十五大依据邓小平同志的民主法制思想，提出了"以法治国"的基本方略，这是社会主义精神文明建设的重大突破，是两个文明协同发展的重要保证。此后，我们党逐步确立了建立社会主义法治国家的目标。党的十八届四中全会，专门研究和部署全面推进依法治国，推动了我国社会主义政治文明和法治国家建设。实行依法治国，可以从制度上、法律上保证党的基本路线和基本方针的贯彻实施，保证党在两个文明建设中的领导核心作用，并使两个文明建设的成果用法律形式固定下来，受到法律的保障。建设社会主义的物质文明，必须大力发展社会生产力，这就需要用法律的手段来巩固社会主义的经济制度，建立和完善社会主义市场经济体制，协调经济关系，规范经济活动，在对外交往中维护国家的经济利益和政治利益。建设社会主义精神文明，也需要用法律的手段保障精神文明建设的各项方针政策得到贯彻实施。通过增强公民的法治观念和法律意识，使全社会都尊崇法律，形成依法办事的良好风尚。同时通过强有力的法治手段，维护生产、生活和社会秩序的稳定，打击各种不法行为，把社会主义精神文明建设纳入法制轨道，从而保障两个文明建设稳定、健康、有序、协调地发展。正如邓小平所说："搞四个现代化一定要有两手，只有一手是不行的。所谓两手，即一手抓建设，一手抓法制。"③

德育工作坚持"两手抓、两手都要硬"的方针，关键在于抓落实。邓小平同志曾指出：精神文明建设是全党的重要工作，党的各级组织和思想战线上的同志都要履行自身的职责，抓好落实。因此，各级党组织，尤其是党的领导干

---

① 邓小平文选：第2卷 [M]. 北京：人民出版社，1994：189.
② 邓小平文选：第2卷 [M]. 北京：人民出版社，1994：189.
③ 邓小平文选：第3卷 [M]. 北京：人民出版社，1993：154.

部和宣传思想战线上的同志,要切实负起责任来,党组织要全面负责,党政主要领导要亲自抓,一手狠抓经济建设,另一手狠抓精神文明建设包括狠抓德育工作。各级党组织还要在用人上做文章、花力气,要十分注意培养、选拔和起用那些德才兼备的干部,把既善于抓物质文明建设,又善于抓精神文明建设的同志放到领导岗位上去锻炼。要用中国特色社会主义理论武装干部,不断提高他们的政治素质,从根本上增强"两手抓"的自觉性。要全面培养党员干部的素质和能力,有意识地让一部分熟悉经济工作的同志去做宣传思想政治工作,让一部分熟悉思想道德建设工作的同志去做经济工作。通过这种有意识的培养,提高党员干部"两手抓"的本领。同时,把"两手抓"作为考核干部的重要内容,把干部"两手抓"的实绩同干部的使用、升降、赏罚联系起来。这样,认真做好德育工作,切实地把"两手抓"的重要方针落到实处。邓小平同志指出:"领导制度、组织制度问题更带有根本性、全局性、稳定性和长期性。"①贯彻落实"两手抓"的德育工作战略方针,就必须建立起有效的领导制度、组织制度和工作制度,用制度保证"两手抓"战略方针的贯彻落实。邓小平同志还指出:"政治工作是要做的,而且是要好好地做。但是,政治工作要落实到经济上面,政治问题要从经济的角度来解决。"② 我们要认真学习和领会邓小平同志的这一思想,把经济工作同德育工作结合起来做,切实加强和改进德育工作,始终把坚持"两手抓、两手都要硬"的战略方针,落实到改革开放和社会主义现代化建设的伟大实践中。

---

① 邓小平文选:第2卷 [M]. 北京:人民出版社,1994:333.
② 邓小平文选:第2卷 [M]. 北京:人民出版社,1994:195.

第四章

当代德育的根本任务与战略重点

邓小平、江泽民、胡锦涛、习近平同志都一直强调,在当代中国,坚持用中国特色社会主义理论体系武装全党、教育人民,这是全党的一件大事,也是当代德育的根本任务。党的十二大至十九大历届党的代表大会的报告,都反复强调用科学理论武装全党和教育人民。加强党员干部和青少年教育是德育工作的战略重点。广大党员干部是中国特色社会主义建设的先锋力量,广大青少年是祖国的未来,是中国特色社会主义建设事业的建设者和生力军。他们的思想道德素质如何,是直接关系党和国家事业后继有人,关系国家和民族前途命运的大事。

一、理论武装教育人民的根本任务

(一) 理论武装教育人民的重要性

马克思、恩格斯曾经深刻指出:"一切划时代的体系的真正内容都是由于产生这些体系的那个时期的需要而形成起来的。"① 党的十五大后,用邓小平理论武装全党、教育人民成为德育的首要任务。这是由德育工作的性质所决定的。我们党的德育工作,就是党向人民传达党的意志的社会活动,而邓小平理论则是新时期党的意志的集中体现和理论形态。党的十五大报告指出,在社会主义改革开放和现代化建设的新时期、在跨世纪的新征途上,一定要高举邓小平理论伟大旗帜,用邓小平理论来指导党的事业和各项工作。这是党从历史和现实中得出的不可动摇的结论。党的十五大报告还指出,加强党的思想建设,其根

---

① 马克思恩格斯全集:第3卷 [M]. 北京:人民出版社,1960:554.

本是坚定不移地用邓小平理论武装全党，充分发挥党的思想政治优势。党的十五大把邓小平理论确定为党的旗帜和指导思想，并郑重写入党章。九届人大二次会议通过的宪法修正案，在宪法序言中增加了邓小平理论的内容。这样就从国家根本法和党的章程上确立了邓小平理论在我国社会主义现代化建设事业中的指导地位、旗帜地位，进一步明确了今后全党全国各项事业和工作的指导思想与精神支柱。因此，用邓小平理论武装全党、教育人民，就是德育的首要任务和根本任务。用邓小平理论武装全党、教育人民，必须大力提倡马克思主义学风，理论联系实际，紧密联系改革开放和社会主义现代化建设实践，联系当代世界的深刻变化。用邓小平理论武装全党、教育人民，要与党的路线方针政策的宣传教育结合起来，特别要与贯彻党的十五大精神结合起来，党的十五大确定了邓小平理论的历史地位，创造性地运用邓小平理论解决了一系列经济、政治、文化等方面的重大问题，这些新成果表明全党对中国特色社会主义的认识达到了新的境界。江泽民同志在党的十五大报告结尾时指出："我们已经走出了一条光明大道，但前面的路并不都是平坦的，还会有各种困难和风险，包括可以预料的和难以预料的，来自国内的和来自国外的，经济生活中的和社会政治生活中的。无论什么困难和风险，都不能动摇我们对邓小平理论的坚定信念，而只会使我们更加自觉地运用这个理论去克服困难，战胜风险，胜利前进。"①

党的十六大报告深刻阐述了"三个代表"重要思想的理论创新和实践创新，并强调了理论武装的重要性。"三个代表"重要思想是对马克思列宁主义、毛泽东思想、邓小平理论的继承和发展。"三个代表"重要思想充分体现了历史最终由先进生产力决定、由先进文化引导、由人民群众创造的马克思主义真谛。随着改革开放的深化，我们国家的发展境遇可谓是困难与福祉同在、机遇与挑战并存，各种社会现象、社会矛盾，纵横交错、不断涌动，各种社会思潮交流交锋；社会生活千变万化、日趋复杂。面对这些新情况、新问题、新矛盾，要以马克思主义理论为指导做出正确分析和科学解答，要立足于运用马克思主义的立场、观点和方法，对当代社会主义、当代资本主义以及人们思想上的难点、疑点问题等做出新阐发，从而发挥马克思主义理论教育优势，巩固马克思主义的指导地位，旗帜鲜明地维护社会主义意识形态话语权。正如江泽民同志所指出的："世界在变化，我国改革开放和现代化建设在前进，迫切要求用发展的马

---

① 江泽民文选：第2卷［M］．北京：人民出版社，2006：47-48．

克思主义指导新的实践。"① 因此，对全党同志和全体人民进行理论武装、开展中国特色社会主义理论教育，应紧密结合改革开放新实践和时代发展特征，把握主动权和话语权。

党的十六大报告指出，十三年来的实践，加深了我们对什么是社会主义、怎样建设社会主义，建设什么样的党、怎样建设党的认识，积累了十分宝贵的经验。坚持以邓小平理论为指导，不断推进理论创新。邓小平理论是党的旗帜，党的基本路线和基本纲领是各项工作的根本指针。无论遇到什么困难和风险，都必须坚持党的基本理论、基本路线和基本纲领不动摇。坚持用马克思列宁主义、毛泽东思想和邓小平理论武装全党、教育人民，不断解放思想、实事求是、与时俱进、开拓创新，尊重群众的首创精神，通过实践来检验和发展党的理论和路线方针政策。"三个代表"重要思想，是在科学判断党的历史方位的基础上提出来的。我们党领导社会主义革命、建设和改革，已经从领导人民为夺取全国政权而奋斗的党，成为领导人民掌握全国政权并长期执政的党；从受到外部封锁和实行计划经济条件下领导国家建设的党，成为对外开放和发展社会主义市场经济条件下领导国家建设的党。我们必须从中国和世界的历史、现状和未来着眼，准确把握时代特征和党的中心任务，科学制定并正确执行党的路线方针政策，认真研究和解决推动中国社会进步和加强党的建设的问题，做到既不割断历史又不迷失方向，既不落后于时代又不超越阶段，使我们党的事业不断从胜利走向胜利。贯彻"三个代表"重要思想，关键在于坚持与时俱进，核心在于坚持党的先进性，本质在于坚持执政为民。全党同志要牢牢把握这个根本要求，不断增强贯彻"三个代表"重要思想的自觉性和坚定性。

党的十六大以来，以胡锦涛同志为总书记的党中央顺应我国进一步加快改革开放和现代化建设步伐的需要，从新世纪新阶段党和国家事业发展的全局出发，在总结国内外经济社会发展的经验教训中，科学地阐述了科学发展观的重大战略思想。党的十七大报告中，高度概括了科学发展观的重大意义，确定它是我国经济社会发展的重要指针，是发展中国特色社会主义必须坚持和贯彻的重大战略思想。党的十七大报告指出："发展，对于全面建设小康社会、加快推进社会主义现代化，具有决定性意义。要牢牢扭住经济建设这个中心，坚持聚

---

① 江泽民文选：第3卷[M]．北京：人民出版社，2006：537．

精会神搞建设、一心一意谋发展,不断解放和发展社会生产力。更好实施科教兴国战略、人才强国战略、可持续发展战略,着力把握发展规律、创新发展理念、转变发展方式、破解发展难题,提高发展质量和效益,实现又好又快发展,为发展中国特色社会主义打下坚实基础。努力实现以人为本、全面协调可持续的科学发展,实现各方面事业有机统一、社会成员团结和睦的和谐发展,实现既通过维护世界和平发展自己又通过自身发展维护世界和平的和平发展。"①

马克思主义经典作家非常重视发展问题,强调人类社会的发展,就是由低级文明到高级文明、由片面发展到全面发展的客观过程;强调要在生产力发展的基础上,实现人与社会的全面发展。邓小平同志总结以往的经验教训,提出"发展才是硬道理"②的著名论断,强调发展要走自己的道路,建设中国特色的社会主义,提出现代化建设"三步走"的发展战略。江泽民同志提出要把发展作为党执政兴国的第一要务,坚持用发展的办法解决前进中的问题,深刻阐明社会主义市场经济条件下抓住机遇、加快发展必须正确处理好的一系列重大关系,继续推进社会主义建设的理论和实践。以胡锦涛同志为总书记的党中央提出的科学发展观,牢牢把握马克思列宁主义、毛泽东思想、邓小平理论和"三个代表"重要思想关于发展理论的本质内涵,在继承中丰富发展、在实践中推动理论创新,开辟了马克思主义理论的新境界。科学发展观深化了对发展规律的认识,强调发展问题是党和国家的根本问题,发展的最终目的是实现最广大人民群众的根本利益。党的十七大报告指出:"科学发展观,是对党的三代中央领导集体关于发展的重要思想的继承和发展,是马克思主义关于发展的世界观和方法论的集中体现,是同马克思列宁主义、毛泽东思想、邓小平理论和'三个代表'重要思想既一脉相承又与时俱进的科学理论,是我国经济社会发展的重要指导方针,是发展中国特色社会主义必须坚持和贯彻的重大战略思想。"③ 科学发展观作为我们党统领经济社会发展全局的重大战略思想,是中国共产党人对我国社会主义现代化建设历史经验的科学总结,是马克思主义中国化的创新成果。它围绕解决中国一切问题的关键——社会发展问题,科学地回答了我国社会要发展、为什么发展和怎样发展的重大问题,是我国进行社会主

---

① 胡锦涛文选:第2卷 [M]. 北京:人民出版社,2016:623-624.
② 邓小平文选:第3卷 [M]. 北京:人民出版社,1994:377.
③ 胡锦涛文选:第2卷 [M]. 北京:人民出版社,2016:622.

义现代化建设的根本指针。党的十八大报告进一步强调:"面向未来,深入贯彻落实科学发展观,对坚持和发展中国特色社会主义具有重大现实意义和深远历史意义,必须把科学发展观贯彻到我国现代化建设全过程、体现到党的建设各方面。全党必须更加自觉地把推动经济社会发展作为深入贯彻落实科学发展观的第一要义,牢牢扭住经济建设这个中心,坚持聚精会神搞建设、一心一意谋发展,着力把握发展规律、创新发展理念、破解发展难题,深入实施科教兴国战略、人才强国战略、可持续发展战略,加快形成符合科学发展要求的发展方式和体制机制,不断解放和发展社会生产力,不断实现科学发展、和谐发展、和平发展,为坚持和发展中国特色社会主义打下牢固基础。"①

党的十八大以来,以习近平同志为核心的党中央继续推进党的理论创新,形成了习近平新时代中国特色社会主义思想。它是马克思主义中国化的最新理论成果,是新时代团结全党、统一全党,开展伟大斗争,继而赢得伟大胜利的强大思想武器。习近平新时代中国特色社会主义思想,全面阐发和丰富了党的十八大精神;习近平同志对中国特色社会主义道路、理论体系和制度,对中国特色社会主义的基本理论、基本路线、基本纲领、基本经验和基本要求的科学论述,全面阐述事关中国特色社会主义前途命运一系列重大原则问题的当代中国马克思主义重要文献,是对中国特色社会主义理论体系的丰富、发展和创新。习近平同志认为,要从马克思主义关于人类社会发展规律的高度来认识当今世界的变化及趋势。马克思主义经典作家创立了唯物史观,而后又进一步不断丰富和发展了唯物史观。习近平同志站在时代的战略高度,顺应了新起点、新阶段的历史性转折与变化,把握了在新的历史起点上这一发展新阶段的基本特征,把握了这一发展新阶段的客观规律,指明了党领导的中国特色社会主义建设事业前进的方向,提出了实现"两个一百年"的战略目标和中华民族伟大复兴中国梦的奋斗目标,提出了"四个全面"重大战略布局,形成了指导我国经济社会发展的新论断、新观点、新思想、新战略。

面对新形势和新任务,对怎样实现中国梦,习近平同志做出了科学阐述。他指出:"中国梦的本质是国家富强、民族振兴、人民幸福。"② 实现中华民族伟大复兴的中国梦,必须紧紧依靠中国人民来实现,中国梦必须造福全体中国

---

① 胡锦涛文选:第3卷 [M]. 北京:人民出版社,2016:618.
② 习近平谈治国理政 [M]. 北京:外文出版社,2014:56.

人民，中国梦的深厚力量源泉在于人民，根本归宿也在于人民。实现中国梦，必须坚持党的正确领导，坚持中国道路，弘扬中国精神，凝聚中国力量，依靠全国人民团结奋斗、辛勤劳动。中国梦，不仅是中国人民的梦想，也将造福于世界人民，具有世界意义。中国梦，将共产主义的远大理想与中国特色社会主义共同理想有机地统一起来，由14亿多中国人民发自内心地一致拥护，成为海内外中华儿女的最大共识，也成为激励全体人民团结奋进的精神旗帜。从习近平同志阐释的"国家富强、民族振兴、人民幸福"的"中国梦"基本内涵，到经济建设、政治建设、文化建设、社会建设、生态文明建设"五位一体"的中国特色社会主义建设总体布局，"中国梦"价值目标正在以它独特崇高的魅力影响着中国人民的精神世界，引领着"五位一体"的各项建设，推动着"中国梦"伟大实践。加强全党同志和全体人民"中国梦"教育意义十分重要。加强"中国梦"教育，就是要坚定全体党员和全国人民对共产主义理想的向往，对中国特色社会主义共同理想的奋斗追求。加强"中国梦"教育，可以激发全国人民的爱国情怀。"中国梦"为中国人民描绘了一幅美好的蓝图。中国经济实力全面提高，国富民强；中国国防实力不断提升，国民安全；中国在国际舞台上的话语权增强，国民自豪；中华文明传播越来越广泛，国民骄傲；中国人民的生活环境日渐健康美好，国民幸福。因此，加强"中国梦"教育，就能激励广大人民对未来美好生活保持憧憬，进一步激发中国人民的爱国情怀，主动投身于"中国梦"的伟大实践。

　　胡锦涛同志在党的十七大报告中对中国特色社会主义理论体系做了新的科学概括，表明我们党对中国特色社会主义的认识达到了一个新的境界。深刻理解这一科学概括，对于我们高举中国特色社会主义伟大旗帜，坚持和发展中国特色社会主义，不断开创中国特色社会主义事业的新局面，具有十分重大的意义。党的十七大报告完整地揭示了中国特色社会主义理论体系的科学内涵，指出："中国特色社会主义理论体系，就是包括邓小平理论、'三个代表'重要思想以及科学发展观等重大战略思想在内的科学理论体系。"[①] 这一概括表明中国特色社会主义理论科学体系是一个一脉相承而又与时俱进的科学体系。党的十八大以来，习近平同志的系列重要讲话与治国理政思想，逐步形成了习近平新

---

① 中共中央文献研究室. 十七大以来重要文献选编：上［G］. 北京：中央文献出版社，2009：9.

时代中国特色社会主义思想。它是我们党形成的重大理论创新成果，与邓小平理论、"三个代表"重要思想、科学发展观一脉相承，是对中国特色社会主义理论体系的丰富和发展。它们所回答的首要的基本问题，都是"什么是社会主义、怎样建设社会主义"；它们产生的时代背景，都是"和平与发展"的时代；它们立足的基本国情，都是中国社会主义初级阶段；它们坚持的是"一个中心、两个基本点"的基本路线；它们坚持的基本经济制度，是以"公有制为主体、多种所有制共同发展"的制度；它们所要实现的奋斗目标，是实现社会主义现代化和中华民族伟大复兴。总之，其理论主题是中国特色社会主义。中国改革开放40多年奋斗历程和取得令世人瞩目的伟大历史性成就，得益于我们始终不渝地高举中国特色社会主义伟大旗帜，坚定不移地走中国特色社会主义道路，形成和发展了中国特色社会主义理论的科学体系；从而证明在当代中国，只有中国特色社会主义理论而没有其他什么理论能够解决中国的前途命运问题。

中国特色社会主义理论体系是一个开放的、不断丰富和发展的科学体系。以邓小平同志为核心的党中央面对十年"文革"造成的局面，重新确立解放思想、实事求是的思想路线，提出"建设有中国特色的社会主义"的理论和实践主题，创立了中国特色社会主义理论。以江泽民同志为核心的党中央高举邓小平同志建设有中国特色社会主义理论旗帜，坚持改革开放、与时俱进，在各种严峻考验面前，依靠党和人民，捍卫中国特色社会主义，创立"三个代表"重要思想，继续引领中国特色社会主义航船沿着正确方向破浪前进，丰富和发展了中国特色社会主义理论。党的十六大以来，以胡锦涛同志为总书记的党中央以邓小平理论和"三个代表"重要思想为指导，顺应国内外形势发展变化，抓住重要战略机遇期，发扬求真务实、开拓进取精神，推动科学发展、促进社会和谐，在全面建设小康社会实践中坚定不移地把中国特色社会主义伟大事业继续推向前进，进一步丰富和发展了中国特色社会主义理论的科学体系。党的十八大以来，以习近平同志为核心的党中央把握住国内国际两个大局，从治国理政的战略高度，科学地阐述了"五位一体"总体布局、"四个全面"战略布局、"五大发展"新理念，对当代中国经济、政治、文化、社会、生态文明建设与发展，以及党的建设、国防和军队建设、合作共赢的外交政策等做出深刻阐述和全面部署，是对中国特色社会主义理论体系的新贡献。改革开放以来中国特色社会主义理论体系既一脉相承，又与时俱进，证明了实践永无止境，创新永无止境。坚持中国特色社会主义理论体系,就必须坚定不移地不断解放思想、勇于创新、永不僵化,不断丰富和发展中国特色社会主义理论体系。

习近平同志指出:"中国特色社会主义是党和人民90多年奋斗、创造、积累的根本成就"①;"中国特色社会主义理论体系,是马克思主义中国化最新成果,包括邓小平理论、'三个代表'重要思想、科学发展观"。② 在当代中国,坚持中国特色社会主义理论体系,就是真正坚持马克思主义。这充分说明,坚持用中国特色社会主义理论体系武装全党、教育人民,是全党的一件大事,也是德育工作的根本任务。党的十二大至十九大历届代表大会的报告,一直特别强调用科学理论武装全党和教育人民。在改革开放新的历史时期,邓小平同志反复强调:马克思主义不是教条,而是行动指南。马克思主义必须与中国实际相结合,只有结合中国实际的马克思主义,才是我们真正需要的马克思主义。"把马克思主义的普遍真理同我国的具体实际结合起来,走自己的道路,建设有中国特色的社会主义,这就是我们总结长期历史经验得出的基本结论。"③ 党的十四大以后,江泽民同志也一再强调要加强全党同志和全国人民的理想信念教育,用科学的理论武装人。"建设有中国特色社会主义的理论,是马克思主义同中国实际相结合的最新成果,是当代中国的马克思主义。"④ "学习马克思列宁主义毛泽东思想,中心内容是学习建设有中国特色社会主义的理论。党员领导干部首先是高级干部要带头学好用好。"⑤ 胡锦涛同志在党的十七大报告中也重点阐述理论武装的重要性:"坚持不懈地用马克思主义中国化最新成果武装全党、教育人民,用中国特色社会主义共同理想凝聚力量。"党的十八大以来,习近平同志更加强调理论武装、理想信念教育的重要性,他指出:"要深入开展中国特色社会主义宣传教育,把全国各族人民团结和凝聚在中国特色社会主义伟大旗帜之下。"⑥ 邓小平、江泽民、胡锦涛、习近平同志的重要论述,内在地突显了用科学理论武装全党、教育人民的重要性。

---

① 习近平谈治国理政 [M]. 北京:外文出版社,2014:6.
② 习近平谈治国理政 [M]. 北京:外文出版社,2014:9.
③ 邓小平文选:第3卷 [M]. 北京:人民出版社,1993:3.
④ 江泽民文选:第1卷 [M]. 北京:人民出版社,2006:246.
⑤ 江泽民文选:第1卷 [M]. 北京:人民出版社,2006:246.
⑥ 习近平谈治国理政 [M]. 北京:外文出版社,2014:154.

（二）马克思主义与中国实际相结合的理论体系

邓小平理论奠定了中国特色社会主义理论体系形成的基础。中国共产党在革命、建设和改革的实践中，坚持以马克思列宁主义为指导思想，坚持把马克思列宁主义基本原理同中国革命、建设和改革的具体实践相结合，形成了马克思主义中国化的成果。邓小平同志在1978年改革开放的初期，就提出"全党必须再重新进行一次学习"①的号召，并明确指出："实现四个现代化是一场深刻的伟大的革命。在这场伟大的革命中，我们是在不断地解决新的矛盾中前进的。因此，全党同志一定要善于学习，善于重新学习。"② "学习什么？根本的是要学习马列主义、毛泽东思想，要努力把马克思主义的普通原则同我国实现四个现代化的具体实践结合起来。"③ 邓小平同志还针对现代化建设中新老交替过程中的干部教育，强调学习马克思主义理论的重要性："现在我还想提出一个新的要求，这不仅是专对新干部，对老干部也同样适用，就是要学习马克思主义理论。或者会有同志问：现在我们是在建设，最需要学专业知识和管理知识，学马克思主义理论有什么实际意义？同志们，这是一种误解。马克思主义理论从来不是教条，而是行动的指南。它要求人们根据它的基本原则和基本方法，不断结合变化着的实际，探索解决新问题的答案，从而也发展马克思主义理论本身。俄国的十月革命和我们中国的革命，不就是这样成功的吗？我们现在要建设有中国特色的社会主义，时代和任务不同了，要学习的新知识确实很多，这就更要求我们努力针对新的实际，掌握马克思主义基本理论。因为只有这样，才能提高我们运用它的基本原则、基本方法，来积极探索解决新的政治、经济、社会、文化基本问题的本领，既把我们的事业和马克思主义理论本身推向前进，也防止一些同志，特别是一些新上来的中青年同志在日益复杂的斗争中迷失方向。因此，我希望党中央能作出切实可行的决定，使全党的各级干部，首先是领导干部，在繁忙的工作中，仍然有一定的时间学习，熟悉马克思主义的基本理论，从而加强我们工作中的原则性、系统性、预见性和创造性。只有这样，我们党才能坚持社会主义道路，建设和发展有中国特色的社会主义，一直达到

---

① 邓小平文选：第2卷［M］．北京：人民出版社，1994：153．
② 邓小平文选：第2卷［M］．北京：人民出版社，1994：152-153．
③ 邓小平文选：第2卷［M］．北京：人民出版社，1994：153．

我们的最后目的，实现共产主义。"① 因此，在新时期，我们不仅要完整准确地掌握马克思列宁主义、毛泽东思想，而且还要大力开展中国特色社会主义理论体系的学习和教育。

在新的历史时期，开展马克思主义理论教育，就是学好中国特色社会主义理论体系。邓小平同志反复强调："我们历来主张世界各国共产党根据自己的特点去继承和发展马克思主义，离开自己国家的实际谈马克思主义，没有意义。"② 坚持中国特色社会主义理论体系就是坚持马克思主义，开展中国特色社会主义理论体系的宣传、教育和学习，就必须全面正确理解和掌握这一理论体系的精神实质，必须在求精、管用上下功夫，必须在联系改革开放和现代化建设实际上下功夫，必须学习和掌握"解放思想、实事求是、与时俱进"这些精髓。解放思想、实事求是是邓小平理论的精髓，这一理论每一个观点的形成和发展，都是解放思想、实事求是的结晶。解放思想、实事求是既是马克思主义的思想路线，又是科学的思维方法和创新精神，也是中国特色社会主义理论体系形成、发展、与时俱进的思想精髓。因此，深刻理解并掌握这些精髓，就能为我们改造主观世界和客观世界提供科学的世界观、方法论，为我们观察、分析和解决一切问题提供强大的思想武器。

学习中国特色社会主义理论体系，开展理论武装，必须学懂和弄通"什么是社会主义、怎样建设社会主义，建设什么样的党、怎样建设党。"这是理论武装最重要的内容。2000年2月，江泽民同志在广东省考察工作时的讲话首次明确指出："总结我们党七十多年的历史，可以得出这样一个结论：我们党所以赢得人民的拥护，是因为我们党在革命、建设、改革的各个历史时期，总是代表着中国先进生产力的发展要求，代表着中国先进文化的前进方向，代表着中国最广大人民的根本利益。"③ 这既阐述了"建设什么样的党，怎样建设党"的科学内涵，又阐述了武装全党、教育人民的重要内容。江泽民同志在党的十五届五中全会上的讲话中再次提出："我们开展的各项工作，都要贯彻落实'三个代表'的要求，看看我们所采取的措施、所做的工作，是不是符合'三个代表'

---

① 邓小平文选：第3卷 [M]. 北京：人民出版社，1993：146.
② 邓小平文选：第3卷 [M]. 北京：人民出版社，1993：191.
③ 江泽民文选：第3卷 [M]. 北京：人民出版社，2006：2.

的要求，符合的就毫不动摇地坚持，不符合的就勇于实事求是地纠正。"① 江泽民同志反复强调要把"三个代表"重要思想作为党的工作行动指南。党的十六大提出把"三个代表"重要思想同马克思列宁主义、毛泽东思想、邓小平理论一起确立为全党必须长期坚持的指导思想。江泽民同志指出："开创中国特色社会主义事业新局面，必须高举邓小平理论伟大旗帜，坚持贯彻'三个代表'重要思想。'三个代表'重要思想是对马克思列宁主义、毛泽东思想和邓小平理论的继承和发展，反映了当代世界和中国的发展变化对党和国家工作的新要求，是加强和改进党的建设、推进我国社会主义自我完善和发展的强大理论武器，是全党集体智慧的结晶，是党必须长期坚持的指导思想。"② "三个代表"重要思想是中国特色社会主义理论体系发展的重大理论成果。

胡锦涛同志在党的十七大报告中明确指出："从人民群众的根本利益出发谋发展，满足人民群众日益增长的物质文化需要，坚持以人为本，全心全意为人民服务。"③ 坚持以人为本，是实现全面协调可持续发展的根本前提，具有极其重要的意义。胡锦涛同志指出："相信谁、依靠谁、为了谁，是否始终站在最广大人民的立场上，是区分唯物史观和唯心史观的分水岭，也是判断马克思主义政党的试金石。"④ 他还强调："要把建设社会主义核心价值体系融入国民教育和精神文明建设全过程"⑤，坚持马克思主义指导思想，坚持中国特色社会主义共同理想，坚持以爱国主义为核心的民族精神和以改革创新为核心的时代精神，坚持社会主义荣辱观，以此加强对广大党员和人民的教育。"在当代中国，坚持中国特色社会主义理论体系，就是真正坚持马克思主义。"⑥ "坚持用马克思主义中国化的最新成果武装全党、教育人民。"⑦ 这样，使广大党员、干部和人民

---

① 江泽民文选：第3卷 [M]．北京：人民出版社，2006：26．
② 江泽民文选：第3卷 [M]．北京：人民出版社，2006：536．
③ 中共中央文献研究室．十六大以来重要文献选编：上 [G]．北京：中央文献出版社，2005：850．
④ 中共中央文献研究室．十六大以来重要文献选编：上 [G]．北京：中央文献出版社，2005：369．
⑤ 中共中央文献研究室．十六大以来重要文献选编：下 [G]．北京：中央文献出版社，2005：791．
⑥ 中共中央文献研究室．十七大以来重要文献选编：上 [G]．北京：中央文献出版社，2009：9．
⑦ 中共中央文献研究室．十七大以来重要文献选编：上 [G]．北京：中央文献出版社，2009：183．

群众特别是青少年树立起正确的世界观、人生观和价值观，立志为发展中国特色社会主义事业终生奋斗。进行理论武装、掌握思想武器，对于广大党员干部和人民坚定中国特色社会主义政治方向，树立正确的理想信念，提高思想道德修养和精神境界，具有重大而深远的意义。

习近平新时代中国特色社会主义思想，是中国共产党人对马克思主义的继承与发展，是继毛泽东思想、邓小平理论、"三个代表"重要思想、科学发展观之后的党的重大理论创新，是对当代中国马克思主义的新贡献。因此，要加强习近平新时代中国特色社会主义思想的学习和教育，使全体人民在思想和行动上同党中央保持高度一致，共同奋斗不断夺取中国特色社会主义新胜利。党的十八大以来，以习近平同志为核心的党中央在治国理政的实践中，依据世情、国情、党情的新变化，与时俱进，开拓创新，提出了全面建成小康社会、全面深化改革、全面推进依法治国、全面从严治党的"四个全面"战略布局。习近平同志指出"四个全面"中，"全面建成小康社会是我们的战略目标，全面深化改革、全面依法治国、全面从严治党是三大战略举措"。①"'四个全面'相辅相成、相互促进、相得益彰。"② 从"四个全面"的内容来看，全面建成小康社会需要全面深化改革、全面依法治国、全面从严治党；全面深化改革需要以全面建成小康社会为引领，需要以法治为保障，需要全面从严治党为保证；同时，全面依法治国、全面从严治党本身也是全面深化改革的题中之义。对于全面建成小康社会，改革是贯穿始终的不变逻辑，也是实现这一宏伟目标的具体历史实践；对于全面依法治国，改革是齐头并进的姊妹篇，全面深化改革需要法治保障，全面依法治国也需要深化改革；对于全面从严治党，改革是党自我净化、自我完善、自我革新、自我提高的根本途径，党的领导则是实现改革发展目标的根本保证。全面依法治国，建设社会主义法治国家，是全面建成小康社会的重要保障，"重大改革需要于法有据，改革成果需要法治固化，全面依法治国为全面深化改革提供稳定性、规范性"。③"四个全面"战略布局是对中国特色社

---

① 习近平.领导干部要做尊法学法守法用法的模范 带动全党全国共同全面推进依法治国[N].人民日报，2015-02-03（1）.
② 习近平.领导干部要做尊法学法守法用法的模范 带动全党全国共同全面推进依法治国[N].人民日报，2015-02-03（1）.
③ 法治让国家治理迈向新境界——四论协调推进"四个全面"[N].人民日报，2015-02-28（1）.

会主义理论体系的丰富和发展。"四个全面"战略布局、"五大发展理念"是当代中国经济、社会新常态下，推进中国特色社会主义事业发展的行动指南和强大思想武器；是在新的历史起点上发展中国特色社会主义的新理念、新思想、新战略；也是对广大党员干部和人民进行理论武装新的重要内容。完整准确地把握中国特色社会主义理论体系，坚持不懈地加强对全体党员和人民的中国特色社会主义理论体系的学习和教育，既是全党的一项重大任务，也是德育工作的根本任务。

邓小平理论、"三个代表"的重要思想、科学发展观、习近平新时代中国特色社会主义思想，作为马克思主义中国化的最新成果，作为指导具有许多新的历史特点的伟大斗争的鲜活的马克思主义，是新的历史条件下我们党治国理政的行动纲领，是我们凝聚力量、攻坚克难的强大思想武器，是实现"两个一百年"奋斗目标、实现中华民族伟大复兴中国梦的行动指南。要把学习习近平新时代中国特色社会主义思想，同学习马克思列宁主义、毛泽东思想结合起来，同学习邓小平理论、"三个代表"重要思想、科学发展观结合起来，准确把握党的科学理论一脉相承又与时俱进的内在联系，增强对当代中国马克思主义的思想认同、理论认同、实践认同。

（三）武装全党教育人民的思想方法

中国特色社会主义理论体系是科学严谨的理论体系和思想体系，它的内容包含着马克思主义科学的世界观和方法论。用其武装全党、教育人民，既要循其基本原理的内在理论逻辑和思想方法，又要注意运用切合实际的有效教育方法。

首先，以中国特色社会主义理论体系的科学世界观和方法论为指导，开展理论武装。坚持用"解放思想、实事求是"的思想路线和思想方法来武装全党和广大人民头脑，树立起马克思主义的科学世界观，中国特色社会主义的共同理想。这既是理论武装的根本要求，又是理论武装的思想方法。邓小平同志指出："实事求是，是无产阶级的世界观的基础，是马克思主义的思想基础"。① 他还说："按照实际情况决定工作方针，这是一切共产党员所必须牢记的最基本的思想方法、工作方法。"② 因此，切合党的工作实际，切合全体党员和广大人

---

① 邓小平文选：第2卷 [M]．北京：人民出版社，1994：143.
② 邓小平文选：第2卷 [M]．北京：人民出版社，1994：114.

民的思想实际,采取实事求是的思想方法,开展有针对性的理论武装,这是我们应该坚持的根本思想方法。

其次,坚持理论联系实际的教育方法。用中国特色社会主义理论体系武装全党、教育人民,必须把理论讲好和宣传好,把理论讲透讲通,使广大党员干部和人民从理论上认知达到思想上认同。同时还必须深入广大党员干部和人民群众工作、学习、生活的实际,带着现实社会中的问题,以及人们思想上存在疑惑的问题,对党的大政方针还未完全理解认识的问题,进行切实的理论联系实际的理论武装教育活动。邓小平同志指出:"教育一定要联系实际,对一部分干部和群众中流行的影响社会风气的重要思想问题,要经过充分调查研究,由适当的人进行周到细致、有充分说服力的教育。"① 江泽民同志也强调:"要坚信科学理论的力量,坚持理论与实际相结合,把思想政治教育课讲活讲好。"② 开展理论武装,只有贴近实际、贴近时代、贴近群众,才能取得实效。正如习近平同志讲的:"使我们的思想和行动更加符合客观规律,符合时代要求,符合人民愿望。"③

最后,在实施理论武装的具体教育方法上,用科学的理论武装党、教育人民,不仅要坚持科学的世界观和方法论指导,还要注重运用具体的教育方法。要运用典型榜样的示范和引导,增强理论武装的感染力和说服力。邓小平同志指出:"各工业部门的职工群众中都涌现出了一批劳动模范和工人阶级的革命骨干。他们至今还是我们学习的榜样。"④ 江泽民同志也指出:"我们要以先进模范人物为榜样,把我们的工作推向前进。"⑤ 习近平同志强调:"伟大时代呼唤伟大精神,崇高事业需要榜样引领。"⑥ 要掌握和灵活运用先进文化引领方法,创建理论武装的鲜活载体,发挥先进文化在理论武装中的教育功能。邓小平同志希望和要求:"从事教育、新闻、理论工作和其他意识形态工作的同志,都经

---

① 邓小平文选:第3卷 [M]. 北京:人民出版社,1993:144.
② 中共中央政策研究室. 江泽民论社会主义精神文明建设 [M]. 北京:中央文献出版社,1999:122.
③ 习近平谈治国理政 [M]. 北京:外文出版社,2014:26.
④ 邓小平文选:第2卷 [M]. 北京:人民出版社,1994:134.
⑤ 中共中央政策研究室. 江泽民论社会主义精神文明建设 [M]. 北京:中央文献出版社,1999:208.
⑥ 习近平谈治国理政 [M]. 北京:外文出版社,2014:159.

常地、自觉地以大局为重，为提高人民和青年的社会主义觉悟奋斗不懈。"① 在先进文化创建活动中，大力弘扬中国特色社会主义理论体系为主题的主旋律，用先进的理论、先进文化教育广大党员干部和人民，"大力倡导一切有利于发扬爱国主义、集体主义、社会主义的思想和精神，大力倡导一切有利于改革开放和现代化建设的思想和精神"②，这既是理论武装的重要内容，也是理论武装和教育方法运用的重要遵循。正如习近平同志指出："没有先进文化的积极引领、没有人民精神世界的极大丰富，没有民族精神力量的不断增强，一个国家，一个民族不可能屹立于世界民族之林。"③ 这就深刻地揭示了理论武装的根本要义所在。要正确运用和科学发挥新闻、媒体在理论武装中的传播教育功用。习近平同志指出："宣传思想工作一定要把围绕中心、服务大局作为基本职责。"④ 用科学理论武装全党、教育人民是全党的一件大事，也是宣传和新闻媒体工作的大事，是它们的重要职责与中心任务。有效运用和充分发挥新闻、理论、出版、媒体等进行理论武装的宣传和教育，筑牢中国特色社会主义理论体系在意识形态领域的指导地位，筑牢广大党员干部和人民共同理想的根基，强化社会主义核心价值观教育，这些都具有理论武装的传播和教育功用。邓小平同志强调："党刊党报一定要无条件地宣传党的主张。"⑤ 江泽民同志也强调："我们国家的报纸、广播、电视等是党、政府和人民的喉舌，这既说明了新闻工作的性质，又说明了它在党和国家工作中的极其重要的地位和作用。"⑥ 这就充分表明，新闻、理论、出版、媒体等在宣传思想工作和理论武装中具有重要地位和作用。

---

① 邓小平文选：第2卷［M］. 北京：人民出版社，1994：256.
② 中共中央文献研究室. 十四大以来重要文献选编：上［G］. 北京：人民出版社，1996：656.
③ 习近平. 在文艺工作座谈会上的讲话［M］. 北京：人民出版社，2015：5.
④ 习近平谈治国理政［M］. 北京：外文出版社，2014：153.
⑤ 邓小平文选：第2卷［M］. 北京：人民出版社，1994：272.
⑥ 中共中央文献研究室. 十三大以来重要文献选编：中［G］. 北京：人民出版社，1991：766.

二、加强党员干部教育的战略重点

（一）党员干部教育的原则

邓小平同志指出，党的干部除了懂得革命理论、专业知识之外，还需要在实际工作和克服困难的过程中经受锻炼，从而培养坚强的毅力和高超的才能。要注重在理论学习上联系实际。邓小平同志要求党的干部必须坚持理论联系实际，努力发扬马克思主义的科学精神和创造活力，在改造客观世界的同时，改造自己的主观世界，并提出了"学马列要精要管用"的理论联系实际的教育原则，"'精'就是精髓，'管用'就是理论联系实际。抓住精髓，联系实际学习马列主义，是干部教育培训中的一个重要方法论。学习马列主义如果同经济建设、同现代化建设的实际不相结合，不解决经济建设和改革开放中出现的新问题，那就是脱离实际，那就是不管用。"① 这就要求全党同志一定要善于学习，善于重新学习。通过学习和教育来造就干部，培养干部，使我们党员干部成为有理想、有道德、有文化、守纪律的先进力量和合格接班人。江泽民同志指出："学习理论，武装头脑，要努力在掌握理论的科学体系上下功夫，在掌握基本原理及其精神实质上下功夫，在掌握马克思主义的立场、观点、方法并用以指导实践上下功夫"②，切忌教条主义和实用主义。同时，江泽民同志对党员干部教育的方式做出了阐述。这就是要"联系党的历史经验、联系自己的工作和思想实际"。胡锦涛同志在党的十七大报告中指出："马克思主义是我党的指导思想，是我们党的立党立国之本，这就要求我们要坚持马克思主义的指导地位不动摇。"③ 2005 年，胡锦涛同志在省部级主要领导干部提高构建社会主义和谐社会能力专题研讨班上的讲话中指出："要全面落实用邓小平理论和'三个代表'重要思想武装全党、教育人民的战略任务，加强马克思主义理论研究和建设，着力回答重大理论问题和实际问题，巩固马克思主义在我国意识形态领域

---

① 姚成建. 邓小平的干部教育思想与当前的干部教育培训工作 [J]. 中共四川省委党校学报，2004（2）.
② 中共中央文献研究室. 十四大以来重要文献选编：下 [G]. 北京：人民出版社，1999：1961.
③ 中共中央文献研究室. 十六大以来重要文献选编：下 [G]. 北京：中央文献出版社，2008：788.

的指导地位,引导全体人民坚定中国特色社会主义信念。"① 在新的历史起点上,习近平同志根据新形势、新任务、新要求,围绕建设什么样的党、怎样建设党这个基本问题,提出了一系列新思想、新观点、新战略。党的十八大以来,习近平同志反复强调,要加强党员干部的理论教育和党性教育,领导干部要把马克思主义理论,尤其是把马克思主义哲学作为自己的"看家本领"。所谓"看家本领",习近平同志认为马克思主义理论是"做好一切工作的看家本领",是"工作制胜的看家本领",不掌握这个本领,就会"少知而迷,不知而盲,无知而乱"②;掌握"看家本领"是领导干部解决本领恐慌、本领不足、本领落后的必备利器,关键是"掌握科学的世界观和方法论,更好地认识规律,更加能动地推进工作"③。这就强调了通过加强党员干部教育,使其掌握并熟练运用马克思主义立场、观点和方法去认识问题、分析问题和解决问题的看家本领。

(二)党员干部教育的主要内容

广大党员干部教育的实践进程,与当代中国改革开放和社会主义现代化建设实践的伟大历程紧密相连、同步推进,具有明显的阶段性特征。在新的历史时期,中国共产党根据形势发展的需要,不断加强干部素质教育和选拔培养、理想信念教育、作风教育,对党的干部教育事业做出了积极的实践探索,取得了积极成效和教育成果。

首先,重视广大党员干部的素质教育、选拔任用教育以及培训教育。邓小平同志把教育干部、培养干部特别是选拔中青年干部进领导班子,作为"最重要的问题""战略问题"来思考,作为"最大的事情""第一位的任务"来对待。"要注意培养人,要按照'革命化、年轻化、知识化、专业化'的标准选拔德才兼备的人进班子。我们说党的基本路线要管一百年,要长治久安,就要靠这一条。"④ 他还提出要使干部成为"四有"干部⑤。"四有"就是有理想、有道德、有文化、有纪律。同时指出:"要创造一种环境,使拔尖人才能够脱颖而

---

① 中共中央文献研究室.十六大以来重要文献选编:中[G].北京:中央文献出版社,2006:711.
② 习近平谈治国理政[M].北京:外文出版社,2014:404.
③ 中共中央宣传部.习近平总书记系列重要讲话读本[M].北京:学习出版社,2014:175.
④ 邓小平文选:第3卷[M].北京:人民出版社,1993:380.
⑤ 邓小平文选:第3卷[M].北京:人民出版社,1993:205.

出。改革就是要创造这种环境。"① 要创造选人、用人和教育人的良好环境，就必须着力解决好历史遗留下来的组织人事制度上的种种弊端，建立一套能够适应改革开放时代要求的激励机制，形成一种公开、平等、竞争、择优的选人用人制度，不但促使各方面人才脱颖而出，而且能使选拔出来的人才充分发挥其聪明才智。十三届四中全会以来，以江泽民同志为核心的党的第三代领导集体，结合新形势、新任务，针对领导干部思想政治和道德修养等方面出现的新情况、新问题，提出了加强改进干部教育工作的新思想和新论断。他反复强调教育干部的极端重要性："要保证我国改革和建设事业顺利发展，保证跨世纪宏伟目标的顺利实现，保证党和国家的长治久安，严重的问题在于教育干部。"②"二十年来改革和建设的历程说明，面对新时期的艰巨任务和可能遇到的风险，严重的问题在于教育干部。"③ 江泽民同志提出，"提高干部队伍的素质特别是思想政治素质，使广大干部经得起执政和改革开放的考验，关系我国社会主义现代化建设的全局，是党的建设一项重大而紧迫的任务。"④ 加强对干部的教育和培训，要突出抓好高级干部、各级党政一把手和年轻干部的教育培训。"中国的社会主义事业能不能巩固和发展下去，中国能不能在激烈的国际竞争中始终强盛不衰，关键看我们能不能不断培养造就一大批高素质的领导人才。"⑤ 我们干部队伍的主流是好的。新的形势下，干部思想政治建设是干部队伍建设的核心和灵魂，事关根本、事关方向、事关长远。他指出："无论是提高干部队伍素质，还是防止和纠正用人上的不正之风、防范腐败问题，都要坚持教育在先。标本兼治，教育是基础。只有通过全面的经常的教育，真正打牢思想政治基础、筑牢思想政治防线，干部队伍建设才能越搞越好。"⑥

马克思主义理论教育是党员干部素质教育和培训的首要问题。在纪念党的十一届三中全会召开30周年大会上，胡锦涛同志指出："马克思主义是我们立党立国的根本指导思想，坚持和巩固马克思主义指导地位，是党和人民团结一

---

① 邓小平文选：第3卷 [M]．北京：人民出版社，1993：109.
② 江泽民．论党的建设 [M]．北京：中央文献出版社，2001：220.
③ 江泽民文选：第2卷 [M]．北京：人民出版社，2006：263.
④ 江泽民文选：第2卷 [M]．北京：人民出版社，2006：263.
⑤ 江泽民文选：第3卷 [M]．北京：人民出版社，2006：289.
⑥ 江泽民文选：第3卷 [M]．北京：人民出版社，2006：418-419.

致、始终沿着正确方向前进的根本思想保证。"① 如果没有这个强大的理论武器，我们就难以分清大是大非，甚至会颠倒是非，迷失方向，丧失立场。胡锦涛同志还强调，广大党员、干部要"在任何时候任何情况下都确保在理想信念上不犹疑、不含糊、不动摇"。② 加强党员和领导干部的理想信念教育，必须引导他们正确认识和科学把握理想与实践之间的关系。胡锦涛同志明确指出："要加强理想信念教育与实践锻炼的结合，积极引导广大党员、干部把坚定的理想信念化作全面建设小康社会的实际行动，既胸怀共产主义远大理想又坚定不移地走中国特色社会主义道路，矢志不渝地为实现党在社会主义初级阶段的基本路线、基本纲领而奋斗。"③ 习近平同志非常重视我们党的干部队伍建设和党员干部教育，他强调"掌握马克思主义理论是领导干部的基本功"④；并要求党员干部把理论学习、做人修养和实践锻炼统一起来。2008年5月，他在"领导干部要认认真真学习、老老实实做人、干干净净干事"的讲话中指出：领导干部"既要学习理论、掌握新知、认识真理、探索规律，提高改造客观世界的能力，又要加强党性锻炼，提高自身修养，改造主观世界。"⑤ 他还提出："爱学习、勤读书，通过读书学习来增长知识、增加智慧、增强本领，这是新形势下做一名称职的领导干部、胜任地履行领导职责的内在要求和必经之路。"⑥ 领导干部要重视学习，善于学习，才能不断提升自身的思想理论水平，从而使我们党始终保持先进性并走在时代的前列。邓小平、江泽民、胡锦涛、习近平同志关于党员干部素质教育的一系列重要论述和科学论断，思想深刻、内容丰富，且具有切实的针对性和可操作性，是加强干部素质教育、提高干部队伍素质的重要遵循。

其次，强调党员干部的作风教育。邓小平同志认为，党风的好坏直接关系

---

① 中共中央文献研究室. 十七大以来重要文献选编：上［G］. 北京：中央文献出版社，2009：796.
② 中共中央文献研究室. 十六大以来重要文献选编：下［G］. 北京：中央文献出版社，2008：176.
③ 中共中央文献研究室. 十六大以来重要文献选编：下［G］. 北京：中央文献出版社，2008：176-177.
④ 习近平. 领导干部要爱读书读好书善读书［J］. 党的建设，2009（6）.
⑤ 习近平. 领导干部要认认真真学习老老实实做人干干净净干事［N］. 学习时报，2008-05-26（1）.
⑥ 习近平. 领导干部要爱读书读好书善读书［J］. 党的建设，2009（6）.

社会风气、社会稳定以及国家经济建设的大局。1980年2月29日，党的十一届五中全会通过了《关于党内政治生活的若干准则》，明确规定"坚持集体领导，反对个人专断"；"共产党员特别是各级领导干部必须成为遵守国家法规，遵守劳动纪律、工作纪律，遵守共产主义道德的模范"；"各级领导干部都是人民的公仆，只有勤勤恳恳为人民服务的义务，没有在政治上、生活上搞特殊化的权利"；"在党纪国法面前人人平等"；"绝不允许共产党员利用职权谋取私利"。这就是要坚持党的密切联系群众和发扬民主的优良传统和作风，反对形式主义、官僚主义，并要求从领导机关和领导干部做起，突出对领导干部的要求。重点抓群众议论较多的特殊化、官僚主义、形式主义等问题。正如邓小平同志指出："越是高级干部子弟，越是高级干部，越是名人，他们的违法事件越要抓紧查处，因为这些人影响大，犯罪危害大。抓住典型，处理了，效果也大。"① 他还在中央顾问委员会第一次全体会议上指出："我们还可以起一个作用，就是在保持党的优良作风方面以身作则。搞精神文明，关键是以身作则。"② 在1980年12月中共中央工作会议上，邓小平同志严肃指出："极少数党员、干部的不正之风，非常不利于恢复党在群众中的威信。我赞成陈云同志讲的，执政党的党风问题是有关党的生死存亡的问题。"③ 加强党的作风建设，必须坚持不懈地开展反腐败斗争。邓小平同志指出，反腐败是一项长期的斗争，"在整个改革开放过程中都要反腐败"。④ 因此，对党员干部必须严格要求、严格教育、严格管理、严格监督，坚决克服党内的消极腐败现象。

江泽民同志也十分重视党的作风建设，他指出："党的作风是党的形象，是党的性质、宗旨、纲领、路线的重要体现，是党的创造力、战斗力和凝聚力的重要内容。"⑤ 他还指出："不断加强和改进党的作风建设，是由全面推进党的建设新的伟大工程的历史任务决定的，也是由进入新世纪全面推进建设有中国特色社会主义伟大事业的历史任务决定的。我们要从国际和国内、党外和党内、历史和现实等方面，来深刻认识加强和改进党的作风建设的重要性和必要

---

① 邓小平文选：第3卷[M]．北京：人民出版社，1993：152．
② 邓小平文选：第3卷[M]．北京：人民出版社，1993：7．
③ 邓小平文选：第2卷[M]．北京：人民出版社，1994：358．
④ 邓小平文选：第3卷[M]．北京：人民出版社，1993：327．
⑤ 江泽民文选：第3卷[M]．北京：人民出版社，2006：323．

性。"① 江泽民同志还把作风建设作为从严治党的重要内容，他指出："治国必先治党，治党务必从严。"② "从严治党，必须全面贯彻于党的思想、政治、组织、作风建设，切实体现到对各级党组织、广大党员和干部进行教育、管理、监督的各个环节中去。"③ 在纪念建党75周年的讲话中，江泽民同志对干部提出了五个方面的要求：一是"要有远大的共产主义理想，坚持正确的政治方向，坚定走建设有中国特色的社会主义道路，坚决贯彻执行党的基本理论、基本路线和各项方针政策"；二是"努力实践党的全心全意为人民服务的宗旨，密切联系群众，特别是工农群众，坚决维护人民群众的利益"；三是"解放思想，实事求是，一切从实际出发，善于开拓前进，具有唯物辩证的思想方法和工作方法"；四是"模范遵纪守法，保持清正廉洁，发扬艰苦奋斗精神，自觉拒腐防变，坚决反对消极腐败现象"；五是"刻苦学习，勤奋敬业，不断加强知识积累和经验积累，具备做好本职工作的专业知识和能力"。④ 这是对党的各级各类干部必备素质的高度概括。

胡锦涛同志一贯重视党的作风建设。他于2007年12月17日在新进中央委员会的委员、候补委员学习贯彻党的十七大精神研讨班上的讲话强调，我们党作为马克思主义政党，要始终保持和人民群众的血肉联系。作为长期执政的马克思主义政党，必须持之以恒地抓好作风建设。"一定要戒骄戒躁、艰苦奋斗，牢记社会主义初级阶段基本国情，为党和人民事业不懈努力；一定要刻苦学习、埋头苦干，不断创造经得起实践、人民、历史检验的业绩。"⑤ 党风正则干群和，干群和则社会稳。"党的作风体现着党的宗旨，关系党的形象，关系人心向背，关系党和国家生死存亡。各级领导干部是党和国家的骨干力量，其作风如何，对党和人民事业发展有着极为重要的影响。"⑥ 胡锦涛同志高度重视领导干部的作风教育，2002年12月，他在西柏坡考察时的讲话中指出，近些年来在干部队伍中拜金主义、享乐主义和奢靡之风有滋长蔓延之势，一些领导干部淡忘

---

① 江泽民. 论党的建设 [M]. 北京：人民出版社，2001：530.
② 江泽民文选：第2卷 [M]. 北京：人民出版社，2006：496.
③ 江泽民文选：第3卷 [M]. 北京：人民出版社，2006：290.
④ 江泽民. 论党的建设 [M]. 北京：中央文献出版社，2001：221.
⑤ 中共中央文献研究室. 十七大以来重要文献选编：上 [G]. 北京：中央文献出版社，2009：43.
⑥ 中共中央文献研究室. 十六大以来重要文献选编：下 [G]. 北京：中央文献出版社，2008：867.

甚至丢弃了艰苦奋斗的作风。针对这种情况，他反复强调全党同志要牢记"两个务必"，各级领导干部要"带头反对铺张浪费和大手大脚，带头抵制拜金主义、享乐主义和奢靡之风"①。

习近平同志把作风建设作为关系党的执政使命的大事来抓，他指出："工作作风上的问题绝对不是小事。"② 作风问题事关党和人民群众的血肉联系，事关群众对党的信赖和拥护，事关党的执政根基和力量源泉。因此，各级领导干部都要身先士卒、率先垂范、带头弘扬党的优良作风。习近平同志针对党内存在的形式主义、官僚主义和奢靡之风等现象，强调指出："精神懈怠危险、能力不足危险、脱离群众危险、消极腐败危险更加尖锐地摆在全党面前，党内脱离群众的现象大量存在，一些问题还相当严重，集中表现在形式主义、官僚主义、享乐主义和奢靡之风这'四风'上。"③ 因此，我们要"对作风之弊、行为之垢来一次大排查、大检修、大扫除"。④ "在新的历史条件下，面对新情况新问题，干干净净干事是对各级领导干部工作和生活作风的具体要求，也是人民群众评判一个领导干部是否值得信赖的重要依据。从这个意义上讲，领导干部干干净净干事，关系党的形象，关系人心向背，关系党和国家的生死存亡。"⑤ 习近平同志还进一步强调："作风建设永远在路上。如果前热后冷、前紧后松，就会功亏一篑。各级领导干部都要树立和发扬好的作风，既严以修身、严以用权、严以律己，又谋事要实、创业要实、做人要实。"⑥ 习近平同志的这些重要论述，对于当前切实加强党的作风建设和教育，促进全面从严治党，具有重要的指导意义。

再次，加强群众路线教育。马克思主义认为，人民群众是社会物质财富和精神财富的创造者，是推动社会变革和社会进步的决定力量；无产阶级的伟大历史使命是解放全人类，最后解放自己，无产阶级必须团结、动员、组织、领导广大人民群众，才能完成这一任务。邓小平同志在新民主主义革命时期就指

---

① 中共中央文献研究室.十六大以来重要文献选编：下［G］.北京：中央文献出版社，2008：875.
② 习近平谈治国理政［M］.北京：外文出版社，2014：387.
③ 习近平谈治国理政［M］.北京：外文出版社，2014：368.
④ 习近平谈治国理政［M］.北京：外文出版社，2014：371.
⑤ 习近平.领导干部要认认真真学习老老实实做人干干净净干事［N］.学习时报，2008-05-26（1）.
⑥ 习近平谈治国理政［M］.北京：外文出版社，2014：381.

出:"凡是于人民有利的事情,无不尽力提倡与实行。"① 改革开放以后,邓小平同志反复强调要坚持群众路线和群众观教育。他在中央党、政、军机关副部长以上干部会议上的讲话指出:"我们的历史经验是,越是困难的时候,越要关心群众。只要你关心群众,同群众打成一片,不仅不搞特殊化,而且同群众一块吃苦,任何问题都容易解决,任何困难都能克服。"② 邓小平同志明确提出人民群众是我国改革开放和社会主义现代化建设的根本力量和动力源泉。在中国共产党第十二次全国代表大会的开幕词中,邓小平同志强调:"我们党提出的各项重大任务,没有一项不是依靠广大人民的艰苦努力来完成的。"③ 邓小平同志还指出:共产党之所以成为先进部队,是因为"它是人民群众的全心全意的服务者,它反映人民群众的利益和意志,并且努力帮助人民群众组织起来,为自己的利益和意志而斗争"④。改革开放和社会主义现代化建设中,就需要一切以人民根本利益为出发点和归宿。他指出:"社会主义现代化建设的极其艰巨复杂的任务摆在我们的面前。很多旧问题需要继续解决,新问题更是层出不穷。党只有紧紧地依靠群众,密切地联系群众,随时听取群众的呼声,了解群众的情绪,代表群众的利益,才能形成强大的力量,顺利地完成自己的各项任务。"⑤ 可见,邓小平同志非常重视人民群众的呼声和意见,始终要求党的各项工作都必须以人民群众的利益为出发点和归宿。1980年12月在中央工作会议上,他强调指出:"群众是我们力量的源泉,群众路线和群众观点是我们的传家宝。"⑥ 因此,要在广大党员和干部中加强马克思主义群众观点和党的群众路线教育。

江泽民同志指出:"我们党作为执政党,必须高度关注党和群众的关系问题、人心向背问题。人心向背,是决定一个政党、一个政权兴亡的根本性因素。"⑦ 他还指出:"各级干部一定要牢固树立群众观点,想问题办事情要把为人民谋利益作为根本出发点和落脚点,始终保持同人民群众的血肉联系,老老实实向人民学习,真心诚意为人民服务。"⑧ 在面向21世纪全面推进中国特色社

---

① 邓小平文选:第1卷[M].北京:人民出版社,1994:80.
② 邓小平文选:第2卷[M].北京:人民出版社,1994:228.
③ 邓小平文选:第3卷[M].北京:人民出版社,1993:4.
④ 邓小平文选:第1卷[M].北京:人民出版社,1994:218.
⑤ 邓小平文选:第2卷[M].北京:人民出版社,1994:342.
⑥ 邓小平文选:第2卷[M].北京:人民出版社,1994:368.
⑦ 江泽民文选:第3卷[M].北京:人民出版社,2006:185.
⑧ 江泽民.论党的建设[M].北京:中央文献出版社,2001:227.

会主义事业的进程中，江泽民同志提出了"三个代表"重要思想。"三个代表"的最终落脚点就是广大人民群众的根本利益。江泽民同志强调："我们党要始终代表中国最广大人民的根本利益，就是党的理论、路线、纲领、方针、政策和各项工作，必须坚持把人民的根本利益作为出发点和归宿，充分发挥人民群众的积极性和主动性，在社会不断进步的基础上，使人民群众不断获得切实的经济、政治、文化利益。"① 在2002年2月4日的中央政治局会议上，江泽民同志进一步强调：贯彻"三个代表"要求，最根本的是要"不断实现好、维护好、发展好最广大人民的根本利益"②。无论是发展经济，还是改进党的作风，其出发点和落脚点，都是为了人民。"三个代表"重要思想的本质是立党为公、执政为民，学习贯彻'三个代表'重要思想同加强马克思主义群众观教育是一致的，必须以最广大人民的根本利益为根本出发点和落脚点。

　　进入新世纪、新阶段，我们党提出了全面建设小康社会的宏伟目标；以胡锦涛同志为总书记的党中央提出了以人为本，全面、协调、可持续发展的科学发展观。胡锦涛同志指出："建设中国特色社会主义的根本目的是不断实现好、维护好、发展好最广大人民的根本利益，党的理论、路线、纲领、方针、政策和工作必须以符合最广大人民的根本利益为最高衡量标准。"③ 要"牢固树立全心全意为人民服务的思想和真心实意对人民负责的精神，做到心里装着群众，凡事想着群众，工作依靠群众，一切为了群众，坚持权为民所用、情为民所系、利为民所谋，为群众诚心诚意办实事，尽心竭力解难事，坚持不懈做好事"④。"中国共产党执政，就是领导、支持、保证人民当家作主，维护和实现最广大人民的根本利益。"⑤ 可见，实现和维护最广大人民的根本利益，是我们党的执政目标所在，是建设和发展中国特色社会主义的根本目的所在，也是广大党员和干部必须确立的价值目标和价值追求。情系人民，掌权、用权为民，

---

① 江泽民文选：第3卷［M］．北京：人民出版社，2006：279.
② 中共中央文献研究室．十六大以来重要文献选编：中［G］．北京：中央文献出版社，2006：1091.
③ 中共中央文献研究室．十六大以来重要文献选编：上［G］．北京：中央文献出版社，2005：364.
④ 中共中央文献研究室．十六大以来重要文献选编：上［G］．北京：中央文献出版社，2005：371.
⑤ 中共中央文献研究室．十六大以来重要文献选编：中［G］．北京：中央文献出版社，2006：224.

依靠群众,为了群众,说到底就是要为民谋利,为人民群众实实在在做事。胡锦涛同志在阐释"利为民所谋"时明确指出:"利为民所谋,就必须时刻把群众利益放在首位,始终把维护好、实现好、发展好最广大人民的根本利益作为全部工作的出发点和落脚点,坚持一切为了群众、一切依靠群众,立志为人民做实事、做好事,绝不与民争利。"① 建设中国特色社会主义的根本目的和归宿就是不断满足人民群众日益增长的物质和文化需要,体现人的全面发展的终极目标和实现好、维护好、发展好最广大人民的根本利益。

以习近平同志为核心的党中央领导集体面对新时代的新要求,坚持加强对党员和干部的群众路线教育。无论走到哪里,习近平同志都心系群众,强调人民利益是第一位的,要时时刻刻把人民群众放在心上。2011年1月5日,习近平同志强调指出:"领导干部要深刻认识新形势下群众工作的重要性和紧迫性,坚持马克思主义群众观点和党的群众路线,以高度的政治责任感扎实做好联系群众、宣传群众、组织群众、服务群众、团结群众的工作,不断提高群众工作水平。"② 2012年12月31日,习近平同志在十八届中共中央政治局就坚定不移地推进改革开放进行第二次集体学习时强调:"改革开放是亿万人民自己的事业,必须坚持尊重人民首创精神,坚持在党的领导下推进。改革开放在认识和实践上的每一次突破和发展,改革开放中每一个新生事物的产生和发展,改革开放每一个方面经验的创造和积累,无不来自亿万人民的实践和智慧。改革发展稳定任务越繁重,我们越要加强和改善党的领导,越要保持党同人民群众的血肉联系,善于通过提出和贯彻正确的路线方针政策带领人民前进,善于从人民的实践创造和发展要求中完善政策主张,使改革发展成果更多更公平惠及全体人民。"③ 习近平同志还强调,在新的形势下,"密切党群、干群关系,始终保持党同人民群众的血肉联系,这是党永远立于不败之地的强大根基"。④ 只有尊重人民群众,密切联系人民群众,一切为了人民群众,我们党才能得到人民群众的支持和拥护,才能团结和带领广大人民群众不断开创中国特色社会主义

---

① 胡锦涛.学习贯彻"三个代表"重要思想和十六大精神要持之以恒[N].人民日报,2003-02-19(1).
② 习近平.领导干部要不断提高新形势下群众工作水平[N].人民日报,2011-01-06(1).
③ 习近平谈治国理政[M].北京:外文出版社,2014:68.
④ 习近平谈治国理政[M].北京:外文出版社,2014:15-16.

事业的新局面。不断实现最广大人民的根本利益,实现人民群众追求美好生活的愿望,是我们党为之奋斗的目标。正如习近平同志2012年11月15日在十八届中央政治局常委同中外记者见面时讲话指出:"人民对美好生活的向往,就是我们的奋斗目标。人世间的一切幸福都需要靠辛勤的劳动来创造。我们的责任,就是要团结带领全党全国各族人民,继续解放思想,坚持改革开放,不断解放和发展社会生产力,努力解决群众的生产生活困难,坚定不移走共同富裕的道路。"① 习近平同志从中国特色社会主义事业发展全局出发,集中回应广大人民群众的重大关切和殷切期待,提出了"四个全面"战略布局和"五大发展理念"等一系列新思想、新战略,突显了我们党为实现"中国梦",造福人民群众的奋斗目标。习近平同志指出,"中国梦归根到底是人民的梦,必须紧紧依靠人民来实现,必须不断为人民造福"。② 习近平同志反复强调,人民的根本利益是政府工作最应优先考虑的,这是我们工作成败的标准,要做到让社会发展成果为最广大人民共享;人民福祉的增加是政府工作的出发点和落脚点,经济成果不能为少数人占有,而应造福全国人民;政府重大决策务必优先考虑是否有利于多数群众,站稳群众立场。

习近平同志关于党员干部要认真学习、老实做人、干净做事;要同人民群众站在同一立场上,倾听群众呼声、重视群众需要;在各项工作中要优先考虑人民的根本利益;要让改革和发展的成果为人民共享,不断增加人民福祉等一系列思想观点,既是加强党员干部的群众路线教育的重要内容,也是我们在推进全面深化改革和各项工作中必须追求和奋斗的目标。

(三) 党员干部教育的新实践

邓小平、江泽民、胡锦涛和习近平同志关于党员干部教育和干部队伍建设的思想,是中国特色社会主义理论体系的重要组成部分,是当代德育工作必须长期坚持的指导思想。改革开放以来,我们党坚持和发展了邓小平德育思想,并用以指导新时期的德育实践,推动德育工作不断取得新成绩,在党员干部教育方面也积累了新经验。

首先,充分肯定了党员干部队伍建设和教育的重要性。邓小平同志的干部建设思想充满着时代气息、改革精神和务实创新,是毛泽东干部队伍建设思想

---

① 习近平谈治国理政 [M]. 北京:外文出版社,2014:4.
② 习近平谈治国理政 [M]. 北京:外文出版社,2014:40.

的新发展，具有时代性、独创性、科学性、务实性、可操作性等特征。邓小平同志把干部队伍建设的认识提高到了一个新的思想高度，他指出："中国的事情能不能办好，社会主义和改革开放能不能坚持，经济能不能快一点发展起来，国家能不能长治久安，从一定意义上说，关键在人。"① "有了中央正确的领导，还必须有忠实执行中央指示的各级党的组织和干部。"② 邓小平同志在1985年党的全国代表会议上也强调："防止一些同志，特别是一些新上来的中青年同志在日益复杂的斗争中迷失方向。"③ 他还指出："政治路线确立了，要由人来具体地贯彻执行。由什么样的人来执行，是由赞成党的政治路线的人，还是由不赞成的人，或者是由持中间态度的人来执行，结果不一样。"④ 这从另一个侧面强调了加强干部教育的重要性。他又说："任何事情都是人干的，没有大批的人才，我们的事业就不能成功。""现在我们面临的问题，是缺少一批年富力强的、有专业知识的干部。而没有这样一批干部，四个现代化就搞不起来。"⑤ 这进一步强调了加强干部教育的重要性。

在我国改革开放和发展社会主义市场经济的新形势下，要保证中国特色社会主义现代化建设顺利进行，保证党和国家的长治久安，首先必须教育好干部。江泽民同志指出"严重的问题在于教育干部"，必须"大力加强干部队伍建设，提高广大干部特别是领导干部的素质"，这"已经成为摆在全党面前的一项刻不容缓的重大任务"。⑥ 他把干部教育摆在党的建设中的突出位置，指出："在党的建设中，必须把教育干部摆在突出的位置，作为关键的一环来抓。"⑦ 2000年6月9日，在全国党校工作会议上，江泽民同志再次强调党员干部教育的重要性："要在复杂的国内外形势下，带领全国各族人民推进艰巨的现代化事业，没有一大批德才兼备的领导干部，肯定是不行的。当今和未来的国际竞争，从根本上说是人才竞争。这种人才竞争是全面的，包括领导人才在内的各个方面、

---

① 邓小平文选：第3卷 [M]．北京：人民出版社，1993：380．
② 邓小平文选：第1卷 [M]．北京：人民出版社，1994：88．
③ 邓小平文选：第3卷 [M]．北京：人民出版社，1993：147．
④ 邓小平文选：第2卷 [M]．北京：人民出版社，1994：191．
⑤ 邓小平文选：第2卷 [M]．北京：人民出版社，1994：221．
⑥ 中共中央文献研究室．十四大以来重要文献选编：下 [G]．北京：人民出版社，1999：1958．
⑦ 江泽民文选：第1卷 [M]．北京：人民出版社，2006：483．

各个层次的人才,都面临着各种竞争和斗争的检验和考验。"① 历史和现实都表明,一个政党,一个国家,能不能不断培养出优秀的领导人才,在很大程度上决定着这个党、这个国家的兴衰存亡。江泽民同志深刻地指出:"中国的社会主义事业能不能巩固和发展下去,中国能不能在未来激烈的国际竞争中始终强盛不衰,关键就要看我们党能不能不断培养造就一大批高素质领导人才。如果这个问题解决得不好,我们就难以在新世纪里经受住各种风险的考验,难以实现党和国家既定的奋斗目标。"② 胡锦涛同志始终站在事关党和国家前途命运的高度,阐述加强干部教育和培养的重要性。"加强党的执政能力建设,说到底就是要建设高素质的干部队伍。"③ 胡锦涛同志认为:"要提高党的执政能力和保持党的先进性,加强干部教育培训是提高干部综合素质和领导水平不可逾越的重要途径。"④ 在这个头等大事中,"干部教育培训是建设高素质干部队伍的基础性工作"⑤。进入新世纪新阶段,"对干部队伍的理论素养、知识水平、业务本领和领导能力提出了新的更高的要求。面对新世纪的新形势和新任务,切实抓好干部学习比以往任何时候都显得更为重要、更为迫切。干部教育培训工作是推动干部学习的一条重要途径,是建设高素质干部队伍的一个重要环节"⑥。在全面建设小康社会,构建社会主义和谐社会的进程中,围绕加强党的执政能力建设和先进性建设,我们党高度重视并不断提高干部教育培训工作的整体水平。

　　党的十八大以来,以习近平同志为核心的党中央,站在全面建成小康社会和实现中华民族伟大复兴中国梦的战略高度,把干部队伍思想建设放在新时代党的建设中突出的地位。他认为党员干部必须树立马克思主义世界观,树立崇高的信念理想,树立正确的人生观、价值观、群众观和权力观。习近平同志指出:"我们共产党员和领导干部要树立马克思主义权力观,必须从理论上弄清楚和掌握几条:一是我们社会主义国家的一切权力,都是我们党领导全国各族人

---

① 江泽民文选:第3卷 [M]. 北京:人民出版社,2006:43.
② 江泽民文选:第3卷 [M]. 北京:人民出版社,2006:44.
③ 中共中央文献研究室. 十六大以来重要文献选编:上 [G]. 北京:中央文献出版社,2005:609.
④ 中共中央文献研究室. 十六大以来重要文献选编:上 [G]. 北京:中央文献出版社,2005:609.
⑤ 胡锦涛总书记为全国干部培训科学发展主题案例教材作序 [N]. 人民日报,2011-08-23(1).
⑥ 胡锦涛文选:第1卷 [M]. 北京:人民出版社,2016:474.

民经过新民主主义革命和社会主义革命取得和实现的,都是属于人民的;二是我们党作为执政党是代表工人阶级和全体人民在全国执掌政权,共产党员和领导干部手中的权力都是人民赋予的;三是我们所有党员和领导干部手中的权力,只能用来为人民谋利益,而绝不允许搞任何形式的以权谋私。"① 习近平同志在全国组织工作会议上明确提出"好干部"的"五条标准",即信念坚定、为民服务、勤政务实、敢于担当、清正廉洁;并指出:"成长为一个好干部,一靠自身努力,二靠组织培养。"② 2015年1月,在同中央党校第一期县委书记研修班学员进行座谈时,习近平同志又指出:"做县委书记就要做焦裕禄式的县委书记,始终做到心中有党、心中有民、心中有责、心中有戒。"③ 这不仅是对县委书记的要求和期许,也是其他各级领导干部加强党性修养和在工作实践中的重要遵循。可见,干部教育工作在培养"好干部""四有干部"中是十分重要的。我们应该以干部教育为重要抓手,着力培养"好干部""四有干部",打造高素质干部队伍,不断巩固党的执政地位。

其次,高度重视党的干部队伍的建设和教育。不断深化干部人事制度改革,着力造就高素质干部队伍,改革不合理的干部管理体制。邓小平同志认为,我们的一些用人制度还有缺陷,要"建立这样一套制度,使那些有专业知识的、年富力强的人,被选拔到能够发挥他们才干的工作岗位上来"。④ 党的十一届三中全会以来,我们党为加强干部队伍建设,采取了一系列重大战略举措,顺利实现了新老干部的交替,推进了领导干部制度改革,一大批中青年干部走上各级领导岗位。1980年,邓小平同志在《党和国家领导制度的改革》的讲话中指出,党和国家现行的一些具体制度中,还存在不少的弊端。主要的弊端就是官僚主义现象,权力过分集中的现象,家长制现象,干部领导职务终身制现象和形形色色的特权现象。他认为:"现在我们真正的问题是体制问题,官僚主义比较厉害,好多事情在各部门之间的互相扯皮、公文传递中耽误了。"⑤ 在党中央

---

① 习近平. 领导干部要树立正确的世界观权力观事业观[J]. 中国党政干部论坛, 2010(9).
② 习近平谈治国理政[M]. 北京: 外文出版社, 2014: 416.
③ 习近平. 做焦裕禄式的县委书记 心中有党心中有民心中有责心中有戒[N]. 人民日报, 2015-01-13(1).
④ 邓小平文选: 第2卷[M]. 北京: 人民出版社, 1994: 224-225.
⑤ 中共中央文献研究室. 邓小平年谱(一九七五——一九九七): 上[M]. 北京: 中央文献出版社, 2004: 617.

和邓小平同志的领导下,党和国家的领导制度、干部制度的改革进程开启了。中共中央先后颁发了《深化干部人事制度改革纲要》《党政领导干部选拔任用工作条例》《党内监督条例(试行)》等。后来,全国人大常委会还审议通过了《中华人民共和国公务员法》等法律法规及相关文件。这就形成了相互配套、有机衔接的干部选拔任用机制、教育培训机制和管理监督机制,构成了较为完备的干部人事工作法规体系,为加强干部队伍建设和教育提供了有力的制度保障。

江泽民同志在纪念中国共产党成立75周年座谈会上明确指出:"大力加强干部队伍建设,提高广大干部特别是领导干部的素质,已经成为摆在全党面前一项刻不容缓的重大任务。"① 他特别重视青年干部的选拔和任用,强调深化青年干部制度改革。江泽民同志指出:"要不断深化干部人事制度改革,形成干部能上能下的机制,用制度为优秀干部脱颖而出、健康成长创造良好的环境和条件。"② 在此基础上,中共中央制定出台一系列重要文件和管理制度,如《关于党内政治生活的若干准则》《中国共产党地方党委工作条例(试行)》《党政领导干部选拔任用工作条例》等,着力构建"靠制度选人,重民意用人"的选人用人机制,不断深化领导干部制度改革和领导干部的教育。与此同时,不断推进纪检监察监督制度建设,制定《建立健全教育、制度、监督并重的惩治和预防腐败体系实施纲要》,建立行政决策责任追究制度、政府审计制度等,对领导干部手中的权力实行全方位监督管理,防止权力失序失范,形成领导干部正确权力观教育的长效机制。

胡锦涛同志同样地高度重视领导干部的教育培训工作。2001年他在全国干部教育培训工作会议代表座谈会上,就加强对干部教育培训工作的领导提出明确要求,并强调从制度法规上创新领导干部教育的方式。为此,中共中央颁发《干部教育培训工作条例(试行)》《党校工作条例》《行政学院工作条例》等,以法规形式着力推进领导干部的教育和培养。2004年9月19日,党的十六届四中全会通过了《中共中央关于加强党的执政能力建设的决议》。该决议要求:"围绕增强执政意识、提高执政能力,创新培训方法,提高培训质量,大规模培训干部。"③ 2005年3月16日,胡锦涛同志向中国浦东干部学院、中国井

---

① 江泽民. 论党的建设 [M]. 北京:中央文献出版社,2001:220.
② 江泽民文选:第3卷 [M]. 北京:人民出版社,2006:52.
③ 中共中央文献研究室. 十六大以来重要文献选编:中 [G]. 北京:中央文献出版社,2006:291.

冈山干部学院和中国延安干部学院发出的贺信强调,我们党历来重视干部教育培训工作和干部教育培训基地建设。2006年1月,中共中央制定颁布的《干部教育培训工作条例》,是我们党历史上颁布实施的第一部关于干部教育的法规。该条例的颁布和实施,对于培养和造就高素质和高水平的领导干部队伍,推动学习型政党的建设,提升党员领导干部的执政能力,都具有重要而深远的意义。2006年12月,中共中央制定了《2006—2010年全国干部教育培训规划》,这是在完成"十五"干部教育培训规划的基础上,提出的"十一五"期间干部教育培训工作规划。之后,于2010年制定了《2010—2020年干部教育培训改革纲要》。这标志着我们党对领导干部教育和培养提升到一个新的战略高度。

党的十八大以来,以习近平同志为核心的党中央,把加强党员干部特别是领导干部的教育,作为从严治党的重要工作来抓。早在2008年,习近平同志在全国干部教育培训工作会议上指出:"干部教育培训工作是干部队伍建设的先导性、基础性、战略性工程,各级党委要进一步增强责任感和使命感,继续解放思想、坚持改革创新、更加扎实工作,推动干部教育培训工作有一个新的大改进、大提高,努力为全面建设小康社会提供有力的思想政治保证、人才保证和智力支持。"[1] 习近平同志非常重视干部队伍的法治教育。他指出:"学习党的路线方针政策和国家法律法规,这是领导干部开展工作要做的基本准备,也是很重要的政治素养。"[2] 各级领导干部必须认真学习贯彻党的路线方针政策,了解掌握运用国家法律法规,并以此为依据,制定科学决策,有效解决问题。他强调,全面推进依法治国就是要求领导干部带头学法守法,坚持依法执政、依法行政。"各级领导干部要做尊法学法守法用法的模范","各级党委要重视法治培训,完善学法制度"。[3] 特别是在党的十八届二中全会后,以习近平同志为核心的党中央,就加强干部教育,先后开展了党的群众路线教育实践活动、"三严三实"专题教育、"两学一做"学习教育、"不忘初心、牢记使命"主题教育等。这充分体现了我们党一贯坚持把领导干部教育作为德育工作的战略重点。

---

[1] 习近平. 以改革创新精神做好新一轮大规模培训干部工作[N]. 人民日报,2008-07-17(1).

[2] 习近平谈治国理政[M]. 北京:外文出版社,2014:405.

[3] 习近平. 领导干部要做尊法学法守法用法的模范 带动全党全国共同全面推进依法治国[N]. 人民日报,2015-02-03(1).

三、加强青少年教育的战略重点

(一) 加强青少年教育的重要意义

邓小平、江泽民、胡锦涛、习近平同志都一直强调,加强青少年教育是德育工作的战略重点。青少年是祖国的未来,是中国特色社会主义建设事业的建设者和生力军。他们的思想道德素质如何,将是直接关系党和国家事业后继有人、国家命运前途的大事。因此,培养和造就德智体美全面发展的社会主义事业的建设者和接班人,对于实现中华民族伟大复兴的中国梦具有极为重要的人才兴国的战略意义和深远的政治意义。

加强青少年教育关系国家的命运和前途。邓小平同志作为党的第二代领导集体的核心,始终关注着思想文化战线的斗争,始终注重各种思潮对青少年的影响,把用马克思主义和社会主义思想文化教育引领青少年健康成长,作为培养"四有"新人的重点工作来抓。他高瞻远瞩地指出:"从长远来看,这个问题关系到我们的事业将由什么样的一代人来接班,关系到党和国家的命运和前途。"① 在1992年年初视察南方谈话时,邓小平同志又阐明了中国的前途命运关键在党、关键在人的重要思想。他指出,坚持党的基本路线,中国就大有希望。而"正确的政治路线要靠正确的组织路线来保证。中国的事情能不能办好,社会主义和改革开放能不能坚持,经济能不能快一点发展起来,国家能不能长治久安,从一定意义上说,关键在人"②。在深化改革、发展社会主义市场经济的新形势下,江泽民同志指出,加强青少年学生德育工作,不只是关系学校教育事业的一项极为重要工作,而且是关系国家、民族的未来,关系社会主义事业成败的一项最为重要的战略工程。2000年2月1日,他在《关于教育问题的谈话》中又强调:"抓好教育和青少年学生的思想工作,直接关系到我们实施科教兴国战略能否取得成功,关系到我国社会主义现代化建设能否取得成功。大家都要从这样的高度来认识问题,开展工作。"③ 2006年8月29日,胡锦涛同志在中央政治局第三十四次集体学习时发表重要讲话,他指出学校"要坚持育人为本、德育为先,把立德树人作为教育的根本任务,努力培养德智体美全面发

---

① 邓小平文选:第3卷 [M]. 北京:人民出版社,1993:45.
② 邓小平文选:第3卷 [M]. 北京:人民出版社,1993:380.
③ 江泽民文选:第2卷 [M]. 北京:人民出版社,2006:590-591.

展的社会主义建设者和接班人"①。党的十八大以来,习近平同志系统阐述了加强青少年教育的重要性。他在给华中农业大学"本禹志愿服务队"的回信中表示:"历史和现实都告诉我们,青年一代有理想、有担当,国家就有前途,民族就有希望,实现中华民族伟大复兴就有源源不断的强大力量。"② 2014年5月4日,习近平同志在同北京大学师生座谈时的讲话指出:"党的十八大提出了'两个一百年'奋斗目标。我说过,现在,我们比历史上任何时期都更接近实现中华民族伟大复兴的目标,比历史上任何时期都更有信心、更有能力实现这个目标。"③ 广大青年学生要坚定理想信念,练就过硬本领,勇于创新创造,矢志艰苦奋斗,坚持求真务实,锤炼高尚品德。只有这样的理想信念、道德情操和能力本领,并付之于实干兴邦的行动,才能经受任何风浪的考验,才能为实现中国梦做出更大贡献。

加强青少年教育是巩固发展中国特色社会主义制度的人才保证。改革开放新时期,邓小平同志在认真总结历史经验教训的基础上深刻指出:"帝国主义搞和平演变,把希望寄托在我们以后的几代人身上",所以要"把人民和青年教育好"④。他认为:"巩固和发展社会主义制度,还需要一个很长的历史阶段,需要我们几代人、十几代人,甚至几十代人坚持不懈地努力奋斗,决不能掉以轻心。"⑤ 随着我国改革开放的不断深化,西方的文化观念、意识形态大量涌入,争夺青少年一代的斗争也更加激烈。青年是参与国际竞争、承担国家各项建设事业的有生力量。教育青年树立正确的世界观、人生观、价值观,热爱祖国,坚持走社会主义道路,树立强烈的民族自尊心和自信心,是各级各类学校的神圣职责和根本任务。为此,江泽民同志明确要求:"各级各类学校不仅要建立完备的文化知识传播体系,而且要把德育放在首位,确立正确的政治方向。"⑥ 在新世纪新阶段,胡锦涛同志也高度重视青少年的思想政治教育,2007年5月4

---

① 中共中央文献研究室. 十六大以来重要文献选编:下 [G]. 北京:中央文献出版社, 2008:617.
② 习近平. 勉励青年志愿者以青春梦想用实际行动 为实现中国梦作出新的更大贡献 [N]. 人民日报, 2013-12-06 (1).
③ 习近平谈治国理政 [M]. 北京:外文出版社, 2014:167.
④ 邓小平文选:第3卷 [M]. 北京:人民出版社, 1993:380.
⑤ 邓小平文选:第3卷 [M]. 北京:人民出版社, 1993:379-380.
⑥ 中共中央文献研究室. 十六大以来重要文献选编:中 [G]. 北京:人民出版社, 2006:627.

日,他在致中国青年群英会的贺信中,希望广大团员和青少年,"努力成为理想远大、信念坚定的新一代;品德高尚、意志顽强的新一代;视野开阔、知识丰富的新一代;开拓进取、艰苦创业的新一代"。同时,他要求青少年要把热爱祖国融入远大理想中去,"坚定中国特色社会主义信念,积极投身改革开放和社会主义现代化建设,在为祖国、为人民的不懈奋斗中实现自己的人生价值"。① 要求把学习专业知识与学习党的先进理论和中华优秀传统文化结合起来,"同学们不仅要刻苦钻研专业知识,而且要努力学习中国特色社会主义理论;不仅要注重学习祖国优秀传统文化,而且要广泛吸收各国优秀文明成果;不仅要认真学习知识技能,而且要注意掌握科学方法"。② 党的十八大以来,习近平同志特别强调用社会主义核心价值观,加强青少年的教育。他指出:"如果一个民族、一个国家没有共同的核心价值观,莫衷一是,行无依归,那这个民族、这个国家就无法前进。这样的情形,在我国历史上,在当今世界上,都屡见不鲜。"③ 2013年9月26日,习近平同志在会见第四届全国道德模范的讲话中,强调道德教育的引领作用。他说:"强调道德模范是社会道德建设的重要旗帜,要深入开展学习宣传道德模范活动,弘扬真善美,传播正能量,激励人民群众崇德向善、见贤思齐,鼓励全社会积善成德、明德惟馨,为实现中华民族伟大复兴的中国梦凝聚起强大的精神力量和有力的道德支撑。"④ 这充分体现了党对青少年教育和培养的高度重视和殷切期望。

加强青少年的教育,是其成长成才的需要。邓小平同志一直强调青年教育的重要地位和作用:"青年是我们的未来,我们的一切事业的继承者。"⑤ 邓小平同志继承和发展了毛泽东德育思想,并明确提出"学校应该永远把坚定正确的政治方向放在第一位"⑥,"革命的理想,共产主义的品德,要从小开始培养"⑦。后来他又创造性地提出了培养"有理想、有道德、有文化、有纪律"的"四有"新人的战略目标,进一步丰富和发展了毛泽东德育思想。江泽民同

---

① 胡锦涛. 在同中国农业大学师生代表座谈时的讲话 [M]. 北京:人民出版社,2009:5.
② 胡锦涛. 在同中国农业大学师生代表座谈时的讲话 [M]. 北京:人民出版社,2009:5-6.
③ 习近平谈治国理政 [M]. 北京:外文出版社,2014:168.
④ 习近平谈治国理政 [M]. 北京:外文出版社,2014:158.
⑤ 邓小平文选:第1卷 [M]. 北京:人民出版社,1994:254.
⑥ 邓小平文选:第2卷 [M]. 北京:人民出版社,1994:104.
⑦ 邓小平文选:第2卷 [M]. 北京:人民出版社,1994:105.

志作为党的第三代领导集体的核心，坚持发展毛泽东、邓小平同志的德育思想，他强调："正确引导和帮助青少年学生健康成长，使他们能够德、智、体、美全面发展，是一个关系我国教育发展方向的重大问题。"① 并指出："社会主义改革开放和现代化建设，为年轻一代的成长提供了广阔的舞台，只要他们有为祖国、为人民贡献青春的志向，满腔热情地投入到建设祖国的伟大事业中去，认真学习和掌握实践知识与技能，把自己的聪明才智奉献给祖国和人民，就一定能够成长为有用之才。"②《中共中央、国务院关于进一步加强和改进大学生思想政治教育的意见》明确规定："学校教育要坚持以育人为本、德育为先，把人才培养作为根本任务，把思想政治教育摆在首要位置。"《中共中央、国务院关于深化教育改革，全面推进素质教育的决定》指出，实施素质教育，必须把德育、智育、体育、美育等有机地统一到教育活动的各个环节中。学校教育不仅要抓好智育，更要重视德育，还要加强体育、美育、劳动技术教育和社会实践，使诸方面教育相互渗透、协调发展，促进青少年学生的全面发展和健康成长。要坚持"一切为了学生、为了学生一切、为了一切学生"的素质教育原则。胡锦涛同志在强调德育首位的同时，还非常关心青少年的身心健康，提出"把健康素质作为评价学生全面健康发展的重要指标"。③ 2007年4月23日，胡锦涛同志主持中央政治局会议，专门研究青少年体育工作。会议强调："广大青少年身心健康、体魄强健、意志坚强、充满活力，是一个民族旺盛生命力的体现，是社会文明进步的标志"④；体育"对青少年的思想品德、智力发育、审美素养的形成都有不可替代的重要作用"⑤。2012年5月，胡锦涛同志在纪念中国共青团成立90周年大会上的讲话中要求：广大青年"必须始终投身人民伟大实践。人民是推动历史前进的根本动力。人民创造历史的丰富实践，是青年磨砺意志、增长才干的最好课堂。与人民相结合，拜人民为师，向人民学习，是青年健康成长的必由之路。只有投身人民伟大实践，广大青年才能站稳最基本最扎实的

---

① 江泽民文选：第2卷 [M]. 北京：人民出版社，2006：587.
② 江泽民文选：第2卷 [M]. 北京：人民出版社，2006：589-590.
③ 中共中央文献研究室. 十六大以来重要文献选编：下 [G]. 北京：中央文献出版社，2008：1043.
④ 中共中央文献研究室. 十六大以来重要文献选编：下 [G]. 北京：中央文献出版社，2008：1041.
⑤ 中共中央文献研究室. 十六大以来重要文献选编：下 [G]. 北京：中央文献出版社，2008：1042.

政治立场，中国青年运动才能拥有最强大最深厚的前进动力"。① 这一阐述，就是教育青少年要以人民为师，在走与工农相结合道路的实践中，学会如何做人，做一个正直的人，对人民有深厚情感、有品德的人。

党的十八大以来，习近平同志反复强调教育对于人才培养和青少年成长成才的重要意义："人才是衡量一个国家综合国力的重要指标，没有一支宏大的高素质人才队伍，全面建成小康社会的奋斗目标和中华民族伟大复兴的中国梦就难以顺利实现。"② 而教育是人才培养之基，是"人类传承文明和知识、培养年轻一代、创造美好生活的根本途径"。③ 他强调，百年大计，教育为本。科教兴国已成为我国的重大战略，"中国将坚定实施科教兴国战略，始终把教育摆在优先发展的战略位置，不断扩大投入，努力发展全民教育、终身教育，建设学习型社会，努力让每个孩子享有受教育的机会，努力让13亿人民享有更好更公平的教育，获得发展自身、奉献社会、造福人民的能力"。④ 习近平同志在不同场合就青少年和儿童成长成才发表重要讲话，为发展教育事业和推进教育改革指明了方向，为青少年和儿童快乐健康成长提供了科学行动指南，为教育引导广大青少年和儿童培育践行社会主义核心价值观，把青少年和儿童培养成为德智体美全面发展的社会主义建设者和接班人，提供了重要的思想和实践遵循。

（二）加强青少年教育的主要内容

首先，加强青少年的理想信念教育。社会主义、共产主义理想教育，是当代青少年思想政治教育的灵魂，是青少年德育的核心内容。早在1978年4月，邓小平同志在全国教育工作会议上的讲话中就指出："革命的理想，共产主义的品德，要从小开始培养。我们党的教育事业历来有这样的优良传统。革命战争年代，儿童团员、共青团员创造了可歌可泣的英雄业绩。全国解放以后，我们的教育工作，我们的青年团、少先队的工作，发扬光大了过去的优良传统。……我们希望从事教育工作的同志，各个有关部门的同志，整个社会的家家户户，都来关心青少年思想政治的进步，把被'四人帮'破坏了的优良革命

---

① 胡锦涛. 在纪念中国共产主义青年团成立90周年大会上的讲话［M］. 北京：人民出版社，2012：5.
② 习近平. 在欧美同学会成立100周年庆祝大会上的讲话［N］. 光明日报，2013-10-22（2）.
③ 习近平谈治国理政［M］. 北京：外文出版社，2014：191.
④ 习近平谈治国理政［M］. 北京：外文出版社，2014：191.

传统恢复和发扬起来。……尤其是中小学教师和幼儿教育工作者，负有培养革命接班人的幼苗的重任。"① 1985年3月，邓小平同志在全国科技工作会议上的讲话中，科学阐述了培养"四有"新人的深刻内容与目标要求。"四有"新人的首要一条就是"有理想"，即有社会主义和共产主义的社会理想。他说："我们在建设具有中国特色的社会主义社会时，一定要坚持发展物质文明和精神文明，坚持五讲四美三热爱，教育全国人民做到有理想、有道德、有文化、有纪律。这四条里面，理想和纪律特别重要。我们一定要教育我们的人民，尤其是我们的青年，要有理想。……要特别教育我们的下一代下两代，一定要树立共产主义的远大理想。一定不能让我们的青少年作资本主义腐朽思想的俘虏，那绝对不行。"② 他对青年的理想教育提出了精辟的见解，他认为虽然在全国当时最大的危险是"左"，但同时指出："对青年人来说，右的东西值得警惕，特别是他们不知道什么是资本主义，什么是社会主义，因此要对他们进行教育。"③ 1992年年初，邓小平同志视察南方时的谈话，一再强调教育下一代要有理想的问题。他说："我们搞社会主义才几十年，还处在初级阶段。巩固和发展社会主义制度，还需要一个很长的历史阶段，需要我们几代人、十几代人，甚至几十代人坚持不懈地努力奋斗，决不能掉以轻心"；"帝国主义搞和平演变，把希望寄托在我们以后的几代人身上"。④ 1989年，他还尖锐的指出：我们的失误是反对资产阶级自由化缺乏一贯性，"坚持四项基本原则还不够一贯，没有把它作为基本思想来教育人民，教育学生，教育全体干部和共产党员。"⑤ 在此基础上，邓小平同志还阐述了对青少年进行理想信念教育的思想方法。他认为要结合思想理论战线上的重大争论对青少年进行社会主义、共产主义理想信念教育。1983年，他亲自领导了反对精神污染的斗争。在党的十二届二中全会上，他发表了重要讲话《党在组织战线和思想战线上的迫切任务》。他指出："现在有些同志对于西方各种哲学的、经济学的、社会政治的和文学艺术的思潮，不分析、不鉴别、不批判，而是一窝蜂地盲目推崇"；"这种用西方资产阶级没落文化来腐蚀青年的状况，再也不能容忍了"；"从长远来看，这个问题关系到我们的事

---

① 邓小平文选：第2卷 [M]. 北京：人民出版社，1994：105-106.
② 邓小平文选：第3卷 [M]. 北京：人民出版社，1993：110-111.
③ 邓小平文选：第3卷 [M]. 北京：人民出版社，1993：229.
④ 邓小平文选：第3卷 [M]. 北京：人民出版社，1993：379-380.
⑤ 邓小平文选：第3卷 [M]. 北京：人民出版社，1993：305.

业将由什么样的一代人来接班,关系到党和国家的命运和前途。"① 青年兴则国家兴,青年强则国家强,青年有希望,未来的发展就有希望。

江泽民同志审时度势,科学地认识到国际形势越来越复杂多变,国内改革开放不断深化,要建设好中国特色社会主义,培养合格的建设者和接班人,迫切需要加强对广大青少年的理想信念教育。他反复强调要教育青少年"树立正确的理想、信念和价值观"②;理想教育应从娃娃抓起,从基础抓起,"一定要从小树立远大理想,立志为民族争光,为国家争光"③。他强调要把理想教育与艰苦奋斗教育统一起来,"青年人要有理想,还要有实现理想的坚定的信念和脚踏实地、百折不挠的奋斗精神"④;"共产主义事业是人类空前伟大而壮丽的、又是空前艰苦而困难的事业";"只有那些不仅在顺风之时,而且在逆流之中都能始终如一坚持自己的信念的人,才是真正的共产主义战士"⑤。江泽民同志提出加强理想信念教育的"四信"内容,要引导和帮助青少年坚定对马克思主义的信仰,坚定对社会主义的信念,坚定对改革开放的信心,增强对党和政府的信任。江泽民同志特别强调,加强理想信念教育要同反对拜金主义、享乐主义和极端个人主义等腐朽落后思想相结合,教育青少年经受住改革开放和社会主义市场经济建设的考验。

胡锦涛同志就加强青少年的理想信念教育做出了科学阐述,他特别强调各级各类学校要把理想信念教育作为学校素质教育的核心内容来抓。学校是培养人才的重要基地,必须把培养中国特色社会主义事业的建设者和接班人作为根本任务。学校要全面推进素质教育,促进学生的全面发展。要使广大青少年"成长为中国特色社会主义事业的合格建设者和可靠接班人,不仅要大力提高他们的科学文化素质,更要大力提高他们的思想道德素质。只有培养造就千千万万具有高尚思想品质和良好道德修养、掌握现代化建设所需要的丰富知识

---

① 邓小平文选:第3卷[M].北京:人民出版社,1993:44-45.
② 中共中央政策研究室.江泽民论社会主义精神文明建设[M].北京:中央文献出版社,1999:342.
③ 中共中央政策研究室.江泽民论社会主义精神文明建设[M].北京:中央文献出版社,1999:347.
④ 中共中央政策研究室.江泽民论社会主义精神文明建设[M].北京:中央文献出版社,1999:360.
⑤ 中共中央政策研究室.江泽民论社会主义精神文明建设[M].北京:中央文献出版社,1999:352.

和扎实本领的建设者和接班人，才能确保党和国家的事业代代相传。"① 胡锦涛同志认为，坚定对马克思主义的信仰，坚定对社会主义和共产主义的信念，就是青年要树立起的长远目标；但是，要实现这一目标就必须坚持接受长期的教育和自己努力地践行，为实现崇高理想而奋斗。一个有强大精神支柱的民族才是有希望的民族。青少年对马克思主义的信仰，就是要求自己自觉地学习马克思主义理论，用其武装自己的头脑，并自觉用马克思主义立场、观点、方法指导自己成长成才的人生实践。这样，才能够肩负起跨世纪的历史重任。理想信念教育成效如何，不仅是传授多少理论知识，更重要的是要把理想信念教育转化为青少年为建设中国特色社会主义现代化国家而刻苦学习、锻炼成长的人生实践。2007年5月4日，胡锦涛同志在中国青年群英会致信中说，希望广大团员和青少年努力成为理想远大、信念坚定的新一代；品德高尚、意志顽强的新一代；视野开阔、知识丰富的新一代；开拓进取、艰苦创业的新一代。加强对青少年的理想信仰教育，筑牢青少年的思想防线。2007年8月31日，胡锦涛同志在全国优秀教师代表座谈会上的讲话中进一步强调："要坚持育人为本、德育为先，把立德树人作为教育的根本任务，加强爱国主义教育，深入开展理想信念教育，加强和改进学生思想政治工作，把社会主义核心价值体系融入国民教育体系，引导学生树立正确的世界观、人生观、价值观、荣辱观，努力培养德智体美全面发展的社会主义建设者和接班人。"② 他认为对青少年进行理想信念教育，要结合中国革命、建设和改革的历史教育与国情教育，使他们"坚定中国特色社会主义信念，积极投身改革开放和社会主义现代化建设，在为祖国、为人民的不懈奋斗中实现自己的人生价值。"③

青少年理想信念教育有着强烈的时代性特征，随着时代的变化不断丰富和发展。习近平同志指出："为实现中华民族伟大复兴的中国梦而奋斗，是中国青年运动的时代主题。"他在多个场合对"中国梦"进行了科学阐述，把实现中华民族伟大复兴的中国梦作为青少年教育和追求的最高价值目标。2013年5月4日，习近平同志在同各界优秀青年代表座谈时的讲话指出："广大青年一定要坚

---

① 中共中央文献研究室. 十六大以来重要文献选编：中 [G]. 北京：中央文献出版社，2006：75.
② 胡锦涛. 在全国优秀教师代表座谈会上的讲话 [M]. 北京：人民出版社，2007：3.
③ 胡锦涛. 在同中国农业大学师生代表座谈时的讲话 [M]. 北京：人民出版社，2009：5.

定理想信念。'功崇惟志，业广惟勤。'理想指引人生方向，信念决定事业成败。没有理想信念，就会导致精神上'缺钙'。中国梦是全国各族人民的共同理想，也是青年一代应该牢固树立的远大理想。中国特色社会主义是我们党带领人民历经千辛万苦找到的实现中国梦的正确道路，也是广大青年应该牢固确立的人生信念。"① 加强理论修养是坚定理想信念的基础。崇高的理想信念不会自发产生，必须有科学的理论支撑。坚定理想信念就必须加强理论修养和学习，增强理论自信。青少年只有加强理论和科学文化学习，用先进的理论、科学的知识丰富自己的头脑，才能潜移默化地自觉坚定内心的追求；只有真正学会并领悟了其精髓，才能真正从内心坚定信仰。

其次，加强青少年爱国主义、集体主义和社会主义教育。爱国主义是中华民族的传统美德，是中华民族世代相传的对自己祖国的河山、历史、文化、语言以及优秀传统的深厚感情。这种感情集中表现为民族自尊心、自信心和自豪感，表现为争取自己祖国的尊严、独立、统一、富强而奋斗和献身的精神。邓小平同志指出："中国人民有自己的民族自尊心和自豪感，以热爱祖国、贡献全部力量建设社会主义祖国为最大光荣，以损害社会主义祖国利益、尊严和荣誉为最大耻辱。"② "必须发扬爱国主义精神，提高民族自尊心和民族自信心。否则我们就不可能建设社会主义，就会被种种资本主义势力所侵蚀腐化。"③ 因此，加强对广大人民群众尤其是青少年的爱国主义教育，是邓小平新时期德育思想的重要内容。对青少年的爱国主义教育应进行正确的历史观教育。邓小平同志说："了解自己的历史很重要。青年人不了解这些历史，我们要用历史教育青年，教育人民。"④ 他还要求青少年了解我们的国情，"我们要经常记住，我们国家大，人口多，底子薄，只有长期奋斗才能赶上发达国家的水平"。⑤ 对青少年进行爱国主义教育要注重培养他们的民族自尊心和自豪感，邓小平同志说："绝不允许把我们学习资本主义社会的某些技术和某些管理的经验，变成了崇拜资本主义外国，受资本主义腐蚀，丧失社会主义中国的民族自豪感和民族

---

① 习近平谈治国理政 [M]. 北京：外文出版社，2014：50.
② 邓小平文选：第3卷 [M]. 北京：人民出版社，1993：3.
③ 邓小平文选：第2卷 [M]. 北京：人民出版社，1994：369.
④ 邓小平文选：第3卷 [M]. 北京：人民出版社，1993：206.
⑤ 邓小平文选：第2卷 [M]. 北京：人民出版社，1994：260.

自信心。"① 要加强青少年的集体主义教育，集体主义反映了社会主义制度的本质要求，它是社会主义道德的基本原则，是社会主义社会处理个人利益和整体利益关系的根本准则。在道德领域中，个人主要是指个性化了的、作为道德主体单个的个人，他是以作为自然生物体的人和以作为历史主体的个人为前提的。邓小平同志一直强调集体主义教育。早在改革开放之初，他就旗帜鲜明地倡导在全党、全社会和广大青少年中大力发扬集体主义精神。邓小平同志坚持集体主义教育，也注重尊重个体的劳动创造，他指出："按照马克思说的，社会主义是共产主义第一阶段，这是一个很长的历史阶段，必须实行按劳分配，必须把国家、集体和个人利益结合起来，才能调动积极性，才能发展社会主义的生产。"② 同时，邓小平同志坚定地指出："要批判和反对崇拜资本主义、主张资产阶级自由化的倾向，批判和反对资产阶级损人利己、唯利是图、'一切向钱看'的腐朽思想，批判和反对无政府主义、极端个人主义"。③ 要加强青少年的社会主义教育，并把社会主义教育和爱国主义教育、集体主义教育结合起来。在新时期，爱国就要为建设中国特色社会主义事业而奋斗，建设中国特色社会主义是新时期爱国主义的鲜明主题。

在新的历史条件下，江泽民同志结合发展社会主义市场经济的特点和要求，创新性地阐述了爱国主义教育。他指出："对全民族和全体人民来说，首先要抓好爱国主义教育。"④ "爱国主义教育是精神文明建设的一个重要内容。"⑤ 他说："为了推动全社会精神文明的不断进步，保证改革开放和现代化建设的顺利进行，在全党和全国人民中，必须坚持开展爱国主义、集体主义和社会主义思想的教育。"⑥ 爱国主义教育是时代的"主旋律"。2001年1月10日，江泽民同志在全国宣传部长会议上再次强调"继续唱响主旋律"。⑦中央一直强调加强爱国主义、集体主义、社会主义教育，要把这种宣传教育坚持下去，搞得更好。江泽民同志指出："要通过各种生动活泼的形式，广泛、深入、持久地加强爱国

---

① 邓小平文选：第2卷 [M]. 北京：人民出版社，1994：262.
② 邓小平文选：第2卷 [M]. 北京：人民出版社，1994：351.
③ 邓小平文选：第2卷 [M]. 北京：人民出版社，1994：368-369.
④ 江泽民. 宣传思想战线是我们党的一条极其重要的战线——在全国宣传部长座谈会上的讲话（1993年1月15日）[J]. 求是，1993（5）.
⑤ 江泽民文选：第1卷 [M]. 北京：人民出版社，2006：580.
⑥ 江泽民文选：第1卷 [M]. 北京：人民出版社，2006：358.
⑦ 江泽民文选：第3卷 [M]. 北京：人民出版社，2006：228.

主义教育和宣传，提高全国人民的民族自尊心和自豪感，在全社会进一步发扬以热爱祖国、贡献全部力量建设祖国为最大光荣，以损害祖国利益和尊严为最大耻辱的良好风尚。"① 爱国主义教育要贯穿社会主义现代化建设的全过程。他反复告诫人们："爱国主义有着鲜明的时代特征。在今天，我们讲爱国就是要爱社会主义祖国，拥护中国共产党的领导，把个人的理想和事业融汇于祖国的社会主义现代化建设的伟大事业中。"② 当代爱国主义的一个鲜明特征和重要内容是实行对外开放。江泽民同志十分重视爱国主义教育坚持对外开放的原则。他说："在对外开放中，我们要积极借鉴西方发达国家对我国有用的东西，但又要注意防止把腐朽当神奇，把痈疽当宝贝。"③ "要使我们的人民既珍惜同各国人民的友谊和合作，又珍惜几代人流血牺牲赢得的民族独立和国家主权。"④ 江泽民同志创造性地把爱国主义教育同引导人们树立正确的世界观、人生观、价值观的宣传教育有机结合起来，高度概括其在社会主义思想教育中的重要地位。在我国，爱国主义教育是集体主义教育和社会主义教育的前提和关键。他明确指出："培养有理想、有道德、有文化、有纪律的新人，是建设社会主义精神文明的根本目标。要围绕这个目标，在人民群众特别是青少年中加强爱国主义、集体主义、社会主义为核心内容的思想道德教育。"⑤ 这些论述，一方面明确了爱国主义是当代德育的重要内容，把爱国主义与经济全球化的时代特点结合起来，把握新的历史时期爱国主义教育的新特点，为青少年爱国主义教育指明了正确方向；另一方面提出了建设社会主义精神文明的根本目标是培养"四有"新人，并把爱国主义教育提升到一个崭新的时代高度，这是对党的德育理论的丰富和发展。

广大青少年是祖国的未来、民族的希望。我们要成功地应对经济全球化、信息网络化、文化多样化等复杂形势的挑战，必须全面提高青少年的综合素质，而思想政治素质是最重要的素质。江泽民同志明确指出："要说素质，思想政治素质是最重要的素质。不断增强学生和群众的爱国主义、集体主义和社会主

---

① 江泽民文选：第1卷［M］. 北京：人民出版社，2006：582.
② 江泽民文选：第1卷［M］. 北京：人民出版社，2006：436-437.
③ 江泽民文选：第1卷［M］. 北京：人民出版社，2006：621.
④ 江泽民文选：第1卷［M］. 北京：人民出版社，2006：582.
⑤ 中共中央文献研究室. 十四大以来重要文献选编：上［G］. 北京：人民出版社，1996：654.

思想是素质教育的灵魂。"① 爱国主义是动员和鼓舞全国各族人民团结奋斗的一面旗帜和道德力量。江泽民同志明确指出："这种爱国主义，坚持马克思主义科学理论的指导，融入了体现时代进步的民主精神和科学精神，使中华民族的发展有了正确的思想指引。这种爱国主义，与社会主义紧密结合，推动中华民族伟大复兴的事业走上了正确的道路。这种爱国主义，把中国的前途和命运放在世界格局中观察，把中国社会的发展与整个人类社会的进步紧密联系在一起。"② 爱国主义是凝聚广大人民群众团结奋斗的思想基础和精神动力。"我们必须坚持用马克思列宁主义、毛泽东思想、邓小平理论，用爱国主义、集体主义、社会主义思想作为凝聚和团结全党全国人民的坚强精神支柱，并确立建设有中国特色社会主义的共同理想。"③ 江泽民同志在总结战胜1998年特大洪涝灾害的经验时，特别谈到了民族凝聚力的问题。他说："这种民族凝聚力来自何处？来自中华民族的优良传统，来自我们共产党人的崇高理想和社会主义制度的优越性，来自爱国主义、集体主义、社会主义和马克思主义教育。"④ 重视对人民进行爱国主义的教育，这是江泽民同志对邓小平同志关于"要用历史教育青年，教育人民"的继承和发展。江泽民同志特别强调青少年是爱国主义教育的重点，重视青少年的爱国主义教育，要求他们了解祖国的悠久历史和灿烂文化，了解我们党和人民的光辉业绩和优良传统，满怀信心地投身于祖国社会主义现代化建设的伟大洪流。对青少年进行共产主义信念、社会主义思想、爱国主义精神的教育，对他们进行革命传统、民族传统教育，只有这样，才能使他们对资产阶级思想的腐蚀具有较强的免疫力，成为国家未来的栋梁之材。

在全面建设小康社会的新形势下，在国际环境日益复杂多变，国家安全受到多种挑战的背景下，胡锦涛同志就进一步加强青少年的爱国主义教育做出了集中阐述。他说："在当代中国，爱国主义最鲜明的主题就是不断发展中国特色社会主义，在改革开放中加快推进社会主义现代化，全面建设小康社会，把中华民族伟大复兴的宏伟蓝图变成美好现实。"⑤ 胡锦涛同志强调要对广大青少年进行社会主义荣辱观教育，其中最核心的内容就是爱国主义教育。他明确指

---

① 江泽民文选：第2卷［M］．北京：人民出版社，2006：332．
② 江泽民文选：第3卷［M］．北京：人民出版社，2006：482．
③ 江泽民文选：第3卷［M］．北京：人民出版社，2006：199．
④ 江泽民文选：第2卷［M］．北京：人民出版社，2006：331．
⑤ 胡锦涛．在同中国农业大学师生代表座谈时的讲话［M］．北京：人民出版社，2009：5．

出:"要以爱国主义教育为重点,深入进行民族精神教育,引导大学生增强民族自尊心、自信心、自豪感,做到以热爱祖国、贡献全部力量建设社会主义祖国为最大光荣,以损害社会主义祖国利益、尊严和荣誉为最大耻辱。"① 他强调的"八荣八耻观"教育中,首条就是"以热爱祖国为荣、以危害祖国为耻",特别强调的是爱国主义教育。他还在党的十七大报告中指出:"用中国特色社会主义共同理想凝聚力量,用以爱国主义为核心的民族精神和以改革创新为核心的时代精神鼓舞斗志。"② 胡锦涛同志在纪念抗日战争胜利60周年的讲话时更加强调:"我们要大力弘扬以爱国主义为核心的民族精神,为我国各族人民风雨同舟、开拓进取提供强大精神支柱,鼓舞和激励一代又一代中华儿女为实现国家繁荣富强而团结奋斗。"③ 在当代中国,在爱国主义与社会主义的精神旗帜之下,广大人民和青少年立志为国奉献和创造美好生活,就能够获得持久的精神动力源泉;中华民族实现伟大的复兴,就能够具有更加强大的凝聚力。胡锦涛同志指出:"要在爱国主义、社会主义旗帜下,倡导一切有利于民族团结、祖国统一、人心凝聚的思想和精神,倡导一切有利于国家富强、社会进步、人民幸福的思想和精神,倡导一切用诚实劳动创造美好生活的思想和精神,不断增强中华民族的凝聚力。"④ 2006年3月4日,胡锦涛同志在参加全国政协十届四次会议民盟、民进委员联组讨论会上指出,要在全社会大力弘扬爱国主义、集体主义、社会主义思想,倡导社会主义基本道德规范,扶正祛邪,扬善惩恶,促进良好社会风气的形成和发展,教育青少年树立社会主义荣辱观。"八荣八耻"是中华民族优秀传统文化与时代精神的有机结合,它以精练的语言涵盖了爱国主义、集体主义和社会主义思想的丰富内容,体现了社会主义基本道德规范的本质要求。新世纪新阶段的德育实践,大力强调爱国主义教育,弘扬伟大的民族精神,使全国各族人民的思想统一到建设中国特色社会主义的宏伟目标上来;把全国人民的行动引领到积极投身改革开放和社会主义现代化建设的实践中来。

---

① 中共中央文献研究室. 十六大以来重要文献选编:中 [G]. 北京:中央文献出版社,2006:637-638.
② 中共中央文献研究室. 十七大以来重要文献选编:上 [G]. 北京:中央文献出版社,2009:642.
③ 中共中央文献研究室. 十六大以来重要文献选编:中 [G]. 北京:中央文献出版社,2006:986.
④ 胡锦涛. 坚持用"三个代表"重要思想统领宣传思想工作为全面建设小康社会提供科学理论指导和强大舆论力量 [N]. 人民日报,2003-12-08(1).

习近平同志非常重视青少年的爱国主义教育。2015年12月30日，中共中央政治局就弘扬爱国主义精神进行第二十九次集体学习，习近平同志发表重要讲话："爱国主义是中华民族精神的核心。爱国主义精神深深植根于中华民族心中，是中华民族的精神基因，维系着华夏大地上各个民族的团结统一，激励着一代又一代中华儿女为祖国发展繁荣而不懈奋斗。"① 他要求对广大青少年进行深入、持久、生动的爱国主义宣传教育，让爱国主义精神在广大青少年心中牢牢扎根，让广大青少年培养爱国之情、砥砺强国之志、实践报国之行，让爱国主义精神代代相传、发扬光大。习近平同志在2013年3月17日第十二届全国人民代表大会第一次会议上的讲话中指出："实现中国梦必须弘扬中国精神。这就是以爱国主义为核心的民族精神，以改革创新为核心的时代精神。这种精神是凝心聚力的兴国之魂、强国之魂。爱国主义始终是把中华民族坚强团结在一起的精神力量，改革创新始终是鞭策我们在改革开放中与时俱进的精神力量。"② 习近平同志强调加强正确的历史观教育，对青少年进行爱国主义教育，并且把爱国主义、集体主义和社会主义教育结合起来进行。他于2013年12月30日在中共中央政治局第十二次集体学习时的讲话中说："对中国人民和中华民族的优秀文化和光荣历史，要加大正面宣传力度，通过学校教育、理论研究、历史研究、影视作品、文学作品等多种方式，加强爱国主义、集体主义、社会主义教育，引导我国人民树立和坚持正确的历史观、民族观、国家观、文化观，增强做中国人的骨气和底气。"③ 习近平同志认为对青少年的爱国主义教育，应融入平时的思想道德教育中来。他于2014年5月30日在北京市海淀区民族小学主持召开座谈会时的讲话中指出："少年儿童不可能像大人那样为社会做很多事，但可以从小做起，每天都可以想一想，对祖国热爱吗？对集体热爱吗？学习努力吗？对同学们关心吗？对老师尊敬吗？在家孝敬父母吗？在社会上遵守社会公德吗？对好人好事有敬佩感吗？对坏人坏事有义愤感吗？这样多想一想，就会促使自己多做一做，日积月累，自己身上的好思想、好品德就会越来越多了。"④ 他强调爱国主义教育要与爱社会主义教育统一起来："弘扬爱国主义精

---

① 习近平. 大力弘扬伟大爱国主义精神 为实现中国梦提供精神支柱[N]. 人民日报，2015-12-31 (1).
② 习近平谈治国理政[M]. 北京：外文出版社，2014：40.
③ 习近平谈治国理政[M]. 北京：外文出版社，2014：162.
④ 习近平谈治国理政[M]. 北京：外文出版社，2014：183.

神，必须坚持爱国主义和社会主义相统一。我国爱国主义始终围绕着实现民族富强、人民幸福而发展，最终汇流于中国特色社会主义。祖国的命运和党的命运、社会主义的命运是密不可分的。只有坚持爱国和爱党、爱社会主义相统一，爱国主义才是鲜活的、真实的，这是当代中国爱国主义精神最重要的体现。"[1]在国民教育过程中，从小学、初中、高中到大学、研究生教育各级各类教育，都要进行爱国主义教育，都必须把爱国主义教育和社会主义教育结合起来。

再次，加强对青少年正确的价值观教育。以邓小平同志为核心的党的第二代领导集体，在改革开放初期就强调，要加强对全体党员和全体人民的社会主义主流价值观教育，坚持以人民群众为主体的价值取向、"三个有利于"价值标准、共同富裕价值目标的中国特色社会主义价值观教育。在新的历史条件下，邓小平同志继承并发扬了毛泽东同志的人民主体思想。他认为，中国特色社会主义价值观，必须以人民群众作为最高的价值主体和评价主体。一方面，人民群众是价值创造的主体。人民群众是我们的力量源泉和胜利之本，"我们党提出的各项重大任务，没有一项不是依靠广大人民的艰苦努力来完成的"[2]。邓小平同志始终把人民群众当作社会主义价值的践行者和创造者。他倡导尊重人民群众的实践，尊重人民群众的首创精神，并指出："中国的事情要按照中国的情况来办，要依靠中国人民自己的力量来办。"[3] 早在党的八大上，邓小平同志就明确指出："党的全部任务就是全心全意地为人民服务；党对于人民群众的领导作用，就是正确地给人民群众指出斗争的方向，帮助人民群众自己动手，争取和创造好自己的幸福生活。"[4] 另一方面，人民群众是价值评价的主体。邓小平同志以人民群众为价值主体，以人民群众的满意程度为价值评价的标准，以"人民拥护不拥护""人民赞成不赞成""人民高兴不高兴""人民答应不答应"作为我们党制定政策、衡量工作的根本依据和最高标准。他始终把发展生产力作为社会主义的根本任务，始终坚持以经济建设为中心，实现共同富裕，"使人民的物质生活好一些，使人民的文化生活、精神面貌好一些"[5]。以人民为价值评

---

[1] 习近平. 大力弘扬伟大爱国主义精神 为实现中国梦提供精神支柱［N］. 人民日报，2015-12-31（1）.
[2] 邓小平文选：第3卷［M］. 北京：人民出版社，1993：4.
[3] 邓小平文选：第3卷［M］. 北京：人民出版社，1993：3.
[4] 邓小平文选：第1卷［M］. 北京：人民出版社，1994：217.
[5] 邓小平文选：第2卷［M］. 北京：人民出版社，1994：128.

价主体，科学回答了改革开放实践中"好与不好""利与不利""要与不要""应该坚持什么，应该放弃什么"的问题，为改革开放指明了方向，保证了社会主义现代化建设的顺利进行。

邓小平同志提出的"三个有利于"标准，是对毛泽东同志的生产力标准的继承和发展。1979年10月，他在中国文学艺术工作者第四次全体代表大会的讲话中指出："对实现四个现代化是有利还是有害，应当成为衡量一切工作的最根本的是非标准。"① 1980年，他又进一步指出："社会主义经济政策对不对，归根到底要看生产力是否发展，人民收入是否增加。"② 1983年，他又一次指出："各项工作都要有助于建设有中国特色的社会主义，都要以是否有助于人民的富裕幸福，是否有助于国家的兴旺发达，作为衡量做得对或不对的标准。"③ 1992年年初，邓小平同志在南方视察时发表重要谈话，概括了社会主义价值评判标准："判断的标准，应该主要看是否有利于发展社会主义社会的生产力，是否有利于增强社会主义国家的综合国力，是否有利于提高人民的生活水平。"④ 这就是著名的"三个有利于"的价值评判标准。他还特别强调社会主义的价值目标是实现共同富裕，这是社会主义的本质要求。他认为只有坚持走社会主义道路，才能真正实现共同富裕。他指出："我们坚持走社会主义道路，根本目标是实现共同富裕。"⑤ "如果走资本主义道路，可能在某些局部地区少数人更快地富起来，形成一个新的资产阶级，产生一批百万富翁，但顶多也不会达到人口的百分之一，而大量的人仍然摆脱不了贫穷，甚至温饱问题都不可能解决。"⑥ "只有社会主义，才能有凝聚力，才能解决大家的困难，才能避免两极分化，逐步实现共同富裕。"⑦ "社会主义的目的就是要全国人民共同富裕，不是两极分化。如果我们的政策导致两极分化，我们就失败了。"⑧ 同时，邓小平同志把共同富裕上升到社会主义本质的层次："社会主义的本质，是解放生产

---

① 邓小平文选：第2卷 [M]．北京：人民出版社，1994：209.
② 邓小平文选：第2卷 [M]．北京：人民出版社，1994：314.
③ 邓小平文选：第3卷 [M]．北京：人民出版社，1993：23.
④ 邓小平文选：第3卷 [M]．北京：人民出版社，1993：372.
⑤ 邓小平文选：第3卷 [M]．北京：人民出版社，1993：155.
⑥ 邓小平文选：第3卷 [M]．北京：人民出版社，1993：208.
⑦ 邓小平文选：第3卷 [M]．北京：人民出版社，1993：357.
⑧ 邓小平文选：第3卷 [M]．北京：人民出版社，1993：110-111.

力，发展生产力，消灭剥削，消除两极分化，最终达到共同富裕。"① 这些论述深刻地揭示了共同富裕与社会主义、与广大人民群众根本利益的关系。

江泽民同志对社会主义价值观教育做出了重要阐述。2000 年 2 月，江泽民同志在广东考察工作时，发表了题为《在新的历史条件下更好地做好"三个代表"》的讲话，第一次提出"三个代表"重要思想。2001 年 7 月，在庆祝中国共产党成立 80 周年大会上，江泽民同志阐明了"三个代表"重要思想的科学内涵和基本内容。2002 年 11 月，江泽民同志在党的十六大报告中进一步阐述了"三个代表"重要思想的时代背景、历史地位、精神实质和指导意义。2004 年，"三个代表"重要思想正式写入了宪法。江泽民同志指出："我们党要继续站在时代前列，带领人民胜利前进，归结起来，就是必须始终代表中国先进生产力的发展要求，代表中国先进文化的前进方向，代表中国最广大人民的根本利益。"② 这一论述对社会主义的价值观教育具有重大指导意义，并为社会主义核心价值观的建构提供了思想理论和科学的方法论指导。江泽民同志强调："发展先进生产力，是发展先进文化，实现最广大人民群众根本利益的基础条件。"③ 发展是当代世界的主题，发展是硬道理，只有发展了，中国的事情才好办。江泽民同志在新的历史条件下进一步强调："必须把发展作为执政兴国的第一要务，不断开创现代化建设的新局面。"④ "三个代表"重要思想所内含的先进文化价值导向，为社会主义价值观培育提供了坚实的文化价值支撑，江泽民同志指出："加强社会主义思想道德建设，是发展先进文化的重要内容和中心环节。"⑤ 人的道德力直接影响和制约着人的劳动积极性和人的劳动能量的正确释放。"如果只讲物质利益，只讲金钱，不讲理想，不讲道德，人们就会失去共同的奋斗目标，失去行为的正确规范。"⑥ 人民利益观是"三个代表"重要思想的价值归宿，江泽民同志指出："不断发展先进生产力和先进文化，归根到底都是为了满足人民群众日益增长的物质文化生活需要，不断实现最广大人民的根本

---

① 邓小平文选：第 3 卷 [M]. 北京：人民出版社，1993：373.
② 江泽民文选：第 3 卷 [M]. 北京：人民出版社，2006：272.
③ 江泽民文选：第 3 卷 [M]. 北京：人民出版社，2006：281.
④ 江泽民文选：第 3 卷 [M]. 北京：人民出版社，2006：538.
⑤ 江泽民文选：第 3 卷 [M]. 北京：人民出版社，2006：278.
⑥ 江泽民文选：第 3 卷 [M]. 北京：人民出版社，2006：278.

利益。"① 实现最广大人民的根本利益，是中国共产党的根本宗旨，也是马克思主义群众观点和价值原则、价值取向的根本所在。"三个代表"以最广大人民群众根本利益作为最高价值取向和衡量标准，蕴含着必须处理好人民群众的各种利益关系和价值诉求。江泽民同志从人的全面发展价值取向出发，阐述人的"全面发展"的价值目标。他指出："我们进行的一切工作，既要着眼于人民现实的物质文化生活需要，同时又要着眼于促进人民素质的提高，也就是要努力促进人的全面发展。"② 这就强调了"人的全面发展"的社会主义价值导向。

党的十六届三中全会提出以人为本，全面协调可持续的科学发展观。2006年党的十六届六中全会首次提出"建设社会主义核心价值体系"，并将社会主义核心价值体系建设作为和谐文化建设的根本。2007年党的十七大，再次科学阐述了社会主义核心价值体系的内涵。党的十八大对社会主义核心价值观做出高度提炼，提出"三个倡导"，从国家、社会和个人层面概括了社会主义核心价值观的科学内涵。胡锦涛同志在党的十八大报告中，阐述了社会主义核心价值观国家层面的价值目标、社会层面的价值取向、个体层面的价值准则：强调建设富强、民主、文明、和谐的社会主义现代化国家，是全党全体人民共同追求的价值目标；建立自由、平等、公正、法治的和谐社会，是社会主义社会应有的价值取向；坚持爱国、敬业、诚信、友善，是每个公民都应坚守的价值准则。他指出："维护和实现社会公平和正义，涉及最广大人民的根本利益，是我们党坚持立党为公、执政为民的必然要求，也是我国社会主义制度的本质要求。"③社会公平正义是社会和谐的基本条件，制度是社会公平正义的根本保证。必须加紧建设对保障社会公平正义具有重大作用的制度，以制度来保障人民在政治、经济、文化、社会等方面的权利和利益，保障社会主义价值的实现。坚持以人为本的价值导向，科学发展观的核心要义以最广大人民群众的根本利益为本，实现人民的根本利益。"我们必须始终把人民利益放在第一位，把实现好、维护好、发展好最广大人民根本利益作为一切工作的出发点和落脚点。"④ 社会主义

---

① 江泽民文选：第3卷 [M]. 北京：人民出版社，2006：281.
② 江泽民文选：第3卷 [M]. 北京：人民出版社，2006：294.
③ 中共中央文献研究室. 十六大以来重要文献选编：下 [G]. 北京：中央文献出版社，2008：404.
④ 胡锦涛. 在庆祝中国共产党成立90周年大会上的讲话 [M]. 北京：人民出版社，2011：14-15.

的价值取向和价值追求，必然决定了广大人民群众是社会的实践主体和价值主体。只有做到代表人民利益，一心一意为人民谋幸福，解决问题以群众为出发点，真正做到执政为民，立党为公，中国特色社会主义事业和制度才会得到人民群众的认同和接受。

党的十八大以来，以习近平同志为核心的党中央把社会主义核心价值观建设作为文化软实力建设的灵魂，对社会主义核心价值观的培育和践行做出了重要阐述和重大部署。"一个民族的文明进步，一个国家的发展壮大，需要一代又一代人接力努力，需要很多力量来推动，核心价值观是其中最持久最深沉的力量。"① 2013年12月，中共中央办公厅印发《关于培育和践行社会主义核心价值观的意见》指出，培育和践行社会主义核心价值观是全社会的共同责任，需要全体社会成员的广泛参与，并对培育和践行社会主义核心价值观进行了重要部署。习近平同志强调："我们今天依然应该坚守和践行的核心价值，不仅广大青年要坚守和践行，全社会都要坚守和践行。"② "青年的价值取向决定了未来整个社会价值取向，而青年又处在价值观形成和确立的时期，抓好这一时期的价值观养成十分重要。这就像穿衣服扣扣子一样，如果第一粒扣子扣错了，剩余的扣子都会扣错。人生的扣子从一开始就要扣好。"③ 加强青少年社会主义核心价值观教育，有助于确立合理的价值秩序、形成有效的价值认同、增强公众的凝聚力，提升国家、社会等共同体的文化治理能力，实现社会治理能力与公民的价值观水平同步发展。"人民有信仰，民族有希望，国家有力量"④，这样才能真正实现全面"谋小康之业、扬改革之帆、行法治之道、筑执政之基"⑤。2014年5月30日，习近平同志在北京市海淀区民族小学主持召开座谈会时发表了《从小积极培育和践行社会主义核心价值观》的重要讲话，他指出，少年儿童是祖国的未来，要教育引导广大少年儿童树立远大志向、培育美好心灵，让少年儿童得到健康成长。同时，他还对青少年培育和践行社会主义核心价值观

---

① 习近平谈治国理政[M]. 北京：外文出版社，2014：180.
② 习近平谈治国理政[M]. 北京：外文出版社，2014：167.
③ 习近平谈治国理政[M]. 北京：外文出版社，2014：172.
④ 习近平. 人民有信仰民族有希望国家有力量 锲而不舍抓好社会主义精神文明建设[N]. 人民日报，2015-03-01（1）.
⑤ 本报评论员. 引领民族复兴的战略布局———一论协调推进"四个全面"[N]. 人民日报，2015-02-25（1）.

提出了具体要求：一是要"记住要求，就是要把社会主义核心价值观的基本内容熟记熟背，让它们融化在心灵里、铭刻在脑子中"；二是要"心有榜样，就是要学习英雄人物、先进人物、美好事物，在学习中养成好的思想品德追求"；三是要"从小做起，就是要从自己做起、从身边做起、从小事做起……一点一滴积累，养成好思想、好品德"；四是要"接受帮助，就是要听得进意见，受得了批评，在知错就改、越改越好的氛围中健康成长"。① 习近平同志辩证地科学地阐述了培育和践行社会主义核心价值观的要求和内容。

总之，青少年是祖国的未来和希望，加强青少年思想政治和道德教育具有重要的时代意义。加强青少年理想信念教育，爱国主义、集体主义和社会主义教育，社会主义核心价值观教育是当代青少年德育的重要内容。邓小平同志强调青少年的理想信念教育要从小开始抓好；江泽民同志要求在国际形势越来越复杂多变的形势下，加强青少年正确的理想、信念与价值观教育；胡锦涛同志强调要培养青少年坚定的马克思主义信仰，坚定中国特色社会主义信念，才能树立正确的人生观和价值观；习近平同志再次强调了只有对青少年进行理想信念教育才能更好地实现"中国梦"。这是当代中国马克思主义德育理论内含的加强青少年教育的重要内容，也是落实青少年教育这一德育战略重点的重要遵循。

（三）加强青少年教育的新实践

加强青少年教育，着力推进青少年德育的新实践。1999年6月召开了第三次全国教育工作会议，颁布了纲领性文件《关于深化教育改革全面推进素质教育的决定》，该决定指出："学校教育不仅要抓好智育，更要重视德育"，"各级各类学校必须更加重视德育工作。"在"面向21世纪教育国际研讨会议"上，将人的道德、伦理、价值观列为21世纪国际教育面临的重大挑战，明确提出理想、信念、责任感、自立精神、坚强意志和良好的环境适应能力、心理承受力是21世纪人才素质的基本特征。邓小平同志指出："学校应该永远把坚定正确的政治方向放在第一位。"② 他强调："学生从到学校第一天起，就要对他们进行政治思想工作。学校的党团组织和所有的教员都要做学生的政治思想工作。"③ 江泽民同志在国庆40周年的讲话中指出："各级各类学校不仅要建立完

---

① 习近平谈治国理政[M]. 北京：外文出版社，2014：182-183.
② 邓小平文选：第2卷[M]. 北京：人民出版社，1994：104.
③ 邓小平文选：第2卷[M]. 北京：人民出版社，1994：290.

备的文化知识传授体系,而且要把德育放在首位,确立正确的政治方向。"① 他还强调:"思想政治教育,在各级各类学校都要摆在重要地位,任何时候都不能放松和削弱,要说素质,思想政治素质是最重要的素质。"② 加强青少年教育的实践中应结合青少年特点,因材施教。每个人都希望被尊重,青少年学生这个年龄阶段更是如此,要尊重他们的想法,尊重他们的心理需求,尊重他们的爱好,尊重他们的选择等。思想政治教育过程中应该尊重学生的个性差异,要关注和注重个体,了解每个学生的特殊性,而采取不同的方法进行施教。胡锦涛同志强调必须做到"六个结合":坚持教书与育人相结合,坚持教育与自我教育相结合,坚持政治理论教育与社会实践相结合,坚持解决思想问题与解决实际问题相结合,坚持教育与管理相结合,坚持继承优良传统与改进创新相结合。要发挥思想政治理论课主渠道作用,一方面主动对学生进行马克思主义理论教育;另一方面要跟上时代步伐,将中国特色社会主义最新的理论成果及时引入教材,加强学生的理解与认同感。同时,还要改进教育教学方式、手段。习近平同志在回顾自己的成长之路时曾提道:"我到农村插队后,给自己定了一个座右铭,先从修身开始。"③ 修身是自己道德品质养成的内在动力。在"修身"过程中,也是青少年的价值观养成的过程,"就像穿衣服扣扣子一样,如果第一粒扣子扣错了,剩余的扣子都会扣错。人生的扣子从一开始就要扣好"。④ 这里强调了在思想政治教育过程、环节中主体意识和内在品德养成的重要性。2014年"六一"儿童节前,习近平同志对少年儿童培育和践行社会主义核心价值观提出了十六字要求,即"记住要求,心有榜样,从小做起,接受帮助"⑤,也突出了青少年儿童在道德养成过程、环节中主体意识对品德形成的重要性。课堂教学是加强青少年品德教育的主要渠道,我们应当将课堂教学方式和手段加以创新和改进,充分发挥老师的引导作用,并结合现代多媒体技术,增强教育教学的直观性、生动性和吸引力,激发学生学习兴趣,营造和谐的育人环境。

---

① 中共中央文献研究室. 十三以来重要文献选编:中 [G]. 北京:人民出版社,1991:627.
② 江泽民文选:第2卷 [M]. 北京:人民出版社,2006:332.
③ 中国有梦 青春无悔——习近平五四青年节参加主题团日活动侧记 [N]. 人民日报,2013-05-06 (2).
④ 习近平谈治国理政 [M]. 北京:外文出版社,2014:172.
⑤ 习近平谈治国理政 [M]. 北京:外文出版社,2014:182-183.

加强青少年中华优秀传统文化教育。《中共中央、国务院关于进一步加强和改进未成年人思想道德建设的若干意见》明确指出:"深入进行中华民族优良传统教育和中国革命传统教育、中国历史特别是近现代史教育,引导广大未成年人认识中华民族的历史和传统。"① 中华优秀传统文化作为五千年文明史创造的智慧结晶,集中体现了一代代中华儿女对自然和社会的认识与思考,是中华民族生生不息、团结奋进的不竭动力。邓小平同志关于加强青少年中华优秀传统文化的教育,主张科学吸收和继承,并同学习全人类文明优秀成果结合起来;但是,决不能简单地"拿来"、生搬硬套、机械地进行教育,而必须做到去粗取精、去伪存真。他说:"任何一个民族、一个国家,都需要学习别的民族、别的国家的长处,学习人家的先进科学技术。"② 他还说:"我们的现代化建设,必须从中国的实际出发。无论是革命还是建设,都要注意学习和借鉴外国经验。但是,照抄照搬别国经验、别国模式,从来不能得到成功。这方面我们有过不少教训。把马克思主义的普遍真理同我国的具体实际结合起来,走自己的路,建设有中国特色的社会主义,这就是我们总结长期历史经验得出的基本结论。"③ 他要求青少年做到"古为今用""洋为中用",继承优秀文化遗产,弘扬优秀传统文化,培植社会主义先进文化。江泽民同志1994年1月在全国宣传工作会议上的讲话中指出:"要用科学的态度对待我们民族的传统文化和外来文化。我们民族……形成了具有强大生命力的传统文化。我们要取其精华,去其糟粕,很好地继承这一珍贵的文化遗产。要认真研究和借鉴世界各国的文明成果……目的是通过继承和借鉴,使民族传统文化、外来文化的精华,同我们党领导人民在长期革命和建设中形成的优良传统和革命精神有机地结合在一起,并在新的实践基础上不断创新,建设和发展有中国特色的社会主义文化。"④ 这要求青少年既要认清传统文化的精华与糟粕,又要充分认识优秀传统文化对于社会主义文化建设重要的根基作用,同时要结合新的实践对传统文化进行创新。江泽民同志十分重视对青少年的民族优秀文化教育,他指出:"一个民族只有在努力发展经济的同时,保持和发扬自己的民族文化特色,才能真正自立于世界

---

① 中共中央文献研究室. 十六大以来重要文献选编:上 [G]. 北京:中央文献出版社,2005:794.
② 邓小平文选:第2卷 [M]. 北京:人民出版社,1994:91.
③ 邓小平文选:第3卷 [M]. 北京:人民出版社,1993:2-3.
④ 江泽民. 论党的建设 [M]. 北京:中央文献出版社,2001:136.

民族之林。我们能不能继承和发扬中华民族的优秀传统文化……这是事关中华民族振兴的大问题。"① 他结合自身所受的教育来阐述接受中华优秀传统文化教育的重要性,他说:"我受过三种教育……第一种是中国哲学,尤其是孔孟之道。……第二种教育是资产阶级教育,特别是西方科学。我所受的第三种教育是马克思主义教育。"② 胡锦涛同志在党的十七大报告中,阐述加强青少年中华优秀传统文化教育的历史意义和现实价值:"要全面认识祖国传统文化,取其精华,去其糟粕,使之与当代社会相适应、与现代文明相协调,保持民族性,体现时代性。"③ 胡锦涛同志强调加强青少年中华优秀传统文化教育必须与创新发展相结合,他说:"要坚持继承优良传统与改进创新相结合。"④ 在对青少年的教育工作中,既要坚持继承优良传统又要改进创新,坚持继承民族传统与弘扬时代精神的辩证统一。习近平同志在论及"培育和弘扬社会主义核心价值观作为凝魂聚气强基固本的基础工程"时,要求"继承和发扬中华优秀传统文化和传统美德","积极引导人们讲道德、尊道德、守道德,追求高尚的道德理想,不断夯实中国特色社会主义的思想道德基础"⑤。博大精深的中华优秀传统文化中蕴含的思想精华和育德哲理,也是把当代中国价值观念贯穿于国际交流和传播的重要文化载体。习近平同志指出:"努力实现中华传统美德的创造性转化、创新性发展,把跨越时空、超越国度、富有永恒魅力、具有当代价值的文化精神弘扬起来,把继承优秀传统文化又弘扬时代精神、立足本国又面向世界的当代中国文化创新成果传播出去。"⑥ 科学地开展中华优秀传统文化教育,切实有效地传承中华优秀传统文化,是加强青少年思想道德教育的重要实践。

加强青少年网络道德教育。网络德育是德育工作的新领域,网络或互联网络指的是全球性的信息系统。改革开放初期,我国德育的阵地方式及领域并未

---

① 中共中央文献研究室. 十四大以来重要文献选编:中 [G]. 北京:人民出版社,1997:1678.
② [美] 罗伯特·劳伦斯·库恩. 他改变了中国:江泽民传 [M]. 谈峥,于海江,等译. 上海:上海译文出版社,2005:23.
③ 中共中央文献研究室. 十七大以来重要文献选编:上 [G]. 北京:中央文献出版社,2009:627.
④ 中共中央文献研究室. 十六大以来重要文献选编:中 [G]. 北京:中央文献出版社,2006:643.
⑤ 习近平谈治国理政 [M]. 北京:外文出版社,2014:163.
⑥ 习近平谈治国理政 [M]. 北京:外文出版社,2014:106.

涉及网络教育。随着网络信息技术的发展和广泛应用，网络德育的重要性也逐渐突显出来。网络世界纷繁芜杂，各种声音充斥其中，极易对人的思想产生影响，尤其是一些非主流的声音，甚至是噪音杂音。江泽民同志曾指出："舆论导向正确，是党和人民之福；舆论导向错误，是党和人民之祸。"① 对于青少年道德教育，江泽民同志强调，思想工作是全党的工作，不仅宣传部门要做，党委和企业、农村、学校、街道等基层党组织要做，各级行政部门和工会、共青团、妇联等也都有做群众思想工作的责任。开展网络道德教育，也必然需要全党和全社会齐抓共管。2000年6月28日，江泽民同志在中央思想政治工作会议上提出了"互联网已经成为思想政治工作一个新的重要阵地"② 的论断。他还说："要重视和充分运用信息网络技术，使思想政治工作提高时效性，扩大覆盖面，增强影响力。"③ 2001年1月10日，他在全国宣传部长会议上又进一步强调："要高度重视互联网的舆论宣传，积极发展，充分运用，加强管理，趋利避害，不断增强网上宣传的影响力和战斗力，使之成为思想政治工作的新阵地，对外宣传的新渠道。"④

社会的信息化，使社会发展更快，生活变化更频繁，现代网络、大众传媒的迅速发展，对人们社会生活产生广泛而深刻的影响。胡锦涛同志指出："我国网络文化的快速发展，为传播信息，学习知识，宣传党的理论和方针政策发挥了积极作用，也给我国社会主义文化建设提出了新的课题。"⑤ 要"提高引导舆论的本领，掌握舆论工作的主动权"⑥。胡锦涛同志非常重视青少年网络道德教育，他指出："要办好共青团自己的青少年网站，提高知名度，增强竞争力，用丰富的内容吸引青年，用正面的宣传教育青年，使互联网成为广大青年获取知识信息的一个新窗口，成为他们接受思想教育的一个新途径。"⑦ 对于如何利用网络对青少年进行教育，他强调："要特别注意发挥互联网等现代传媒在青年思

---

① 江泽民文选：第1卷 [M]. 北京：人民出版社，2006：564.
② 江泽民文选：第3卷 [M]. 北京：人民出版社，2006：94.
③ 江泽民文选：第3卷 [M]. 北京：人民出版社，2006：94.
④ 全国宣传部长会议在京召开 [N]. 人民日报，2001-01-11.
⑤ 胡锦涛. 以创新的精神加强网络文化建设和管理 满足人民群众日益增长的精神文化需要 [N]. 人民日报，2007-01-25（1）.
⑥ 中共中央文献研究室. 十六大以来重要文献选编：中 [G]. 北京：中央文献出版社，2006：391.
⑦ 胡锦涛. 胡锦涛同志在共青团十四届四中全会的讲话 [N]. 中国青年报，2000-12-21.

想教育中的重要作用……要认真研究互联网对青年思想带来的影响，努力建设思想政治工作的新阵地，打好网上宣传教育的主动仗。"① 2008年6月，胡锦涛同志通过强国论坛与网友在线交流时指出，互联网已成为思想文化信息的集散地和社会舆论的放大器，我们要充分认识以互联网为代表的新兴媒体的社会影响力，高度重视互联网的建设、运用、管理。他着重强调："加强网络文化建设和管理，充分发挥互联网在我国社会主义文化建设中的重要作用，有利于提高全民族的思想道德素质和科学文化素质，有利于扩大宣传思想工作的阵地，有利于扩大社会主义精神文明的辐射力和感染力，有利于增强我国的软实力。我们必须以积极的态度、创新的精神，大力发展和传播健康向上的网络文化，切实把互联网建设好、利用好、管理好。"② 面对互联网技术和新媒体的广泛运用与技术革命，只有把握现代网络和传媒的掌控权，科学运用和管理，创新其内容和形式，才能真正打赢网络道德教育的特殊战役。

在信息时代，国家资源竞争的焦点将由传统的土地、资本、人才转向信息、数据和网络。习近平同志认为，面对互联网技术和应用飞速发展，现行管理体制存在明显弊端，多头管理、职能交叉、权责不一、效率不高。同时，随着互联网媒体属性越来越强，网上媒体管理和产业管理远远跟不上形势发展变化。2013年8月19日，习近平同志在全国宣传思想工作会议上强调：要把意识形态工作领导权和话语权牢牢掌握在手中；要加强网络社会管理，确保互联网可管可控，使我们的网络空间清朗起来；要充分运用新技术，创新媒体传播方式，占领信息传播制高点。习近平同志指出："新形势下我国国家安全和社会安定面临的威胁和挑战增多，特别是各种威胁和挑战联动效应明显。我们必须保持清醒头脑、强化底线思维，有效防范、管理、处理国家安全风险，有力应对、处置、化解社会安定挑战。"③ 信息化和经济全球化相互促进，互联网已经融入社会生活方方面面，深刻改变了人们的生产和生活方式。特别是面对传播快、影响大、覆盖广、社会动员能力强的微博、微信等社交网络和即时通信工具用户的快速增长，如何加强网络法治建设和舆论引导，确保网络信息传播秩序和国家安全、社会稳定，已经成为摆在我们面前的现实突出问题。因此，改进和创

---

① 胡锦涛.胡锦涛同志在共青团十四届四中全会的讲话［N］.中国青年报，2000-12-21.
② 胡锦涛.胡锦涛同志在共青团十四届四中全会的讲话［N］.中国青年报，2000-12-21.
③ 习近平谈治国理政［M］.北京：外文出版社，2014：202.

新网络德育，是新时代青少年思想道德教育的重要实践。

邓小平、江泽民、胡锦涛、习近平同志一直高度重视青少年的思想道德教育，围绕促进青少年全面发展、提高他们的思想道德素质，全面阐述了加强青少年教育的重要意义和内容、方法；强调要加强青少年的马克思主义理想信念教育、中国特色社会主义共同理想教育，爱国主义、集体主义、社会主义教育，社会主义核心价值观教育，艰苦奋斗、立志成才教育，以及面对社会信息化要加强青少年的网络道德教育和网络安全教育等。这有力指导和推动了改革开放新的历史条件下，青少年思想道德教育的创新与发展。

第五章

当代德育的基本原则

当代中国马克思主义德育理论,深深植根于中国共产党领导的改革开放和社会主义现代化建设的伟大实践中。当代德育始终坚持"尊重人、理解人、关心人"的全心全意为人民服务的根本宗旨和群众观点,始终坚持"贴近实际、贴近生活、贴近群众"的实事求是思想路线和群众路线,始终坚持"相适应、相协调、相承接"的中国特色社会主义思想道德体系建设方向,始终坚持民主的政治原则和思想方法,始终坚持齐抓共管、群策群力的优良传统。这构成了当代德育的基本原则,它是在科学总结改革开放新的历史条件下德育工作实践经验的基础上,提出的具有针对性、实效性与科学性的德育原则。

一、尊重人理解人关心人的原则

中国共产党的根本宗旨是全心全意为人民服务。我们党历来坚持相信群众、依靠群众,尊重群众的首创精神,把人民群众放在主人翁的地位,开展任何工作都以充分地宣传、动员和组织群众为前提,以实现最广大人民的根本利益为落脚点。2004年9月19日,党的十六届四中全会通过的《中共中央关于加强党的执政能力建设的决定》,在强调"努力探索新方式新方法,加强和改进思想政治工作"时明确指出:坚持尊重人、理解人、关心人,有针对性地解决不同社会群体的思想问题,既要鼓励先进又要照顾多数,既要统一思想又要尊重差异,既要解决思想问题又要解决实际问题。尊重人、理解人、关心人,是我们党坚持为人民服务的根本宗旨和"以人为本"群众观点在思想政治工作中的体现,是在不断推进改革开放、全面建成小康社会进程中提出的德育原则。

尊重人是理解人的前提,也是做好德育工作的前提,只有尊重人,才能更好地理解人。理解人是尊重人的深化,也是深入做好德育工作重要的思想方法和基础。尊重人、理解人又是关心人的基础,只有理解人、尊重人,才能真正地关心人,这是做好德育工作应有的政治态度和切入点。三者统一于培养人的德育实践中。尊重人,就是确立群众的主体地位,平等地对待群众,尊重群众的人格和权利,以民主协商、讨论交流等方式来解决思想问题。在德育工作中,要清醒地认识人民群众在国家和社会中的主体地位,平等地对待教育对象;要清醒地认识教育对象在人格和权利上是平等的,尊重教育对象的人格、政治权利和个人利益。因此,在面对教育对象的思想问题时,应尊重教育对象的民主权利,持有信任和平等的观念,深入联系群众,采取讨论交流、批评与自我批评、说服教育等方法,在创建和谐平等的民主氛围中,创造良好的德育环境。

确立群众的主体地位,平等地对待群众。人民群众是历史的创造者,这是历史唯物主义的核心内容之一,也是区分唯物史观和唯心史观的一个重要分水岭。当代中国马克思主义继承和发展了人民主体地位的思想。邓小平同志根据历史唯物主义的基本原理和中国社会主义建设与改革开放的实际,深刻指出:"我们搞四个现代化,因为经验不足,会面临多方面的困难。例如管理人员缺乏,技术人员缺乏,就是困难。又如改造一个企业就要减人,减下的人怎么安置,这也是困难。又如我们要建立退休制度,这是很正确的,但是也会有很多人思想抵触,这也是很大的困难。这些问题,归根到底,只有相信群众,依靠群众,充分走群众路线,才能够得到解决。"[1] 江泽民同志明确指出:"我们党所领导的改革开放和现代化建设事业,是人民群众参加的、为人民群众谋利益的事业,只有相信和依靠群众,充分发挥他们的积极性创造性,才能获得成功。"[2] 胡锦涛同志强调:"高度重视群众工作,坚持人民主体地位,发挥人民首创精神,是由我们党的性质决定的,也是由我们党的根本宗旨决定的。群众是真正的英雄,是我们党的力量源泉和胜利之本。党和人民事业能不能顺利发展,关键在我们党能不能始终保持同人民群众的血肉联系,能不能充分调动人民群众的积极性、主动性、创造性。"[3] 坚持中国共产党全心全意依靠工人阶级的根本方针,明确工人阶级和广大劳动群众的主力军作用,充分认清和肯定人

---

[1] 邓小平文选:第2卷[M].北京:人民出版社,1994:230.
[2] 江泽民.论党的建设[M].北京:中央文献出版社,2001:226.
[3] 中共中央文献研究室.十七大以来重要文献选编:中[G].北京:中央文献出版社,2011:1010.

民群众的主体地位，是当代德育的根本性原则。

平等地对待群众是在当代德育实践中做好群众工作应坚持的原则。习近平同志更进一步指出："我们要始终坚持人民主体地位，充分调动工人阶级和广大劳动群众的积极性、主动性、创造性。人民是历史的创造者，是推动我国经济社会发展的基本力量和基本依靠。"① 江泽民同志曾对党员干部提出警示："对群众提出和反映的问题，必须满腔热情地加以处理，切实帮助群众解决生产生活中的实际困难，绝不能漠然置之，更不能粗暴地对待群众，激化矛盾。"② 胡锦涛同志关于对待群众问题，特别对广大基层干部提出要求："要切实关心群众的生产生活，凡是涉及群众切身利益的问题都要当作大事来对待，凡是群众提出的意见都要真心实意地去听取。"③ 习近平同志从加强法治建设的角度强调公正、平等对待群众，他指出："强化法律在化解矛盾中的权威地位，使群众由衷感到权益受到了公平对待、利益得到了有效维护。"④ "我们要依法公正对待人民群众的诉求，努力让人民群众在每一个司法案件中都能感受到公平正义，决不能让不公正的审判伤害人民群众感情、损害人民群众权益。"⑤ 平等地对待群众，和善地对待群众，是开展群众工作的基本要求，是尊重群众的根本要求，也是德育工作要特别重视的重要原则。

尊重群众的人格和权利，以多种方式来解决问题。尊重人格、维护人格平等以及群众的权利，是马克思主义人权观的核心。当代中国马克思主义结合中国的实际国情，继承和发展了马克思主义的人权思想，将尊重人格、人权的立足点首先定位于人民，人民是社会主义人权的主体，我们保障的是占人口绝大多数的人民的权利。邓小平同志认为"党只有紧紧地依靠群众，密切地联系群众，随时听取群众的呼声，了解群众的情绪，代表群众的利益"⑥，才能完成中国共产党的使命，实现全国人民的人权。江泽民同志指出："我们想事情，做工作，想得对不对，做得好不好，要有一个根本的衡量尺度，这就是人民拥护不

---

① 习近平. 在庆祝"五一"国际劳动节暨表彰全国劳动模范和先进工作者大会上的讲话[J]. 兵团工运，2015：5-6.
② 江泽民文选：第2卷[M]. 北京：人民出版社，2006：365-366.
③ 中共中央文献研究室. 十六大以来重要文献选编：中[G]. 北京：中央文献出版社，2006：363.
④ 习近平谈治国理政[M]. 北京：外文出版社，2014：148.
⑤ 习近平谈治国理政[M]. 北京：外文出版社，2014：141.
⑥ 邓小平文选：第2卷[M]. 北京：人民出版社，1994：342.

拥护，人民赞成不赞成，人民高兴不高兴，人民答应不答应。"① 共同富裕是当代中国马克思主义人权思想的基石，关注的是人民群众的生存权和发展权。邓小平同志还强调："我的一贯主张是，让一部分人、一部分地区先富起来，大原则是共同富裕。一部分地区发展快一点，带动大部分地区，这是加速发展、达到共同富裕的捷径。"② 胡锦涛同志在党的十八大报告中强调："促进人的全面发展，逐步实现全体人民共同富裕，建设富强民主文明和谐的社会主义现代化国家。"③ 改革开放以来，我们打破平均主义和"大锅饭"，切实实行按劳分配制度，发展社会生产力，提高人民生活水平，进而为人民群众确保生存权和发展权提供了坚实基础，这也是提出共同富裕、保障人权的根本目的。

同时，当代中国马克思主义肯定了个人的物质利益需求，主张国家、集体和个人利益在根本上是一致的。邓小平同志指出："革命精神是非常宝贵的，没有革命精神就没有革命行动。但是，革命是在物质利益的基础上产生的，如果只讲牺牲精神，不讲物质利益，那就是唯心论。"④ 邓小平同志还进一步强调："每个人都应该有他一定的物质利益，但是这决不是提倡各人抛开国家、集体和别人，专门为自己的物质利益奋斗，决不是提倡各人都向'钱'看。要是那样，社会主义和资本主义还有什么区别？我们从来主张，在社会主义社会中，国家、集体和个人的利益在根本上是一致的，如果有矛盾，个人的利益要服从国家和集体的利益。"⑤ 尊重群众的人格、生存和发展权以及个人利益，是当代中国马克思主义人权思想的重要体现，是德育工作应遵循的原则。

以多种方式解决群众的思想问题，是德育工作应坚持的原则。是否掌握和坚持这一原则，反映推进德育工作并取得成效的能力和本领的强弱。邓小平同志指出："人民群众提出的意见，当然有对的，也有不对的，要进行分析。党的领导就是要善于集中人民群众的正确意见，对不正确的意见给以适当解释。对于思想问题，无论如何不能用压服的办法，要真正实行'双百'方针。"⑥ "从团结的愿望出发，经过批评和自我批评，达到新的团结，这就是正确处理人民

---

① 江泽民. 论党的建设 [M]. 北京：中央文献出版社，2001：193-194.
② 邓小平文选：第3卷 [M]. 北京：人民出版社，1993：166.
③ 胡锦涛文选：第3卷 [M]. 北京：人民出版社，2016：621.
④ 邓小平文选：第2卷 [M]. 北京：人民出版社，1994：146.
⑤ 邓小平文选：第2卷 [M]. 北京：人民出版社，1994：337.
⑥ 邓小平文选：第2卷 [M]. 北京：人民出版社，1994：145.

内部矛盾的主要方法。"① 胡锦涛同志也强调："要始终把群众的利益放在第一位，在各项工作各个环节都细心研究群众的利益，关心群众疾苦，体察群众情绪，努力运用说服教育、示范引导和提供服务等方法，做好新形势下的群众工作，团结和带领群众不断前进。"② 习近平同志对群众工作提出了新的要求："面对新形势新任务，要善于研究和把握群众工作的特点和规律，创新工作方法，把群众工作做深做细做实，增强群众工作的亲和力和感染力，提高群众工作的针对性和实效性。"③ 采取深入群众、联系群众，向群众解答思想困惑和实际疑问，采取民主讨论、说服教育、批评与自我批评等方法，并在新的形势下创新工作方法，是当代中国马克思主义群众工作的重要观点，是德育工作应采取的重要方式方法。

坚持尊重人的原则，应采取"说理教育"的工作方法。毛泽东同志曾就解决群众的思想和认识问题指出："只能用讨论的方法、批评的方法、说服教育的方法去解决，而不能用强制的、压服的方法去解决。""企图用行政命令的方法，用强制的方法解决思想问题，是非问题，不但没有效，而且是有害的。"④ 邓小平同志同样认为，思想政治工作"既然是长期的事，不可能搞运动，只能靠经常性的说服教育"⑤，以正面引导为主。"说理教育"强调的是以正面教育为主，支持和提倡正面的事物，意在克服消极因素，克服思想上的偏差和片面，克服自由化和各种错误倾向。但在面对大是大非的问题上，应该以团结为出发点，采取积极的、讲求分寸的方式方法，进行必要的批评，把批评的严肃性同科学性结合起来。

尊重人是理解人的前提，只有先尊重教育对象，才能更好理解、平等对待教育对象。理解人，就是体察群众情绪，倾注诚挚情感理解群众的处境，理解群众的诉求和困难。在德育工作实践中，要体察群众思想问题产生的症结，承认不同教育对象的性格、兴趣、文化程度、认识问题的思路和方法等方面的差

---

① 邓小平文选：第2卷［M］. 北京：人民出版社，1994：392.
② 中共中央文献研究室. 十六大以来重要文献选编：上［G］. 北京：中央文献出版社，2005：371-372.
③ 习近平. 领导干部要不断提高新形势下群众工作水平［N］. 人民日报，2011-01-06（1）.
④ 毛泽东文集：第7卷［M］. 北京：人民出版社，1999：209.
⑤ 邓小平文选：第3卷［M］. 北京：人民出版社，1993：208.

异性,分清产生问题的各种主客观因素;要学会换位思考,倾注诚挚的情感理解教育对象,了解教育对象思想上的倾向、问题甚至是痛处,体谅教育对象所处的情境和难处;要注意倾听群众的呼声,认真细致地了解教育对象的要求,设身处地地理解教育对象的困难。同时,由于各种客观或主观因素的制约,当群众的困难一时无法解决时,德育工作者绝不能漠视教育对象的客观处境,应抓住问题的本质,寻找问题最终解决的根本依据,进行深入切实的引导和教育,赢得教育对象的认同与信任。

体察群众情绪,要倾注诚挚情感理解群众的处境。我国现阶段处于并将长期处于社会主义初级阶段,人民日益增长的美好生活需要和不平衡不充分的发展之间的矛盾,是新时代中国特色社会主义的主要矛盾。经过40多年的改革开放,中国特色社会主义事业取得了巨大成就,相当一部分地区先富起来,全面建成小康社会取得全面胜利。然而,中西部地区发展相对缓慢,携手贫困群众步入小康社会,进而对接乡村振兴战略,实现新的发展,还面临着新的挑战。另一方面,在百年未有之大变局的情势下,在全面深化改革的进程中,东部沿海地区如何继续发展,既有新的机遇也有新的困难。这也使德育工作面临着新情况和新问题。

早在改革开放之初,邓小平同志就明确强调:"要大力加强党的组织、党员同群众的联系,要把国家的形势和困难、党的工作和政策经常真实地告诉群众。要坚决批评和纠正各种脱离群众、对群众疾苦不闻不问的错误。"[①] 针对中国经济社会转型期存在的诸多问题,江泽民同志指出:"现在,一些地方的基层群众工作削弱了,许多与群众利益密切相关的事实际上没人管,这种状况必须改变。各级领导干部要深入农村基层、车间班组、街道社区,倾听群众呼声,了解群众要求,体察群众情绪。"[②] 胡锦涛同志针对群众工作提出了这样的要求:"要以人民群众利益为重、以人民群众期盼为念,关心群众疾苦,倾听群众呼声"[③];做到人对人、面对面、手拉手、心连心做群众工作,"着力解决好人民

---

① 邓小平文选:第2卷 [M]. 北京:人民出版社,1994:368.
② 江泽民文选:第2卷 [M]. 北京:人民出版社,2006:445.
③ 中共中央文献研究室.十七大以来重要文献选编:上 [G]. 北京:中央文献出版社,2009:493-494.

群众最关心、最直接、最现实的利益问题"①;"不断让人民群众得到实实在在的利益,始终保持党同人民群众的血肉联系"②。习近平同志特别强调:"我们党执政以后,有了更好地为人民服务的条件和密切联系群众的环境,同时由于党的历史方位和社会环境的变化,也增加了脱离群众的危险。这种危险以及其他危险和考验,需要引起高度重视。"③ 体察民情、理解群众处境,有利于深入倾听群众的呼声,有利于真正了解最真实的群众意愿,能够促使德育工作真正解决好群众的实际问题和思想问题。

理解群众的现实要求,就必须理解群众面临的实际困难。21世纪以来,我国社会主义初级阶段显现出新的阶段性特征,即经济实力显著增强,同时发展中不平衡、不协调、不可持续的问题依然突出;经济社会发展取得全面进步,同时发展面临新的重大结构性问题,影响发展的体制机制障碍依然存在;对外开放日益扩大,同时面临的国际竞争日趋激烈。我国社会长期积累的深层次矛盾、失业人员再就业、房价和物价问题、收入差距加大问题等,制约着经济社会的良性发展。对于这一系列问题,人民群众会产生思想困惑,甚至是抵触情绪和对改革的不理解。当群众提出的现实要求和面临的实际困难得不到理解和解决时,特别是一些基层党员干部滋生了官僚主义作风,过分关注地区的国民生产总值数据,甚至对群众的疾苦和呼声置若罔闻,这就造成群众对国家和政府产生不满,造成社会的不稳定因素。只有把群众面临的实际困难和合理的现实要求同思想政治工作结合起来,真正地为人民群众办实事,才能赢得群众的信任和支持,才能稳固党和人民群众的鱼水关系。

对于理解群众的困难和要求,邓小平同志指出:"一定要努力帮助群众解决一切能够解决的困难。暂时无法解决的困难,要耐心恳切地向群众解释清楚。"④ 江泽民同志强调:"我们想问题、办事情,都要充分考虑可能给群众工作和生活带来的影响,使改革的力度、发展的速度同社会可以承受的程度相适应。我们所有的领导干部,都要始终关心群众的疾苦,倾听群众的呼声,满腔

---

① 中共中央文献研究室. 十六大以来重要文献选编:下 [G]. 北京:中央文献出版社,2008:676.
② 中共中央文献研究室. 十六大以来重要文献选编:下 [G]. 北京:中央文献出版社,2008:873-874.
③ 习近平. 始终坚持和充分发挥党的独特优势 [J]. 求是,2012 (15).
④ 邓小平文选:第2卷 [M]. 北京:人民出版社,1994:368.

热情地帮助群众解决困难，扎扎实实地为群众办实事。"① 胡锦涛同志对党的群众工作提出了要求："要深入实际、深入基层、深入群众，倾听群众呼声，了解群众意愿，集中群众智慧，使我们作出的决策、采取的举措、推行的工作更加符合客观实际和规律，更加符合广大人民的愿望和利益。"② 习近平同志更进一步强调："密切党群、干群关系，保持同人民群众的血肉联系，始终是我们党立于不败之地的根基。一个政党，一个政权，其前途和命运最终取决于人心向背。如果我们脱离群众、失去人民拥护和支持，最终也会走向失败。"③ 真正关心人，就是把人民的诉求和思想政治工作有机结合起来，做到针对性、时效性和主动性的协调统一。这是思想政治工作关注的重点问题，也是德育工作者应掌握和运用的工作方法，是德育要遵循的基本原则。

  关心人，就是心里装着群众，眼睛看着群众，把群众的事装在心上。关心群众的工作和生活，满腔热忱地解决群众的思想问题和实际问题，动之以情，晓之以理，施之以爱。在德育工作中，关心人体现在真诚地对群众的工作和生活进行爱护、关心，深入体会群众的冷暖疾苦，掌握和理解教育对象的思想问题和实际问题；体现在正确对待教育对象客观存在的问题，满腔热忱地为教育对象排忧解难，采取正确的方式方法，全力避免矛盾的激化。同时，德育工作者还应熟知德育理论和党的方针政策，从根本上为教育对象解决思想困惑，进而使其接受和认同教育的内容，不断提升思想觉悟和道德水准。

  心里装着群众，眼睛看着群众，实际上就是心里惦记群众的事情。关心人，首先就要关心群众的需求。物质需求和精神追求都是人类不可或缺的永恒需要。当物质生活水平逐步提高，人们在精神上就会有愈来愈高的追求。不同的阶层和不同的群体都需要物质生活和精神生活，因而形成了较为不同的人生态度，甚至是价值取向。改革开放以来，随着社会主义市场经济体制的建立和发展，中国经济社会发生了深刻变化，人民生活水平得到了大大提高，人们的思想观念发生了许多变化，观念更加多元，对待新生事物更加积极和开放。广大干部

---

① 中共中央文献研究室. 江泽民思想年编（1989—2008）[M]. 北京：中央文献出版社，2010：461-462.

② 中共中央文献研究室. 十六大以来重要文献选编：下 [G]. 北京：中央文献出版社，2008：535.

③ 习近平. 紧紧围绕坚持和发展中国特色社会主义 学习宣传贯彻党的十八大精神 [J]. 求是，2012（23）.

群众的物质需求得到较好满足，精神生活也得到较大改善。同时，人们精神追求上也出现了不少问题，利己主义、享乐主义、官僚主义、拜金主义等风气滋生起来，还有一些人不思进取，甘于消极平庸，大搞封建迷信和违法活动，甚至个别人不惜出卖国家和人格。在这样的情况下，德育工作者必须从关心人出发，将广大人民群众的物质生活和精神生活装在心里，关注和关心群众的实际生活，心里要装着老百姓所关心的事情，装着他们的利益诉求、工作就业、子女就学、生病就医、住房、养老等实际问题。

针对改革开放带来的新情况、新问题和新矛盾，群众工作应坚持什么，邓小平同志深刻指出："社会主义现代化建设的极其艰巨复杂的任务摆在我们的面前。很多旧问题需要继续解决，新问题更是层出不穷。党只有紧紧地依靠群众，密切地联系群众，随时听取群众的呼声，了解群众的情绪，代表群众的利益，才能形成强大的力量，顺利地完成自己的各项任务。"[①] 领导干部的作风问题会直接影响到广大群众和社会的风气，而不良的社会风气势必会严重制约德育工作和群众工作的开展，使社会不良风气滋生蔓延。针对领导干部中存在的不良之风，江泽民同志强调："我看对我们的领导干部要狠抓一下群众观点、群众路线的教育，这个教育抓好了，实事求是之风，艰苦创业之风，勤俭节约之风，诚心诚意为人民谋利益之风，才能大兴起来，而形式主义、官僚主义、奢侈浪费、以权谋私等等歪风才能扫除掉。"[②] 对于开创德育工作和群众工作新局面，胡锦涛同志要求："领导干部必须深入基层、深入群众，特别是要到最困难的地方去，到群众意见多的地方去，到工作推不开的地方去，同那里的干部和群众一道，努力排忧解难，化解矛盾，打开工作局面。"[③] 习近平同志根据新时代的德育实践发展需要，提出了新要求："作风是否确实好转，要以人民满意为标准。要广泛听取群众意见和建议，自觉接受群众评议和社会监督。群众不满意的地方就要及时整改。"[④] 心里装着群众、眼睛看着群众、心里放着群众的事，这是在面对改革开放带来的经济社会深刻变化、群众工作日趋复杂的情况下，德育工作者应坚持的重要工作方式，从而也是有效推进整个德育工作新实践应

---

① 邓小平文选：第2卷 [M]. 北京：人民出版社，1994：342.
② 江泽民. 论党的建设 [M]. 北京：中央文献出版社，2001：194.
③ 中共中央文献研究室. 十六大以来重要文献选编：上 [G]. 北京：中央文献出版社，2005：372.
④ 习近平谈治国理政 [M]. 北京：外文出版社，2014：385.

保持的良好、积极的工作作风，是德育工作应坚持的原则。

关心群众的工作和生活，要满腔热忱地解决群众的思想问题和实际问题。改革开放40多年，中国经济社会的发展速度和变化非常迅速，人们面临更大的竞争压力、更快的生活节奏，具有更高的收入期盼、更美好的生活追求，人们愈加关注自身发展，而人际关系却呈现出淡化的倾向，部分群众有时会产生抑郁不得志、心理失衡或欲望更加强烈、追求更加偏执的现象。当个人面对社会的快速发展和变化，认为难以自己把握命运时，其生活方式和思想观念就会出现变化，甚至会用参与迷信、宗教或非法社会团体的方式，进行所谓的精神慰藉和思想解脱，消极地回避现实。这些新的情况和问题，给德育工作带来了巨大挑战。德育工作者更应关注新形势下群众思想观念变化与精神需求的状态，应坚持以人为本，给予群众更多的人文关怀，化解群众的思想问题，竭尽全力地解决或尽力解答群众生活和工作中的实际问题与思想困惑。在德育工作中，应通过用心关注、真心关怀、解惑释疑、理顺情绪、化解矛盾等，给予群众正确的道德和精神生活导向，给予群众正能量，引导群众获取社会的归属感，形成对社会的责任感，助力国家、社会的长治久安。

对于德育工作者怎样去做关心群众的工作，邓小平同志深刻指出："在实现四个现代化的进程中，必然会出现许多我们不熟悉的、预想不到的新情况和新问题。尤其是生产关系和上层建筑的改革，不会是一帆风顺的，它涉及的面很广，涉及一大批人的切身利益，一定会出现各种各样的复杂情况和问题，一定会遇到重重障碍。……只要我们信任群众，走群众路线，把情况和问题向群众讲明白，任何问题都可以解决，任何障碍都可以排除。"① 根据不断深化改革和经济社会迅速发展变化的新形势，江泽民同志对群众工作提出新的要求："我们所有的领导干部，都要始终关心群众的疾苦，倾听群众的呼声，满腔热情地帮助群众解决困难，扎扎实实地为群众办实事。"② 胡锦涛同志强调："要坚持思想上尊重群众、感情上贴近群众、工作上依靠群众，把群众满意不满意作为加强和创新社会管理的出发点和落脚点。"③ 习近平同志也强调："检验我们一切

---

① 邓小平文选：第2卷 [M]. 北京：人民出版社，1994：152.
② 中共中央文献研究室. 江泽民思想年编（1989—2008）[M]. 北京：中央文献出版社，2010：461-462.
③ 胡锦涛. 扎扎实实提高社会管理科学化水平建设中国特色社会主义社会管理体系 [N]. 人民日报，2011-02-20（1）.

工作的成效,最终都要看人民是否真正得到了实惠,人民生活是否真正得到了改善,这是坚持立党为公、执政为民的本质要求,是党和人民事业不断发展的重要保证。"① 面对经济社会的迅猛发展和改革的日益深入,德育工作者始终致力于关心群众的生活和工作,关心群众物质和文化生活需求,通过体会群众的冷暖疾苦,端正工作作风、理解和解决群众的思想和实际问题,倾听群众的呼声,能够更好改进群众工作,进而更切实地为群众服务。德育工作就是要做好群众工作,就是要心系群众、关心群众、熟知群众的思想动态,更好地以科学的理论教育和武装群众,用社会主义思想和道德引导群众的思想,规范群众的行为。

在德育工作中,任何情况下都要正确对待人民群众,必须把人民群众置于主体地位。尊重人、理解人、关心人,是中国共产党的根本宗旨和群众观点的集中体现,也是德育工作应坚持的基本原则。尊重人是理解人和做好德育工作的前提;理解人才能增进同群众的感情,才会更加尊重人、更加关心人;关心人是做好德育工作的切入点,只有关心群众,德育工作才能获得群众的支持和认同,才能真正取得实效。德育工作只有努力使人民群众感受到尊重、理解和关心,才能启发群众自觉地接受社会主义思想的引导,肩负起社会责任,克服自身的消极因素,发挥社会主义思想和道德的精神力量,从而达到育人效果。同时,良好的社会主义道德氛围,能够激发人民群众积极的创造精神,进而更好地引导群众、服务群众、教育群众。

二、贴近实际贴近生活贴近群众的原则

贴近生活、贴近实际、贴近群众,是党的十六大以来中共中央关于加强宣传思想工作,加强广大青少年思想政治教育而提出的一项重要原则,是坚持马克思主义实事求是思想路线和群众路线的具体体现。2004年9月,党的十六届四中全会通过的《中共中央关于加强党的执政能力建设的决定》,从提高建设社会主义先进文化能力的高度,指明了"三贴近"对德育发展新实践的重要意义。2011年11月,党的十七届六中全会通过的《中共中央关于深化文化体制改革推动社会主义文化大发展大繁荣若干重大问题的决定》,进一步明确将"三贴近"

---

① 习近平. 全面贯彻落实党的十八大精神要突出抓好六个方面工作 [J]. 求是, 2013 (1).

作为推进文化体制改革发展的重要方针，为新形势下深化文化体制改革、推动社会主义文化大发展大繁荣指明了实践方向。2012年11月8日，党的十八大报告明确指出："建设社会主义文化强国，必须走中国特色社会主义文化发展道路，坚持为人民服务、为社会主义服务的方向，坚持百花齐放、百家争鸣的方针，坚持贴近实际、贴近生活、贴近群众的原则。"① 贴近实际是德育工作根本出发点，也是做好德育工作的重要前提。只有贴近社会存在的客观实际、教育对象的实际、德育工作的实际，才能有的放矢做好德育工作。贴近生活是贴近实际的深入和延伸，是贴近实际、深入社会生活的重要德育工作方式；也是德育工作贴近实际的重要生活载体，是德育工作面向教育客体实际生活的重要教育方式。贴近群众是贴近实际和贴近生活主体的客观实在，是贴近教育客体，把握其生活实践、工作实践和思想实际的关键所在。这也是做好德育工作的关键指向。三者统一于取得德育工作实效的德育实践中。

针对社会主义文化建设中加强德育工作的重要任务，习近平同志强调："必须牢牢把握社会主义文化建设的重要任务，弘扬和培育以爱国主义为核心的民族精神和以改革创新为核心的时代精神"；"必须牢牢把握社会主义文化建设的基本要求，坚持贴近生活、贴近实际、贴近群众，坚持社会效益与经济效益相统一，坚持一手抓繁荣、一手抓管理，切实增强新形势下文化工作的针对性、实效性和主动性"。② 贴近生活、贴近实际、贴近群众，是将党的宣传思想工作中坚持实事求是和以人为本的优良传统、社会主义文化发展繁荣的重要方针与时代特征、历史使命融为一体，体现了实施全面建成小康社会进程中宣传思想工作、德育工作的根本性要求，体现了中国共产党对宣传思想工作和德育工作规律性的深刻认识。"三贴近"是德育工作遵循的重要原则。

贴近实际，首先要立足于社会主义初级阶段这个最大实际。早在1981年，邓小平同志领导制定的《关于建国以来党的若干历史问题的决议》首次提出："我们的社会主义制度还是处于初级的阶段。"党的十二大阐述，并经十三大进一步充分论述了社会主义初级阶段理论，明确了中国国情的基本特征和主要矛盾。此后，党的历次全国代表大会都确认了我国现在处于并将长期处于社

---

① 胡锦涛文选：第3卷 [M]. 北京：人民出版社，2016：637.
② 习近平. 干在实处走在前列——推进浙江新发展的思考与实践 [M]. 北京：中共中央党校出版社，2006：318.

会主义初级阶段。因此，当代德育工作要始终坚持解放思想、实事求是、与时俱进、不断创新，要适应经济社会发展变化的实际状况，满足新的历史条件下政治、经济、文化发展的要求，客观理解改革开放和现代化建设的实践，更好地为党和人民的事业服务，为大局服务。要树立实践的观点，按时代发展的需要推进德育工作，以实际效果检验德育工作，使德育工作扎实深入开展。

贴近实际，要遵循马克思主义的认识论，坚持一切从实际出发。邓小平同志指出："一个党，一个国家，一个民族，如果一切从本本出发，思想僵化，迷信盛行，那它就不能前进，它的生机就停止了，就要亡党亡国。这是毛泽东同志在整风运动中反复讲过的。只有解放思想，坚持实事求是，一切从实际出发，理论联系实际，我们的社会主义现代化建设才能顺利进行，我们党的马列主义、毛泽东思想的理论也才能顺利发展。"① 当代德育原理与实践的发展，始终坚持一切从实际出发，着力解决德育工作的实际问题。德育工作要适应人民群众的接受能力，要引导其形成与社会主义初级阶段相适应的思想观念，不能超越阶段，用脱离实际的说教强加于人。要根据客观实际需要，制定思想政治理论和道德教育的内容；要求实效，不能说大话、套话、空话，搞形式主义；要贴近教育对象的思想实际、生活实际、工作实际，才能取得德育工作实效。

贴近实际，要坚持一切从实际出发，使德育工作更具针对性、实效性。德育工作不仅要准确把握当今世界的主题和时代发展的潮流，以及中国经济社会发展的客观实际，还要深刻把握人民群众思想道德观念变化的客观实际，人民群众文化和精神追求的实际。德育工作只有真正贴近这些最现实的实际，才能更具实效性地克服形式主义、教条主义、经验主义等问题，改革陈旧滞后的和不符合时代发展要求的教育理念、内容与方式方法。德育工作只有贴近工作的实际、社会的实际和群体中个人的实际，才能真正与国家、民族和个人的发展密切联系、紧密相连，促进人民群众在贴近实际的德育过程中，树立正确的、积极进取的、健康向上的思想道德观念。

贴近生活，首先要深入到社会的政治、经济、文化生活中去，深入到人民群众的工作和生活中去。邓小平同志就做好深入细致群众工作提出要求："我们党对于群众路线历来的解释，正如毛主席讲的，无非是从群众中来，到群众中去，集中起来，坚持下去。这就是正确地反映群众的意见，然后正确地领导群

---

① 邓小平文选：第2卷［M］．北京：人民出版社，1994：143．

众。党的正确的路线、政策是从群众中来的,是反映群众的要求的,是合乎群众的实际的,是实事求是的,是能够为群众所接受、能够动员起群众的,同时又是反过来领导群众的,这就叫群众路线。"① 德育工作要贴近生活,把握社会的主流意识形态,化解经济社会发展中的具体矛盾,更好地将教育融入生活、服务生活、引导生活。胡锦涛同志强调:"各级党委、政府和领导干部要从巩固党的执政地位、完成党的执政使命、确保党和国家长治久安的战略高度出发,坚持党的群众路线,深刻认识我们党的最大政治优势是密切联系群众、党执政后的最大危险是脱离群众,带着深厚感情做群众工作,千方百计把群众工作做深、做细、做实。"② 因此,德育工作要始终将工作的关注点着眼于群众的现实生活,重视朴素平凡的生活细节,聚焦爱岗敬业的工作场景,从现实生活和工作中探寻生动事迹,为德育工作补充新鲜营养。只有这样,德育工作才更易被人民群众所接受,才能激励人民群众为更加美好的生活同心协力,努力奋斗。使德育工作更加充满生活气息、富有时代的活力。

贴近生活,要以生活为源泉,用真实的生活内容融入和充实到德育实践中。胡锦涛同志指出:"与过去相比,现在我们拥有的经济实力和财力大大提高了,我们掌握的各方面资源大大增加了,我们可以运用的科技手段大大丰富了,但我们必须牢记,世界上没有任何力量可以代替人民的力量,任何时候任何情况下群众观点都不能丢、不能忘。全党同志要牢固树立群众观点、不断增强群众观点、自觉实践群众观点……坚持思想上尊重群众、感情上贴近群众、工作上依靠群众,从群众中汲取智慧和力量,始终与人民群众同呼吸、共命运、心连心。"③ 德育工作要贴近群众的生活和工作,不能凭主观想象代替真实的生活,不能不切实际地剪裁生活、违背实际,闭门造车。

贴近生活,要将深入人民群众的生活作为德育工作密切联系群众的纽带。德育工作不能停留在不切实际的空谈理论之中,而要更多地从人民群众的生活出发,从人民群众的视野中去理解和体验社会生活、政治生活、工作生活、家庭生活等方面,及时掌握人民群众在生活中遇到的新情况和新问题。德育工作要把握人民群众生活的本质,以群众生活为德育的切入点,丰富教育的内容和

---

① 邓小平文选:第1卷 [M]. 北京:人民出版社,1994:287-288.
② 胡锦涛文选:第3卷 [M]. 北京:人民出版社,2016:443.
③ 中共中央文献研究室. 十七大以来重要文献选编:中 [G]. 北京:中央文献出版社,2011:1012-1013.

形式，解决制约德育工作的难题。德育不能停留在简单说教和书本上，搞形式主义。教育内容要紧跟群众生活和工作的新变化、新节奏，引导人民群众思考和领悟生活中的思想和道德问题，培养人民群众的思辨能力和道德判断能力。同时，德育要善于在生活和工作中传递正能量，帮助群众树立正确的思想和道德观念，满足群众精神生活的新需求。

贴近群众，首先要植根于群众之中，明知群众之所想，理解群众之所急，满足群众之所需。邓小平同志指出："群众是我们力量的源泉，群众路线和群众观点是我们的传家宝。党的组织、党员和党的干部，必须同群众打成一片，绝对不能同群众相对立。如果哪个党组织严重脱离群众而不能坚决改正，那就丧失了力量的源泉，就一定要失败，就会被人民抛弃。"① 同群众打成一片，就需要德育工作者充分了解群众的意愿，把握群众的脉搏，讲群众能懂的话，说群众能听进的话；要为群众提供健康向上、易于接受、鼓舞人心的德育内容，更好地为最广大人民群众服务。德育工作者要牢固树立群众观点。邓小平同志指出："我相信，凡是符合最大多数人的根本利益，受到广大人民拥护的事情，不论前进的道路上还有多少困难，一定会得到成功。"② 德育工作只有多联系群众工作、生活和身边的事例，多运用群众熟悉的语言，多用群众喜闻乐见的形式，多反映群众的切身感受，才能引起群众的广泛共鸣，才能引发群众的情感触动，才能使德育工作更加深入人心。胡锦涛同志强调："坚持一切为了群众、一切依靠群众，坚持权为民所用、情为民所系、利为民所谋，坚持把实现好、维护好、发展好最广大人民的根本利益作为我们一切工作的根本出发点和落脚点，是我们做好各项工作的保证，任何时候都不能动摇。"③ 德育工作要以"权为民所用、情为民所系、利为民所谋"为遵循，以"群众满意不满意、高兴不高兴、赞成不赞成、答应不答应"作为德育工作的根本出发点和落脚点，用以检验德育工作的实际成效。

贴近群众，要高度重视群众的主体地位，吸引群众广泛参与到德育工作中来。江泽民同志指出："必须始终坚持党的群众路线，一切为了群众，一切依靠群众，从群众中来，到群众中去，尊重人民群众的创造，倾听人民群众的呼声，

---

① 邓小平文选：第2卷 [M]．北京：人民出版社，1994：368．
② 邓小平文选：第3卷 [M]．北京：人民出版社，1993：142．
③ 中共中央文献研究室．十六大以来重要文献选编：中 [G]．北京：中央文献出版社，2006：317．

反映人民群众的意愿，集中人民群众的智慧和力量去发展我们的各项事业。"①习近平同志强调："改革开放在认识和实践上的每一次突破和发展，改革开放中每一个新生事物的产生和发展，改革开放每一个方面经验的创造和积累，无不来自亿万人民的实践和智慧。改革发展稳定任务越繁重，我们越要加强和改善党的领导，越要保持党同人民群众的血肉联系，善于通过提出和贯彻正确的路线方针政策带领人民前进，善于从人民的实践创造和发展要求中完善政策主张，使改革发展成果更多更公平惠及全体人民，不断为深化改革开放夯实群众基础。"② 德育工作同样要引导群众积极参与其中，发挥群众的智慧和力量，鼓励和保护群众的自觉性、积极性、创造性，尊重群众德育主体的地位。

贴近群众，还要充分重视群众思想观念的多样性。当前，我国经济社会发展的外部环境和内部环境正发生着深刻变化，人民群众的价值观念和思想观念在交流、交融中表现出了较为明显的多样性和包容性，人民群众的思想观念既相互影响又体现出相对的独立性。德育工作要充分认清人民群众思想观念的多样性，承认和尊重群众的个体利益，利用多样的形式和方法去激发群众发挥德育主体的作用，提高群众的能动性、创造性和参与的积极性。要坚持从群众中来，到群众中去，服务于群众，发挥群众在德育的形式与内容创新上的主体性。正如习近平同志指出："我们要坚持党的群众路线，坚持人民主体地位，时刻把群众安危冷暖放在心上，及时准确了解群众所思、所盼、所忧、所急，把群众工作做实、做深、做细、做透。"③ 因此，德育工作既要重视群众的切身利益，又要着眼于解决群众的思想问题；还要高度重视人民群众多层次、多方面、多样化的精神需求，把工作做实、做深、做细、做透，精心将思想道德的普及教育和群众思想觉悟提高有机结合起来，履行德育工作者的责任，推动德育实践创新发展，取得实效。

三、相适应相协调相承接的原则

改革开放以来，我们党在思想道德建设上始终坚持实事求是，推进理论创新；坚持中国特色社会主义方向，建构与时俱进的社会主义思想道德体系；坚

---

① 江泽民文选：第2卷 [M]．北京：人民出版社，2006：262．
② 习近平谈治国理政 [M]．北京：外文出版社，2014：68．
③ 习近平．全面贯彻落实党的十八大精神要突出抓好六个方面工作 [J]．求是，2013 (1)．

持汲取中华优秀传统文化精髓,弘扬社会正气。党的十六大报告明确提出:"要建立与社会主义市场经济相适应、与社会主义法律规范相协调、与中华民族传统美德相承接的社会主义思想道德体系。"这一重要论断,揭示了社会主义思想道德建设的内在规律,阐明了构建社会主义思想道德体系的前进方向,对新的历史条件下加强和推进社会主义思想道德建设产生了深远而重要的意义。相适应、相协调、相承接是当代德育的基本原则。

德育工作应主动适应社会主义市场经济的发展。在新的历史时期,经济建设是党和国家的中心任务,改革、发展、稳定是党和国家的大局。邓小平同志指出:"经济工作是当前最大的政治,经济问题是压倒一切的政治问题。"①"其他一切任务都要服从这个中心,围绕这个中心,决不能干扰它,冲击它。"② 这就要求政治工作和其他一切工作,都必须为经济建设这个中心服务。邓小平同志特别强调:"政治工作是要做的,而且是要好好地做。但是,政治工作要落实到经济上面。"③ 具体地讲,政治工作要为经济建设"保驾护航",为社会主义市场经济高效运行营造一个安定团结的政治环境;最大限度地调动广大人民群众的积极性、主动性和创造性,满腔热情地投入到改革开放和社会主义现代化建设中去。

德育工作要为发展中国特色社会主义市场经济提供方向性保证,为社会主义市场经济持续健康发展营造良好的政治环境,要"能够适应经济形势和政治形势的要求,能够有助于而不是有碍于调整工作的顺利进行"。④ 方向性问题是德育的根本性问题。没有正确的方向,德育就失去目标、失去政治生命力。正如邓小平同志指出:"我们当前以及今后相当长一个历史时期的主要任务是什么?一句话,就是搞现代化建设。……社会主义现代化建设是我们当前最大的政治,因为它代表着人民的最大的利益、最根本的利益。"⑤ 我国正处于并将长期处于社会主义初级阶段,根本的任务是发展社会生产力。我们必须坚持以经济建设为中心;坚持德育工作为经济建设服务,才不会偏离正确的方向。邓小平同志强调:"现在要横下心来,除了爆发大规模战争外,就要始终如一地、贯

---

① 邓小平文选:第2卷 [M]. 北京:人民出版社,1994:194.
② 邓小平文选:第2卷 [M]. 北京:人民出版社,1994:250.
③ 邓小平文选:第2卷 [M]. 北京:人民出版社,1994:195.
④ 邓小平文选:第2卷 [M]. 北京:人民出版社,1994:363.
⑤ 邓小平文选:第2卷 [M]. 北京:人民出版社,1994:162-163.

彻始终地搞这件事，一切围绕着这件事，不受任何干扰。就是爆发大规模战争，打仗以后也要继续干，或者重新干。我们全党全民要把这个雄心壮志牢固地树立起来，扭着不放，'顽固'一点，毫不动摇。"① 坚持社会主义现代化是最大的政治，这体现了实事求是的思想作风。因此，德育工作要坚持从社会主义初级阶段的实际出发，将思想道德教育贯穿、渗透于中国特色社会主义建设的实践中，统一于以经济建设为中心的重大任务中，以适应社会主义市场经济发展的需要，这是新时期德育工作外部规律所决定的，也是新的历史条件下德育要坚持的基本原则。

德育工作要为中国特色社会主义意识形态服务，为发展社会主义市场经济提供精神动力。邓小平同志指出："毛泽东思想过去是中国革命的旗帜，今后将永远是中国社会主义事业和反霸权主义事业的旗帜，我们将永远高举毛泽东思想的旗帜前进。"② 针对人们对改革开放前后两个不同历史时期的模糊乃至错误认识，习近平同志深刻指出："中国特色社会主义是在改革开放历史新时期开创的，但也是在新中国已经建立起社会主义基本制度、并进行了20多年建设的基础上开创的。虽然这两个历史时期在进行社会主义建设的思想指导、方针政策、实际工作上有很大差别，但两者决不是彼此割裂的，更不是根本对立的。不能用改革开放后的历史时期否定改革开放前的历史时期，也不能用改革开放前的历史时期否定改革开放后的历史时期。要坚持实事求是的思想路线，分清主流和支流，坚持真理，修正错误，发扬经验，吸取教训，在这个基础上把党和人民事业继续推向前进。"③ 中国发展社会主义市场经济，走中国特色的社会主义道路，但要坚决在意识形态问题上保持清醒的头脑和自觉的意识，坚持抵制错误思潮和观点。邓小平同志强调："科学社会主义是在实际斗争中发展着，马列主义、毛泽东思想是在实际斗争中发展着。我们当然不会由科学的社会主义退回到空想的社会主义，也不会让马克思主义停留在几十年或一百多年前的个别论断的水平上。所以我们反复说，解放思想，就是要运用马列主义、毛泽东思想的基本原理，研究新情况，解决新问题。"④ 德育工作是意识形态领域的工作，它就是要传播和弘扬先进的社会思想意识，最大限度地为经济基础服务，

---

① 邓小平文选：第2卷 [M]．北京：人民出版社，1994：249．
② 邓小平文选：第2卷 [M]．北京：人民出版社，1994：172．
③ 习近平谈治国理政 [M]．北京：外文出版社，2014：22-23．
④ 邓小平文选：第2卷 [M]．北京：人民出版社，1994：179．

为社会主义市场经济服务,促进生产力的发展,为社会发展提供精神动力。我们发展社会主义市场经济,离不开强有力的思想政治保证。新的历史条件下,德育只有为以经济建设为中心的社会主义现代化建设服务,主动、积极适应社会主义市场经济,才符合德育工作外部规律的根本要求。

德育工作要为社会主义改革、发展、稳定的大局服务。社会主义市场经济持续健康发展的一个关键问题,是处理好改革、发展、稳定的关系。德育要服务大局,实质上就是服务于以经济建设为中心的社会主义现代化建设。改革是经济发展的直接动力,但是改革必然导致社会深层次结构的调整,导致社会利益、社会资源的重新分配,引起种种新的社会矛盾。在改革中遇到的阻力与障碍要通过发展去解决。邓小平同志指出:"抓住时机,发展自己,关键是发展经济"①,"发展才是硬道理"②。发展的根本是要把经济搞上去。稳定是改革和发展的基本前提,稳定压倒一切,稳定是中国的最高利益。就稳定问题,邓小平同志反复强调,没有稳定什么都干不成;没有稳定,已取得的成就也会失掉。江泽民同志指出:"改革、发展、稳定,好比是我国现代化建设棋盘上的三着紧密关联的战略性棋子,每一着棋都下好了,相互促进,就会全局皆活;如果有一着下不好,其他两着也会陷入困境,就可能全局受挫。所以把握好改革、发展、稳定的关系,是现代化建设的一项重要领导艺术。"③ 胡锦涛同志指出:"正确处理改革发展稳定关系,实现改革发展稳定的统一,是关系我国社会主义现代化建设全局的重要指导方针。发展是硬道理,稳定是硬任务;没有稳定,什么事情也办不成,已经取得的成果也会失去。这个道理,不仅全党同志要牢记在心,还要引导全体人民牢记在心。"④ 习近平同志也强调,必须处理好改革、发展、稳定三者之间的关系,以更大的政治勇气和智慧,进一步解放思想、解放和发展社会生产力、增强社会创新活力。因此,德育工作要宣传党的深化改革、扩大开放、促进发展、保持稳定的基本方针政策,教育广大群众真正理解、感悟市场经济条件下社会主义改革、发展、稳定的辩证关系,提高广大人民群众的思想觉悟和认识,动员人民群众投入到社会主义现代化建设的实

---

① 邓小平文选:第3卷 [M]. 北京:人民出版社,1993:375.
② 邓小平文选:第3卷 [M]. 北京:人民出版社,1993:377.
③ 中共中央文献研究室. 江泽民论有中国特色社会主义(专题摘要)[M]. 北京:中央文献出版社,2002:211.
④ 胡锦涛文选:第3卷 [M]. 北京:人民出版社,2016:540.

践中，保证社会主义市场经济健康发展，这是我们党在社会主义建设历程中形成的宝贵经验，也是德育工作要遵循的基本原则。

德育工作要与社会主义法律规范相协调。新的历史时期，依法治国是中国共产党领导人民治理国家的基本方略。同时，我们党明确提出依法治国与以德治国相结合、德治也是治国理政的重要方式。因此，开展社会主义道德建设和教育，必须与社会主义法律规范相协调，在全社会积极培育和践行社会主义核心价值观，弘扬社会主义道德，并有效融入依法治国的实践之中。

早在1978年12月13日，邓小平同志就在中央工作会议闭幕会上指出："为了保障人民民主，必须加强法制。必须使民主制度化、法律化，使这种制度和法律不因领导人的改变而改变，不因领导人的看法和注意力的改变而改变。……应该集中力量制定刑法、民法、诉讼法和其他各种必要的法律……做到有法可依，有法必依，执法必严，违法必究。"① 党的十五大明确提出了依法治国的基本方略，将过去"建设社会主义法制国家"的提法，改变为"建设社会主义法治国家"，极其鲜明地强调了"法治"。1999年3月，第九届全国人民代表大会第二次会议通过的《中华人民共和国宪法修正案》，将"依法治国"正式写入宪法。党的十六大提出，要把依法治国作为"党领导人民治理国家的基本方略"，把依法治国作为"发展社会主义民主政治"的一项基本内容。2014年，党的十八届四中全会通过了《中共中央关于全面推进依法治国若干重大问题的决定》（以下简称"决定"），对全面推进依法治国进行了全面阐述和全面部署。我们党提出并实施依法治国的基本方略，很重要的一方面就是要通过法律制度规范人们的行为。人们思想观念的形成和变化，离不开所处的客观环境和条件。国家和社会法治大环境，会对人们的思想产生巨大影响，进而影响人们生活、工作的小环境。这大、小两种外部环境交织在一起，共同制约人们的思想和行为。因此，德育工作不能离开社会主义法治，不能脱离广大群众的日常生活、工作和社会治理的客观条件去孤立地进行。思想道德教育只有与社会主义法治相结合，才能更好地起到教育人的作用。

中国特色社会主义的发展，"四个全面"战略布局的深入推进，中国特色社会主义法治在我国政治、经济、文化和社会生活中的作用日益明显和重要，成为治国理政的重器。党的十八届四中全会决定明确提出："坚持依法治国和以德

---

① 邓小平文选：第2卷 [M]. 北京：人民出版社，1994：146-147.

治国相结合。国家和社会治理需要法律和道德共同发挥作用。必须坚持一手抓法治、一手抓德治,大力弘扬社会主义核心价值观,弘扬中华传统美德,培育社会公德、职业道德、家庭美德、个人品德,既重视发挥法律的规范作用,又重视发挥道德的教化作用,以法治体现道德理念、强化法律对道德建设的促进作用,以道德滋养法治精神、强化道德对法治文化的支撑作用,实现法律和道德相辅相成、法治和德治相得益彰。"① 思想道德教育与运用法律进行法治是两个不同的领域,是引导人的行为、保证社会稳定的两种不同手段,但它们相互作用,相互补充,相互支撑。一方面,法治社会的确立及对人的行为的规范作用,需要德育提供内在的价值取向、精神动力与智力支持;另一方面,德育要取得真正的实效,也需要法律规范提供有力的制度性保障和支持。

坚持德育工作与社会主义法律规范相协调的原则,首先要加强法治教育,把法治教育作为德育的重要内容。在20世纪80年代,邓小平同志就反复论述社会发展与法制建设的关系,提出把加强对广大人民群众尤其是青少年进行社会主义民主法制教育,看作是关系社会主义事业成败的战略任务。邓小平同志指出,"加强法制重要的是要进行教育,根本问题是教育人。法制教育要从娃娃开始,小学、中学都要进行这个教育,社会上也要进行这个教育"。② "在党政机关、军队、企业、学校和全体人民中,都必须加强纪律教育和法制教育。"③ 推进法治建设,需要强大的人才队伍支持。党的十八届四中全会决定就创新法治人才培养机制,提出了明确要求:"坚持用马克思主义法学思想和中国特色社会主义法治理论全方位占领高校、科研机构法学教育和法学研究阵地,加强法学基础理论研究,形成完善的中国特色社会主义法学理论体系、学科体系、课程体系,组织编写和全面采用国家统一的法律类专业核心教材,纳入司法考试必考范围。坚持立德树人、德育为先导向,推动中国特色社会主义法治理论进教材进课堂进头脑,培养造就熟悉和坚持中国特色社会主义法治体系的法治人才及后备力量。建设通晓国际法律规则、善于处理涉外法律事务的涉外法治人才队伍。健全政法部门和法学院校、法学研究机构人员双向交流机制,实施高校和法治工作部门人员互聘计划,重点打造一支政治立场坚定、理论功底深厚、

---

① 中共中央关于全面推进依法治国若干重大问题的决定(二〇一四年十月二十三日中国共产党第十八届中央委员会第四次全体会议通过)[N]. 人民日报,2014-10-29(1).
② 邓小平文选:第3卷[M]. 北京:人民出版社,1993:163.
③ 邓小平文选:第2卷[M]. 北京:人民出版社,1994:360.

熟悉中国国情的高水平法学家和专家团队，建设高素质学术带头人、骨干教师、专兼职教师队伍。"① 通过加强法治队伍建设，推进和加强法治教育，使广大人民群众自觉地尊法、学法、守法、用法，悉知公民的基本权利和义务，了解社会主义的法律基本规范，增强人民群众的法治观念，养成良好的遵纪守法习惯。

坚持德育工作与社会主义法律规范相协调的原则，还需要法律规范为思想道德教育提供制度性支持和保障。除了加强法治教育外，必须对违反法律法规的行为进行制裁，进行强制性教育。必要的法律制裁，可以警醒和告诫人们哪些行为超出了法律法规和制度等规范的允许范围，在人们的思想上引起震动和反响，进而对其进行改造式的再教育。邓小平同志指出："对于绝大多数破坏社会秩序的人应该采取教育的办法，凡能教育的都要教育，但是不能教育或教育无效的时候，就应该对各种罪犯坚决采取法律措施，不能手软。"② 制裁违反法律法规的行为，可以维护法律法规的权威性和严肃性，有利于弘扬正气，打击歪风。在法律制裁的同时，开展进一步的思想道德教育，教育与制裁并举，有利于形成健康的社会氛围。制裁违法人员，"不但对绝大多数犯罪分子是一种教育，对全党、全国人民也是一种教育。我们要在全国坚决实行这样一些原则：有法必依、执法必严、违法必究、在法律面前人人平等"。③

德育工作要与中华民族传统美德相承接。中国共产党历来重视传承和弘扬中华民族优秀传统文化与传统美德，坚持以辩证唯物主义和历史唯物主义为指导，批判性、继承性、发展性地吸收民族传统美德的精华，特别是与中国革命优良道德相承接，使社会主义思想道德体系富有鲜明的民族性和先进性。

德育工作应与中华民族传统道德的精华承接起来。中华文明源远流长，中华文化博大精深，它所孕育的中华民族传统道德底蕴深厚、内容丰富，在长期的历史发展过程中，深刻影响着民族的思想意识和价值取向，影响着人们的行为习惯和生活方式，给后人留下了一笔丰厚的文化遗产。中国共产党始终以马克思主义为指导，坚持批判性和继承性的正确原则，传承和弘扬中华优秀传统道德。当代中国马克思主义始终坚持以辩证唯物主义和历史唯物主义为指导，坚持批判性的继承，取其精华，去其糟粕，将中华民族优秀传统美德发扬光大。

---

① 中共中央关于全面推进依法治国若干重大问题的决定（二〇一四年十月二十三日中国共产党第十八届中央委员会第四次全体会议通过）[N]. 人民日报，2014-10-29（1）.
② 邓小平文选：第2卷 [M]. 北京：人民出版社，1994：253.
③ 邓小平文选：第2卷 [M]. 北京：人民出版社，1994：254.

江泽民同志指出:"我们讲继承、讲借鉴,目的是通过继承和借鉴,使民族传统文化、外来文化的精华,同我们党领导人民在长期革命和建设中形成的优良传统和革命精神有机地结合在一起,并在新的实践基础上不断创新,建设和发展有中国特色的社会主义文化。"[1] 胡锦涛同志指出:"中华文化是中华民族生生不息、团结奋进的不竭动力。要全面认识祖国传统文化,取其精华,去其糟粕,使之与当代社会相适应、与现代文明相协调,保持民族性,体现时代性。"[2] 习近平同志进一步强调:"中国传统文化博大精深,学习和掌握其中的各种思想精华,对树立正确的世界观、人生观、价值观很有益处。……学史可以看成败、鉴得失、知兴替;学诗可以情飞扬、志高昂、人灵秀;学伦理可以知廉耻、懂荣辱、辨是非。我们不仅要了解中国的历史文化,还要睁眼看世界,了解世界上不同民族的历史文化,去其糟粕,取其精华,从中获得启发,为我所用。"[3]

特别是基于中华民族独特的文化传统、历史命运和基本国情,德育工作应科学地与其相承接。习近平同志指出,中华民族创造了源远流长的中华文化,中华民族也一定能够创造出中华文化新的辉煌。独特的文化传统,独特的历史命运,独特的基本国情,注定了我们必然要走适合自己的发展道路。对我国传统文化,对国外的东西,要坚持古为今用、洋为中用,去粗取精、去伪存真,经过科学的扬弃后使之为我所用。对于中华民族的历史文化遗产,当代中国马克思主义有着更为清醒的判断。习近平同志指出:"历史就是历史,历史不能任意选择,一个民族的历史是一个民族安身立命的基础。不论发生过什么波折和曲折,不论出现过什么苦难和困难,中华民族5000多年的文明史,中国人民近代以来170多年的斗争史,中国共产党90多年的奋斗史,中华人民共和国60多年的发展史,都是人民书写的历史。历史总是向前发展的,我们总结和吸取历史教训,目的是以史为鉴、更好前进。"[4] 因此,德育工作要坚持我们党传承弘扬中华民族优秀传统文化的基本原则,批判性、继承性地与中华民族传统道德的精华承接起来,以辩证唯物主义和历史唯物主义为指导,将中华传统道德中符合时代要求的宝贵文化精髓承接下来、弘扬起来,使德育工作得到中华优秀传统道德的滋养。

---

[1] 江泽民. 论党的建设 [M]. 北京:中央文献出版社,2001:136.
[2] 胡锦涛文选:第2卷 [M]. 北京:人民出版社,2016:640-641.
[3] 习近平谈治国理政 [M]. 北京:外文出版社,2014:405-406.
[4] 中共中央宣传部. 习近平总书记系列重要讲话读本 [M]. 北京:学习出版社,2014:20.

德育工作要遵循思想道德的传承性规律，创造性、发展性地与中华传统美德和中国革命道德相承接。不同历史阶段的道德标准都具有显著的时代性特征，表现出相对的独立性以及对以往历史的继承性。恩格斯从哲学的角度深刻阐明了这一规律，他指出："每一个时代的哲学作为分工的一个特定的领域，都具有由它的先驱传给它而它便由此出发的特定的思想材料作为前提。"① 作为民族文化领域的道德同样呈现出这一规律性，新的道德的形成不可能完全脱离过去的道德，必然是对旧的道德进行批判性地继承，进而不断创造性地发展起来的。中华民族传统道德中包含着局限性、阶级性的内容，但也蕴含着超越时空的道德精华。爱国主义、自强不息、仁爱好礼、勤俭节约、诚实守信、尊老爱幼、慎独修身等传统美德，仍然是社会主义道德体系承接的重要内容。德育工作应该吸收其中的科学内核，创造性、发展性地传承和弘扬传统美德的优秀道德精神。

社会主义文化与中华民族优秀传统文化和革命文化的承接。江泽民同志明确指出："发展社会主义文化，必须继承和发扬一切优秀的文化，必须充分体现时代精神和创造精神，必须具有世界眼光，增强感召力。中华民族的优秀文化传统，党和人民从五四运动以来形成的革命文化传统，人类社会创造的一切先进文明成果，我们都要积极继承和发扬。我国几千年历史留下了丰富的文化遗产，我们应该取其精华、去其糟粕，结合时代精神加以继承和发展，做到古为今用。同时，必须结合新的实践和时代的要求，结合人民群众精神文化生活的需要，积极进行文化创新，努力繁荣先进文化，把亿万人民紧紧吸引在有中国特色社会主义文化的伟大旗帜下。"② 2006年3月4日，胡锦涛同志在参加全国政协十届四次会议民盟、民进联组会分组讨论时提出，要引导广大干部群众特别是青少年树立以"八荣八耻"为主要内容的社会主义荣辱观。胡锦涛同志提出的社会主义荣辱观，"概括精辟，内涵深邃，具有很强的民族性、时代性和实践性，体现了中华民族传统美德与时代精神的有机结合，体现了社会主义基本道德规范和社会风尚的本质要求，体现了社会主义价值观的鲜明导向，对于推动形成良好社会风气，构建社会主义和谐社会具有重要意义"。③

---

① 马克思恩格斯选集：第4卷 [M]. 北京：人民出版社，1995：703-704.
② 江泽民文选：第3卷 [M]. 北京：人民出版社，2006：278-279.
③ 中共教育部党组关于学习贯彻胡锦涛总书记讲话精神 切实加强社会主义荣辱观教育的通知 [J]. 中华人民共和国教育部公报，2006（Z2）.

习近平同志特别强调中华优秀传统文化对社会主义道德建设与教育的重要意义，高度重视中华优秀传统文化和传统美德的继承与弘扬。他指出，文明特别是思想文化是一个国家、一个民族的灵魂；无论哪一个国家、哪一个民族，如果不珍惜自己的思想文化，丢掉了思想文化这个灵魂，这个国家、这个民族是立不起来的。"本国本民族要珍惜和维护自己的思想文化，也要承认和尊重别国别民族的思想文化。"① 习近平同志将中华优秀传统文化视为中华民族的"根"，突出强调要做好优秀传统文化的传承和弘扬工作。德育工作创造性、继承性地与中华民族传统美德相承接，"要继承和弘扬我国人民在长期实践中培育和形成的传统美德，坚持马克思主义道德观、坚持社会主义道德观，在去粗取精、去伪存真的基础上，坚持古为今用、推陈出新，努力实现中华传统美德的创造性转化、创新性发展，引导人们向往和追求讲道德、尊道德、守道德的生活"。② 因此，德育工作要遵循思想道德具有相对独立性与继承性规律，创造性、发展性地与中华民族传统美德相承接，特别是与中国革命道德相承接，将具有道德价值和体现时代精神的民族传统美德承接下来，并赋予其新的时代内涵，不断丰富当代德育的内容，充分展示当代德育深厚的历史和文化底蕴，鲜明的民族和时代特色。

四、民主的原则

民主原则是中国共产党历来倡导、坚持的政治原则和优良传统，一直贯穿于中国革命、建设和改革开放的伟大实践中。社会主义民主的本质是人民当家作主，就是保护人民的权利，让人民有发言权，有民主参与、民主管理、民主监督的权利。改革开放以来，我国社会主义民主政治不断发展，极大地提高了社会各阶级、各阶层、各界人士建设社会主义现代化的参与度和积极性，为解决经济社会发展所面临的各方面问题发挥了重要作用。坚持民主原则，体现了中国共产党领导下具有鲜明中国特色的人民民主理论与实践。它与统一战线理论、社会主义法治理论、政治协商理论等结合在一起，丰富和发展了马克思主义民主政治学说。德育工作坚持民主原则，发扬民主精神，与受教育者建立平

---

① 习近平. 在纪念孔子诞辰2565周年国际学术研讨会暨国际儒学联合会第五届会员大会开幕会上的讲话 [M]. 北京：人民出版社，2014：9.
② 习近平谈治国理政 [M]. 北京：外文出版社，2014：160-161.

等的关系，倾听受教育者的真实想法和意见建议，通过说服教育、坦诚交流等方式方法，使德育工作取得更好的效果。

邓小平同志就社会主义现代化建设的目标明确讲道："我们进行社会主义现代化建设，是要在经济上赶上发达的资本主义国家，在政治上创造比资本主义国家的民主更高更切实的民主。"① 这为中国特色社会主义民主建设的目标和政治生活方式指明了方向、提出了要求，具有极为重要的指导意义。邓小平同志还进一步指出："解放思想，开动脑筋，一个十分重要的条件就是要真正实行无产阶级的民主集中制。我们需要集中统一的领导，但是必须有充分的民主，才能做到正确的集中。"② 江泽民同志指出："在中国共产党领导下，包括工人、农民、知识分子在内的全体人民作为主人管理自己的国家，享受广泛的民主权利，这是我国社会主义民主的核心，也是同资本主义民主的本质区别。我们要继续坚定不移地发展社会主义民主，增强人民的主人翁责任感。"③ 这说明，社会主义就是要坚持民主的原则，让人民当家作主，使人民享有广泛的真实的民主权利。

德育工作原则应与社会主义民主的方式统一起来。邓小平同志曾指出："在党内和人民内部的政治生活中，只能采取民主手段，不能采取压制、打击的手段。"④ "对于思想问题，无论如何不能用压服的办法，要真正实行'双百'方针。"⑤ 邓小平同志还进一步指出："宪法和党章规定的公民权利、党员权利、党委委员的权利，必须坚决保障，任何人不得侵犯。"⑥ 江泽民同志就党内政治生活指出："我们的党内生活，一定要充分发扬民主、扩大民主。如果忽视民主，搞一言堂，势必造成党内生活不正常。但是不能忘记，共产党不但要发扬民主，尤其要实行在民主基础上的集中，这也是民主本身的要求。如果离开集中谈民主，就会违背民主原则，导致极端民主化和无政府状态，那我们就什么也干不成。"⑦ 针对基层民主建设问题，胡锦涛同志强调："扩大基层民主，保

---

① 邓小平文选：第2卷 [M]．北京：人民出版社，1994：322.
② 邓小平文选：第2卷 [M]．北京：人民出版社，1994：144.
③ 江泽民文选：第1卷 [M]．北京：人民出版社，2006：156.
④ 邓小平文选：第2卷 [M]．北京：人民出版社，1994：144.
⑤ 邓小平文选：第2卷 [M]．北京：人民出版社，1994：145.
⑥ 邓小平文选：第2卷 [M]．北京：人民出版社，1994：144.
⑦ 江泽民文选：第1卷 [M]．北京：人民出版社，2006：97.

证人民群众直接行使民主权利,依法管理自己的事情,创造自己的幸福生活,是社会主义民主最广泛的实践。"① "要主动适应社会主义市场经济条件下社会管理发展变化,积极推动社会管理体制机制创新,健全民主制度,建立健全党委领导、政府负责、社会协调、公众参与的社会管理格局,加强社会管理基层基础建设,提高基层群众自治组织自我管理、自我服务、自我教育、自我监督能力,加强社会组织管理和服务体系建设,提高社会管理信息化水平。"② 德育工作者以教育者自居,长官意志、强势训人的作风,不坚持民主平等说理对话,忽视群众的自我教育,都是违背民主原则的。

在新的历史时期,人民内部矛盾是我国社会基本矛盾的主要表现方式。德育工作坚持民主原则,还应开展广泛的沟通交流,倾听广大人民群众的心声,关注广大人民群众关心、关注的问题。2015年6月,中共中央办公厅印发的《关于加强人民政协协商民主建设的实施意见》指出:"人民政协协商民主是在中国共产党领导下,参加人民政协的各党派团体、各族各界人士履行政治协商、民主监督、参政议政职能,围绕改革发展稳定重大问题和涉及群众切身利益的实际问题,在决策之前和决策实施之中广泛协商、凝聚共识的重要民主形式。""充分发挥人民政协作为协商民主重要渠道和专门协商机构的作用,有利于广纳群言、广谋良策、广聚共识,有利于促进党和政府决策科学化、民主化,有利于更好实现人民当家作主,有利于化解矛盾、促进社会和谐稳定,有利于推进国家治理体系和治理能力现代化。""加强人民政协协商民主建设,必须坚持党的领导,坚定不移走中国特色社会主义政治发展道路;坚持宪法和政协章程确定的人民政协性质定位,始终围绕中心、服务大局;坚持协商于决策之前和决策实施之中,切实提高协商实效;坚持民主协商、平等议事、求同存异、体谅包容,努力营造良好协商氛围。"③ 习近平同志还特别强调:"实行人民民主,保证人民当家作主,要求我们在治国理政时在人民内部各方面进行广泛商量。在……我们要坚持有事多商量,遇事多商量,做事多商量,商量得越多越

---

① 江泽民文选:第2卷 [M]. 北京:人民出版社,2006:30.
② 胡锦涛. 扎实做好正确处理人民内部矛盾工作 为经济社会发展创造良好社会环境 [N]. 人民日报,2010-09-30 (1).
③ 中办印发《关于加强人民政协协商民主建设的实施意见》[N]. 人民日报,2015-06-26 (1).

深入越好，推进社会主义协商民主广泛多层制度化发展。"① 人民内部矛盾是在根本利益一致基础上的矛盾，主要表现为思想问题和认识问题。对这样的问题，只能采取说服教育的办法，而不能采取打击、压制和行政命令的方法；要采取民主集中的方式，而不能搞一言堂；要倾听广大基层群众的心声，而不能无视群众的呼声；要开展广泛的协商和坦诚的交流，而不能回避思想认识问题。这是德育工作应遵守的原则和优良传统。

德育工作坚持民主的原则，是由德育性质决定的。德育是意识形态领域的工作。习近平同志对此提出了新的要求："坚持团结稳定鼓劲、正面宣传为主，是宣传思想工作必须遵循的重要方针。我们正在进行具有许多新的历史特点的伟大斗争，面临的挑战和困难前所未有，必须坚持巩固壮大主流思想舆论，弘扬主旋律，传播正能量，激发全社会团结奋进的强大力量。关键是要提高质量和水平，把握好时、度、效，增强吸引力和感染力，让群众爱听爱看、产生共鸣，充分发挥正面宣传鼓舞人、激励人的作用。在事关大是大非和政治原则问题上，必须增强主动性、掌握主动权、打好主动仗，帮助干部群众划清是非界限、澄清模糊认识。"② 德育的过程，就是教育者与受教育者之间思想感情互动交流的过程。教育者与受教育者之间，只有建立起平等、信任的关系，积极主动地了解和掌握受教育者的思想脉搏，及时准确地做到教育有针对性、对症下药，才能有真实的思想交流。否则，如果教育者与受教育者之间没有建立平等和信任的关系，缺乏民主的气氛，甚至打压群众的不同意见，那么德育工作将会流于形式。邓小平同志尖锐指出："一听到群众有一点议论，尤其是尖锐一点的议论，就要追查所谓'政治背景'、所谓'政治谣言'，就要立案，进行打击压制，这种恶劣作风必须坚决制止。"③ 在德育工作中缺乏民主，就会掩盖人们真实的思想，人们就会用空话、套话、大话甚至假话来应付教育者，德育也将失去应有的效果。习近平同志强调："在人民内部各方面广泛商量的过程，就是发扬民主、集思广益的过程，就是统一思想、凝聚共识的过程，就是科学决策、民主决策的过程，就是实现人民当家作主的过程。这样做起来，国家治理和社

---

① 习近平. 推进人民政协理论创新制度创新工作创新 推进社会主义协商民主广泛多层制度化发展 [N]. 人民日报, 2014-09-22 (1).
② 习近平谈治国理政 [M]. 北京：外文出版社, 2014：155.
③ 邓小平文选：第2卷 [M]. 北京：人民出版社, 1994：145.

会治理才能具有深厚基础，也才能凝聚起强大力量。"① 这充分说明，必须将民主作为德育的一个重要原则，其含义是指德育工作主体与工作对象之间，地位是平等的，作用是双向的，要让广大人民群众参与其中，发挥更为主动、自觉的作用。这一原则主要包括发扬民主精神、民主作风和采用民主办法等，这是社会主义民主在德育工作中的重要体现。

  坚持民主的原则，要建立在相信群众、尊重群众、依靠群众的群众路线基础之上，深刻认识到人民群众是历史的创造者、推动历史发展的动力。坚持民主原则，要承认人民群众有能力判别真伪、认识谬误，有能力通过自己的思考和实践认识真理。邓小平同志指出："在全国人民中，共产党员始终只占少数。我们党提出的各项重大任务，没有一项不是依靠广大人民的艰苦努力来完成的。"② "只要我们真正依靠人民，跟人民讲清道理，人民，不论工人也好，农民也好，知识分子也好，爱国民主人士也好，都是识大体、顾大局的，都是相信跟着党走是对的。"③ 江泽民同志强调："我们党所领导的改革开放和现代化建设事业，是人民群众参加的、为人民群众谋利益的事业，只有相信和依靠群众，充分发挥他们的积极性创造性，才能获得成功。"④ 坚持民主的原则，也是新时期人民群众思想认识发展的必然要求。随着社会的不断进步，科学技术迅猛发展，人们的民主参与意识不断增强，获取信息的渠道大大丰富。胡锦涛同志对此提出了明确要求："做宣传群众、教育群众的工作，要讲究方式方法，善于摆事实、讲道理，努力做到深入浅出、以理服人，使群众能听得明白、听得进去，真正产生实际效果。"⑤ 习近平同志强调："要坚持党的群众路线，从群众中来、到群众中去，深入基层调查研究，亲近群众，联系群众，服务群众，做好新形势下的群众工作，朝气蓬勃地带领人民为全面建成小康社会、坚持和发展中国特色社会主义而共同奋斗。"⑥ 在这种情势下，德育工作只能通过摆事实、讲道理，以理服人、以情感人的方式，才能团结、教育、引导各方面的力

---

① 习近平. 在庆祝中国人民政治协商会议成立65周年大会上的讲话（2014年9月21日）[M]. 北京：人民出版社，2014：14.
② 邓小平文选：第3卷 [M]. 北京：人民出版社，1993：4.
③ 邓小平文选：第1卷 [M]. 北京：人民出版社，1994：301.
④ 江泽民. 论党的建设 [M]. 北京：中央文献出版社，2001：226.
⑤ 中共中央文献研究室. 十六大以来重要文献选编：中 [G]. 北京：中央文献出版社，2006：317.
⑥ 习近平. 认真学习党章 严格遵守党章 [N]. 人民日报，2012-11-20（1）.

量，为实现党和国家的目标而奋斗。

坚持民主的原则，要辩证地看待民主与法制的关系。我们讲的民主，是指在遵守党纪国法前提下的民主。邓小平同志指出："我们的民主制度还有不完善的地方，要制定一系列的法律、法令和条例，使民主制度化、法律化。社会主义民主和社会主义法制是不可分的。不要社会主义法制的民主，不要党的领导的民主，不要纪律和秩序的民主，决不是社会主义民主。"① 那种认为发扬民主的原则就是想怎么干就怎么干，不受任何约束的观点是自由化的表现，与我们提倡的民主是格格不入的。"我们在宣传民主的时候，一定要把社会主义民主同资产阶级民主、个人主义民主严格地区别开来，一定要把对人民的民主和对敌人的专政结合起来，把民主和集中、民主和法制、民主和纪律、民主和党的领导结合起来。"② 江泽民同志就民主与法制的辩证关系指出："人民民主是社会主义的本质要求。这种民主，是实现全体人民利益的民主，是与社会主义法制必然结合在一起、保障有领导有秩序地进行社会主义建设的民主。没有人民民主和统一的法制就没有社会主义，就没有社会主义现代化。"③ 民主和法制建设要抓紧进行。许多群众和青年学生希望加快民主法制建设，他们的要求是可以理解的。我们的各项民主制度和法律制度，都需要继续完善和发展，以保证党和国家的政策和工作能够充分体现人民的利益，保证各级干部置于人民群众的有效监督之下。胡锦涛同志论述社会主义和谐社会的基本特征时指出："民主法治，就是社会主义民主得到充分发扬，依法治国基本方略得到切实落实，各方面积极因素得到广泛调动。"④ 因此，德育工作中坚持民主原则，就必须教育人们正确认识发扬民主与加强法制和纪律的关系，使民主的充分发挥与党纪国法的坚决遵守和执行有机统一起来；还要善于在发扬民主的基础上集中群众的正确意见和智慧，不断改进工作，对群众不正确的思想则不能迁就，要积极加以引导，使其明辨是非。这是德育工作坚持民主原则的应有之义。

---

① 邓小平文选：第2卷 [M]. 北京：人民出版社，1994：359.
② 邓小平文选：第2卷 [M]. 北京：人民出版社，1994：176.
③ 江泽民文选：第1卷 [M]. 北京：人民出版社，2006：356-357.
④ 中共中央文献研究室. 十六大以来重要文献选编：中 [G]. 北京：中央文献出版社，2006：706.

五、齐抓共管的原则

德育工作是全党、全社会的事情，只有在党的领导下，全党、全社会共同来做，共同努力，才能做好。如果仅仅依靠少数部门或少数人去做，而不注意发动群众，不调动各方面积极性，必然缺失合力，使德育工作陷入孤军奋战、软弱无力的状态。毛泽东同志就做好思想政治工作曾指出："各个部门都要负责任。共产党应该管，青年团应该管，政府主管部门应该管，学校的校长教师更应该管。"① 江泽民同志也指出："思想工作是全党的工作，不仅宣传部门要做，各级党委和企业、农村、学校、街道等基层党组织要做，各级行政部门和工会、共青团、妇联等也都有做群众思想工作的责任。"② 德育工作只有通过党政工团妇等组织共同努力、各部门密切配合，专业队伍与群众队伍紧密合作，群策群力，工作才能做好。

进入 21 世纪，江泽民同志在中央思想政治工作会议上进一步强调："党的各级组织都要切实承担起做党的思想政治工作的职责。要建立党委统一领导、党政各部门和工会、共青团、妇联等人民团体齐抓共管、各负其责的思想政治工作体制，建立健全思想政治工作责任制。"③ 胡锦涛同志就宣传思想工作指出："各级党委要始终高度重视宣传思想工作，坚持'两手抓、两手都要硬'的方针，切实加强和改善领导。要形成党委统一领导、党政各部门和各人民团体齐抓共管、各负其责的工作体制。"④ 习近平同志就意识形态和宣传思想工作做出重要论述："意识形态工作是党的一项极端重要的工作"⑤；"做好宣传思想工作必须全党动手"；"各级党委要负起政治责任和领导责任"，加强领导，统筹指导；"要树立大宣传的工作理念，动员各条战线各个部门一起来做，把宣传思想工作同各个领域的行政管理、行业管理、社会管理更加紧密地结合起来"。⑥ 德

---

① 毛泽东文集：第 7 卷 [M]．北京：人民出版社，1999：226．
② 中共中央文献研究室．十四大以来重要文献选编：上 [G]．北京：人民出版社，1996：655．
③ 江泽民文选：第 3 卷 [M]．北京：人民出版社，2006：97．
④ 胡锦涛．坚持用"三个代表"重要思想统领宣传思想工作 为全面建设小康社会提供科学理论指导和强大舆论力量 [N]．人民日报，2003-12-08（1）．
⑤ 习近平谈治国理政 [M]．北京：外文出版社，2014：153．
⑥ 习近平谈治国理政 [M]．北京：外文出版社，2014：156．

育工作是意识形态和宣传思想工作的重要领域，德育工作坚持"齐抓共管"的原则，在党的统一领导下，充分调动党政各部门、人民团体等，各负其责，形成合力，才能不断推进德育实践的新发展。

坚持齐抓共管的原则，要坚持在党的领导下，充分发挥工会、共青团、妇联等人民团体的积极作用。坚持党的领导，是德育工作保持正确方向和发挥强大威力的保证。德育工作涉及经济和社会的各个方面，它不仅仅是党的组织部门和宣传部门的工作，而且是党的所有部门，政府部门及工会、共青团和妇联等人民团体的工作。邓小平同志指出："党是搞什么的？工会是搞什么的？共青团是搞什么的？妇联是搞什么的？还不都是做政治工作的？政治工作是要做的，而且是要好好地做。"① 江泽民同志就群众团体的作用指出："工会、共青团、妇联等群众团体要在管理国家和社会事务中发挥民主参与和民主监督作用，成为党联系广大人民群众的桥梁和纽带。"② 习近平同志还对群团工作提出了新的要求："工会、共青团、妇联等群团组织一定要坚持解放思想、改革创新、锐意进取、扎实苦干，切实保持和增强党的群团工作和群团组织的政治性、先进性、群众性，组织动员广大人民群众更加紧密地团结在党的周围，把广大人民群众对美好生活的追求汇聚成强大动力，共同谱写实现'两个一百年'奋斗目标、实现中华民族伟大复兴中国梦的新篇章。"③

工会是工人阶级的群众组织，代表工人群众的利益，具有广泛的群众性，能最大限度地团结和联合广大工人群众。工会在党组织领导下开展德育工作，调动职工积极性，这是工会责无旁贷的职责。共青团是先进青年的群众组织，是党的助手和后备军，是党联系青年的纽带。共青团是对广大青少年开展思想道德教育与实践的具体领导者和组织者，它与学校、社会、家庭相配合，为青少年健康成长创造良好环境。妇联是中国共产党领导的全国妇女的群众组织，它通过形式多样的思想政治教育，提高广大妇女的思想道德素质和科学文化素质，培养自尊、自信、自爱、自强意识，成为社会主义"四有"公民。德育工作只有在党的领导下，充分调动党政各部门和工会、共青团、妇联等人民团体各方面的积极性，齐抓共管，才能深入、持久地开展下去，才能取得好的效果。

---

① 邓小平文选：第2卷[M]. 北京：人民出版社，1994：195.
② 江泽民文选：第2卷[M]. 北京：人民出版社，2006：30.
③ 习近平谈治国理政[M]. 北京：外文出版社，2017：306.

坚持齐抓共管的原则,应充分发挥宣传、理论、文化、教育、新闻、出版、公安、政法等部门在德育工作的积极作用。特别是文化、教育部门担负着精神文明建设的重任,它们为人民群众提供精神食粮和培养社会主义现代化建设所需的人才。理论、文化、教育、出版等部门的同志"应当高举马克思主义的、社会主义的旗帜,用自己的文章、作品、教学、讲演、表演,教育和引导人民正确地对待历史,认识现实,坚信社会主义和党的领导,鼓舞人民奋发努力,积极向上,真正做到有理想、有道德、有文化、守纪律,为伟大壮丽的社会主义现代化建设事业而英勇奋斗"。① 要用马克思主义和社会主义思想去指导理论、宣传、教育、新闻、出版、文学艺术等部门的工作,去占领思想文化阵地和舆论阵地,不断丰富群众的精神生活,努力塑造群众美好的心灵。

文艺工作在教育人民群众中发挥着重要作用。邓小平同志指出:"不论是对于满足人民精神生活多方面的需要,对于培养社会主义新人,对于提高整个社会的思想、文化、道德水平,文艺工作都负有其他部门所不能代替的重要责任。"② 它是社会主义精神文明建设的重要方面,对人民群众特别是青年的思想发展有着很大的影响。"文艺工作对人民特别是青年的思想倾向有很大影响,对社会的安定团结有很大的影响。"③ "任何进步的、革命的文艺工作者都不能不考虑作品的社会影响,不能不考虑人民的利益、国家的利益、党的利益。"④ 胡锦涛同志明确指出:"大力发展文化事业和文化产业,为人民群众提供更多更好的文化产品和文化服务,满足人民群众日益增长的精神文化需求,提高全社会的文化生活质量,是宣传文化部门担负的重要任务。"⑤

随着人民群众对文化生活的要求不断提高,文艺在人民群众生活中的地位越来越高,影响越来越大。习近平同志对文化事业的发展提出了新的要求:"在推进文化体制改革、繁荣发展文化事业和文化产业的过程中,要把握好意识形态属性和产业属性、社会效益和经济效益的关系,始终坚持社会主义先进文化

---

① 邓小平文选:第3卷[M].北京:人民出版社,1993:40.
② 邓小平文选:第2卷[M].北京:人民出版社,1994:209.
③ 邓小平文选:第2卷[M].北京:人民出版社,1994:256.
④ 邓小平文选:第2卷[M].北京:人民出版社,1994:256.
⑤ 中共中央文献研究室.十六大以来重要文献选编:上[G].北京:中央文献出版社,2005:540.

前进方向，始终把社会效益放在首位。"① 必须大力繁荣社会主义文艺事业，同时必须坚持社会主义的方向，文艺作品要"考虑人民的利益、国家的利益、党的利益"，要"经常地、自觉地以大局为重，为提高人民和青年的社会主义觉悟奋斗不懈"。② 德育工作要坚持党的领导，还要充分调动文化、教育、出版等各部门的积极性，坚持齐抓共管，发挥各部门在德育工作中更加专业、更切实际、更有影响的作用，才能取得好的成效。

---

① 中共中央宣传部. 习近平总书记系列重要讲话读本[M]. 北京：学习出版社，2014：102-103.
② 邓小平文选：第2卷[M]. 北京：人民出版社，1994：256.

第六章

新时代德育原理的新发展

党的十八大以来,以习近平同志为核心的党中央,围绕培养什么人、怎样培养人、为谁培养人的德育核心战略,提出了"两个巩固"的德育发展新定位;确立了实现中华民族伟大复兴中国梦的德育发展目标指向;科学地阐述了在全党、全社会培育和践行社会主义核心价值观共同的价值追求,创新了党内教育和学校德育、军队德育、社会德育的新实践,丰富和发展了当代中国马克思主义德育理论,有力指导了当代德育原理和实践的新发展。

一、德育发展的行动指南

党的十八大以来,习近平同志带领全党和全国人民团结奋斗,进行了历史性变革、取得了开创性成就。中国特色社会主义发展到了新的历史起点上,社会主义初级阶段发展到了新的历史阶段,中国共产党治国理政和解决社会主要矛盾的能力与水平达到了历史的新高度,当代中国对世界贡献取得了历史性的新成就。经过长期的努力,中国特色社会主义进入了新时代。

习近平同志在党的十九大报告中指出:"五年来的成就是全方位的、开创性的,五年来的变革是深层次的、根本性的。"① 进行伟大斗争取得了开创性的胜利,特别是反腐败斗争取得了压倒态势的伟大胜利;推进伟大事业取得全方位的重大成就;建设伟大工程成效卓著,从严治党取得历史性成效。党的面貌焕然一新,中国共产党大党形象得到历史性的提升。这为中国特色社会主义进入新时代奠定了坚实的实践基础。中华民族迎来了从站起来、富起来到强起来的

---

① 习近平. 决胜全面建成小康社会 夺取新时代中国特色社会主义伟大胜利[M]. 北京: 人民出版社, 2017: 8.

伟大飞跃，中华民族比历史上任何时期都更加接近、更有自信和能力实现复兴的强国目标。马克思主义的科学社会主义运动发展到了新的历史高度，特别是当代中国马克思主义把科学社会主义的伟大实践发展到了新境界，并引领世界科学社会主义运动的发展。中国特色社会主义开创的新模式、新形态、新活力，为世界社会主义国家崛起和发展提供了成功经验和选择路径。中国特色社会主义道路、理论、制度、文化不断创新发展而生成的时代自信，为发展中国家走向现代化、为其他国家正确选择发展道路、为解决人类问题贡献了中国智慧和中国方案。这就从中华民族伟大复兴的历史维度、马克思主义科学社会主义运动发展的历史维度、人类发展的历史维度的现实发展基础上，历史客观地表明了中国特色社会主义进入新时代。

新时代孕创新思想，新思想指导新实践。习近平同志关于中国特色社会主义德育问题的重要论述，是当代德育实践的行动指南。党的十八大以来，习近平同志科学把握新时代的历史方位，站在加强和改进德育工作新的历史起点上，科学地回答了坚持和发展什么样的中国特色社会主义德育思想，怎样坚持和发展中国特色社会主义德育思想的重大理论和实践问题。习近平同志科学地继承马克思主义的德育理论和毛泽东德育思想，又坚持当代中国马克思主义德育理论，并依据中国特色社会主义发展的新实践，全面决胜小康社会、实现中华民族伟大复兴中国梦的新目标，就加强和改进新时代的德育工作提出了一系列新理念、新思想和新战略，对德育目标、战略地位、战略方针、战略重点、价值追求、党内德育、高校德育、军队德育等做出了科学全面的阐述，形成了关于中国特色社会主义德育问题的重要论述的科学体系。这是具有深厚的理论渊源和与时俱进发展的科学的理论体系，指导着新时代德育实践的创新与发展。

习近平同志关于中国特色社会主义德育问题的重要论述，指导解决了党的十八大以来德育发展一系列更为复杂的重大问题，取得了全方位、开创性成就。全面从严治党教育，用中国特色社会主义理论体系武装全党、教育人民，党内教育取得开创性成就；社会主义核心价值观的培育和践行，成为全党全社会的重要遵循，成为凝聚全体人民共同的价值追求，成为培养担当民族复兴大任的时代新人的重要价值准则；军队德育工作成效显著，为重塑军队、政治建军、铸就听党指挥的军魂，提供了强大精神动力和政治保证；高校德育取得重大发展，全程育人、全方位育人、立德树人的质量得到有效提升；社会德育取得重要的成效，社会道德教育、社会法治教育、社会风尚教育、"四德"教育、和谐社会教育开创新局面，社会公平、正义、法治、环境生态教育与社会文明程度得到有效提升；思想道德建设取得重大进展，党对意识形态领域的领导全面加强；中国特色社会主义理想信念教育、中国梦教育深入人心，"四个自信"教育全面加强，中国革命精神和当代中国精神得到广泛认同和有力弘扬；人民的思想觉悟、道德水准、文明素养得到不断提升。新时代德育工作取得全方位开创性成就，为当代中国马克思主义德育理论的创新发展，奠定了坚实的实践基础。

习近平同志关于中国特色社会主义德育问题的重要论述，为推进新时代德育实践发展，为推进党的伟大事业、进行伟大斗争、建设伟大工程，提供了科学的教育世界观和方法论。德育工作是中国共产党最大的政治优势，是党的工作的中心环节。党的十八大以来，以习近平同志为核心的党中央，团结和带领全国人民为实现"两个一百年"的宏伟目标而奋勇前进。我们党要实现伟大梦想，必然要进行伟大斗争，必然要团结带领全党同志和全体人民应对重大挑战、抵御重大风险、克服重大阻力、解决重大难题和矛盾，这也就必然要进行具有许多新的历史特点的伟大斗争，特别是来自党内的反腐败斗争。我们党以鲜明的政治立场，有效开展对损害党的形象和人民利益、破坏党的团结、违背党的宗旨的腐败行为，侵害和破坏党的先进性和纯洁性的言行，进行了伟大斗争；破除一切顽瘴痼疾，同任何削弱、歪曲、否定党的领导和中国特色社会主义制度的言行进行了坚决斗争；对一切分裂祖国、破坏民族团结和社会稳定和谐的行为进行坚决斗争，战胜一切在政治、经济、文化、社会等领域和自然界出现的困难和挑战。面对这些具有新的历史特点斗争的挑战，既要掌握马克思主义的思想武器，把握斗争方向和策略，运用党纪国法和斗争智慧进行坚决有效的斗争；又必须发挥德育工作的政治优势，对全党同志和全体人民进行思想政治教育，尤其要进行"四个意识"的教育和反腐斗争的教育，提高斗争本领和战胜挑战的斗争精神教育，使我们党始终能够勇于站在斗争前列，团结带领人民在这场斗争中不断夺取新胜利。党的十八大以来，德育工作切实为党的中心工作起到了服务和保证作用，切实为进行这场具有新的历史特点的斗争保驾护航，并提供了坚实的思想政治保证。

实现伟大梦想，必须建设伟大工程。我们党要始终成为时代先锋、民族脊梁，始终成为马克思主义的先进执政党，既需要坚持党对一切工作的领导，又需要完善党的领导，全面从严治党，深入推进党的建设新的伟大工程。进入新时代，党的建设面临着一系列更为复杂的环境、更为严峻的考验、更为严峻的危险。执政环境的复杂性，使得影响党的先进性、弱化党的纯洁性的环境和因素变得更为复杂，党面临着在新的历史起点上执政考验、改革开放考验、市场经济考验、外部环境考验的长期性和新的复杂情况；面临着精神懈怠、能力不足、脱离群众、消极腐败危险的尖锐性和严峻性；面临着党内存在的思想不纯、组织不纯、作风不纯的突出问题和新情况。党的建设面临着这些复杂、严峻的问题和考验与危险，就需要在党的领导下进行自我革命，全面从严治党。党的十八大以来，我们党的德育工作，为坚持党要管党、全面从严治党服务，全面创新党内思想政治教育，创新性地开展了执行中央"八项规定"教育，党的群众路线实践教育活动，"三严三实"专题教育，"两学一做"教育，"不忘初心、牢记使命"教育。在全体党员干部中以理想信念教育为核心，以党的宗旨与先进性和纯洁性教育为主线，以人民为中心教育为根基，以反腐败斗争教育为重点，全面开展了从严治党教育，开创了党内思想教育实践的新境界，取得了切实成效。德育实践取得新的重大突破，为党的建设伟大工程提供了强大的教育力和思想政治保证。

实现伟大梦想，必须推进伟大事业。中国特色社会主义是改革开放以来党的全部理论和实践主题。进入新时代，党的事业面临一系列新的挑战，面临新的难题和新矛盾、为谁发展的根本问题、怎样继续发展的问题：社会差距拉大、民生短板突显、环境治理紧迫、突发事件频发、权力腐败等重大现实问题，制度改革与稳定、体制改革与创新问题，国家治理与政党治理、政府与市场关系、国家与社会、党和人民的关系等重大问题，中国参与全球治理和责任问题，全球化新特征带来的新挑战和新机遇、中国走近世界舞台中央、由"大"变"强"的问题，等等。直面这些重大问题、重大矛盾和重大关系处理，以习近平同志为核心的党中央，始终站在时代的前列，始终坚持以人民为中心的根本价值导向，紧紧抓住坚持与发展中国特色社会主义这一根本问题和时代主题，统筹推进"五位一体"总体布局和协调推进"四个全面"战略布局，在发展中切实贯彻"五大发展"新理念，加快构建以国内大循环为主体、国内国际双循环相互促进的新发展格局，科学有效推进治国理政的重大决策和方略，有序地推进共商共建共享的全球治理的实践，实创了中国特色社会主义发展的新境界。

推进伟大事业，必然需要调动发挥全党和全体人民的主动性、能动性和创造性。德育工作围绕推进伟大事业这一根本，有力并广泛地开展了用中国特色社会主义武装全党、教育人民，实现中华民族伟大复兴中国梦的教育。对广大党员干部开展了以人民为中心的政治本色教育，实现党的奋斗使命教育；强化了党的政治路线、政治立场、政治方向、政治规矩和政治纪律教育，在全党崇尚忠诚老实、公道正派、责任担当、清正廉洁、为民服务的人生观、价值观教育，发展成果由人民共享的利益观教育。对广大人民进行"四个自信"的教育，对美好生活追求向往、建设美丽中国的教育等。德育工作在推进伟大事业的实践中，发挥着动员群众、宣传群众、武装群众、号召广大人民群众积极投身于中国特色社会主义伟大实践，发挥广大人民首创精神的教育功用，为推进党的伟大事业提供了智力支持和强大精神动力。进行伟大斗争、建设伟大工程、推进伟大事业、实现伟大梦想的中国特色社会主义的伟大实践和成就，为习近平同志关于中国特色社会主义德育问题的重要论述提供了现实的时代依据。

习近平同志关于中国特色社会主义德育问题的重要论述，是对马克思主义、毛泽东德育思想、当代中国马克思主义德育理论的科学继承与发展，是新时代中国特色社会主义德育理论发展的新境界，是党的德育实践创新发展的重大理论成果，是习近平新时代中国特色社会主义思想的重要组成部分，是新时代德育实践的行动指南。

二、德育发展的新定位

习近平同志在全国宣传思想工作会议上强调指出："宣传思想工作就是要巩固马克思主义在意识形态领域的指导地位，巩固全党全国人民团结奋斗的共同思想基础。"① 这一重要论述，直指关系党的宣传思想工作性质和地位的重大问题，也是对新时代德育工作重要地位做出的新阐释。

马克思主义是中国人民的正确选择，也是中国共产党的正确选择，是我们立党立国的根本指导思想。马克思主义是关于自然和社会发展规律的科学；是关于被压迫剥削群众革命的科学，关于社会主义在一切国家中胜利的科学；是关于共产主义建设的科学。这就表明了马克思主义是无产阶级政党和无产阶级

---

① 习近平谈治国理政［M］. 北京：外文出版社，2014：153.

进行革命，在一切社会主义国家取得胜利，并建设共产主义社会的一种崭新、完整、科学的世界观。

马克思、恩格斯在对其创立的理论历次阐述中，都特别强调自己的理论是一种新的科学世界观。1859年马克思发表了《政治经济学批判》这部具有时代意义的著作，恩格斯在书评中就指出："我们党有个很大的优点，就是有一个新的科学的观点作为理论的基础。"① 在《反杜林论》第二版序言中还写道："我们的这一世界观，首先在马克思的《哲学的贫困》和《共产党宣言》中问世，经过足足20年的潜伏期，到《资本论》出版以后，就越来越迅速地为日益广泛的各界人士所接受。"② 这表明马克思、恩格斯把自己创立的理论作为一种新的世界观来认识。在马克思逝世后，恩格斯再次强调：马克思的《关于费尔巴哈的提纲》是"包含着新世界观的天才萌芽的第一个文件"。③ 马克思主义不仅是一种新的世界观，而且是完整的世界观。马克思、恩格斯在19世纪30年代中叶到40年代发表的著作，如《黑格尔法哲学批判》《神圣家族》《德意志意识形态》《共产党宣言》等，都如实印证了他们的理论是完整的世界观。

马克思在19世纪40年代初直接批判黑格尔的哲学，并对莫尔、沙佩尔、鲍威尔的哲学思想进行科学批判，扬弃了费尔巴哈的哲学，创立了唯物主义辩证法。马克思、恩格斯运用其唯物辩证的方法研究历史，尤其是研究欧洲资本主义发展的历史和工人运动实践，创立其唯物主义的历史观。随后他们把唯物主义的辩证法和历史观，运用到研究当时正在开展的社会主义运动；与此同时，批判了冒牌的和空想的社会主义学说，为共产主义者同盟写下了共产国际的第一个党纲——《共产党宣言》。由此创立了马克思主义的科学社会主义观。19世纪50年代马克思主要对资产阶级"政治经济学"进行批判，60年代基本完成了这一批判，发表了《资本论》以及相关著作，从而创立了马克思主义的经济观。这期间，恩格斯主要研究"自然辩证法"，运用他们自己创立的唯物主义的辩证法和历史观，研究自然科学和自然规律，创立了唯物辩证的自然观。19世纪80年代初，马克思虽然认为自己的世界观哲学体系大体完成，但他感觉到还有一个重要方面即古代原始社会阶段还要研究，也就是从人类出现到形成文

---

① 马克思恩格斯选集：第2卷[M]．北京：人民出版社，1995：39-40．
② 马克思恩格斯选集：第3卷[M]．北京：人民出版社，1995：347．
③ 马克思恩格斯选集：第4卷[M]．北京：人民出版社，1995：213．

明以前这个历史阶段。他得知摩尔根发表了《古代社会》，迫切需要得到这部著作抓紧研究。这时马克思的身体状况很差，生活也极端贫困，也就是在生命的最后岁月里，他对《古代社会》做出了富有成效的研究，直到生命终结，他对这部著作的研究还未完结。后来恩格斯完成对《古代社会》的最终研究，并在马克思主义观点的基础上创立了马克思主义的社会观。因此，马克思主义的完整世界观，是其历史观、哲学观、经济观、科学社会主义观、自然观和社会观有机统一的唯物主义哲学和辩证法的世界观体系。这一科学完整的世界观才能成为无产阶级政党和无产阶级革命取得胜利的科学指南。

马克思主义是指导中国无产阶级政党中国共产党进行新民主主义革命并取得胜利，进行社会主义建设、中国特色社会主义现代化事业取得伟大成就的指导思想。中国共产党的成立，就是自觉用马克思主义武装的先进知识分子同工人革命运动相结合的产物。中国共产党自诞生起，就把马克思主义写在党的旗帜上，作为自己的坚定信仰和行动指南。正如毛泽东同志指出："十月革命一声炮响，给我们送来了马克思列宁主义。十月革命帮助了全世界也帮助了中国的先进知识分子，用无产阶级的宇宙观作为观察国家命运的工具，重新考虑自己的问题。走俄国人的路——这就是结论。"① 这个正确的结论充分表达了中国共产党自觉地选择了马克思列宁主义，并自觉地推进了马克思列宁主义同中国国情和中国革命具体实践的科学结合。中国共产党为了实现其奋斗理想，完成中国革命的根本任务，自觉选择了把马克思列宁主义作为指导自己的思想理论基础与强大思想武器。

以毛泽东、朱德等同志为代表的中国共产党人，自觉地把马克思主义的基本原理同中国革命具体实践相结合，开辟了"以农村包围城市，武装夺取政权"的革命新路，并运用马克思主义的立场、观点和方法，不断纠正党内"左"或右的机会主义错误路线，引领中国革命沿着这条正确道路，不断地从胜利走向胜利，形成了马克思主义中国化的重大理论成果：毛泽东思想。中华人民共和国成立以后，以毛泽东同志为代表的第一代党中央领导集体，运用马克思主义的基本理论同社会主义建设的具体实践相结合，坚持马克思主义实事求是的思想路线，纠正党内的错误思想，对社会主义建设道路进行了探索，取得社会主义建设的重大成就。以邓小平同志为代表的第二代党中央领导集体，把马克思

---

① 毛泽东选集：第4卷 [M]. 北京：人民出版社，1991：1471.

基本原理同社会主义初级阶段国情和建设实际与时代特征相结合，开创了中国特色社会主义道路，走改革开放强国之路，取得了社会主义现代化建设举世瞩目的辉煌成就，形成了马克思主义中国化的又一重大理论成果：邓小平理论。这一科学理论指导了新时期改革开放和社会主义现代化建设的伟大实践，又在实践中不断丰富和发展，形成了中国特色社会主义理论体系。党的十八大以来，以习近平同志为核心的党中央，高举中国特色社会主义伟大旗帜，并同中国特色社会主义新时代特征和建设实践相结合，紧密结合新的时代条件和实践要求，既坚持马克思主义科学完整的世界观和方法论，又以全新的视野深化了对"三大规律"的认识，以改革和发展的政治智慧和勇气，进行伟大斗争、建设伟大工程、推进伟大事业、实现伟大梦想，形成了马克思主义中国化的又一次理论创新成果：习近平新时代中国特色社会主义思想。

中国特色社会主义现代化事业取得的开创性成就充分证明，马克思主义是我们立党立国的根本指导思想，是我们党必须长期坚持的指导思想。这就内在体现了坚持和巩固马克思主义的指导地位是我们党和国家意识形态的本质要求。正如习近平同志指出："在革命、建设、改革各个历史时期，我们党坚持马克思主义基本原理同中国具体实际相结合，运用马克思主义立场、观点、方法研究解决各种重大理论和实践问题，不断推进马克思主义中国化，产生了毛泽东思想、邓小平理论、'三个代表'重要思想、科学发展观等重大成果，指导党和人民取得新民主主义革命、社会主义革命和社会主义建设、改革开放的伟大成就。"① 这就深刻阐明了坚持马克思主义在意识形态领域指导地位的极端重要性；表达做好党和国家的意识形态领域工作对于坚持党的领导、引领社会、凝聚人心、推进社会进步的指导作用。这也体现对德育工作的新定位和重大任务，就是要用马克思主义理论、中国特色社会主义理论体系武装全党，教育人民，坚定对马克思主义和共产主义的信仰。习近平同志就加强德育工作语重心长告诫全党同志："领导干部特别是高级干部要把系统掌握马克思主义基本理论作为看家本领，老老实实、原原本本学习马克思列宁主义、毛泽东思想特别是邓小平理论、'三个代表'重要思想、科学发展观。……新干部、年轻干部尤其要抓好理论学习，通过坚持不懈学习，学会运用马克思主义立场、观点、方法观察

---

① 习近平. 在哲学社会科学工作座谈会上的讲话 [M]. 北京：人民出版社，2016：9.

和解决问题，坚定理想信念。"① "要深入开展中国特色社会主义宣传教育，把全国各族人民团结和凝聚在中国特色社会主义伟大旗帜之下。"② 这就充分表达了在新的历史起点上，加强德育工作，坚持马克思主义指导，坚持用习近平新时代中国特色社会主义思想武装全党、教育人民的极端重要性。

巩固全党全国人民团结奋斗的共同思想基础，既是马克思主义在意识形态领域指导地位的内在体现，又是加强中国特色社会主义共同理想教育的根本任务。习近平同志指出："经过几千年的沧桑岁月，把我国56个名族，13亿多人紧紧凝聚在一起的，是我们共同经历的非凡奋斗，是我们共同创造的美好家园，是我们共同培育的民族精神，而贯穿其中的、更重要的是我们共同坚守的理想信念。"③ 打牢全党全国人民团结奋斗的共同思想基础，最核心的就是坚持中国特色社会主义的共同理想，用共同理想引领全党和全国人民的前进方向，用共同信念筑牢全党全国人民的精神之魂。习近平同志指出："理想指引人生方向，信念决定事业成败。没有理想信念，就会导致精神上的'缺钙'。"④ 由此，也确定了新时代德育的核心内容就是加强对全党全国人民的共同理想信念教育，使广大党员干部和人民群众"把理想信念建立在对科学理论的理性认同上，建立在对历史规律的正确认识上，建立在对基本国情的准确把握上"⑤，坚定对中国特色社会主义的信心，坚持对党的领导的信任，坚持对马克思主义的信仰。

习近平同志关于"两个巩固"的重要论述，内在要求新时代德育必须把握大势，着眼大事，服务大局。坚持以经济建设为中心，集中精力把经济建设搞上去，提高广大人民生活水平，提升我国的综合实力，这是我们党始终要坚持的大局，德育工作必须服务于这个大局。新时代，坚持走中国特色社会主义道路，坚持党的基本路线不动摇，坚持全面深化改革、全面依法治国、全面从严治党、全面建成小康社会和全面建设社会主义现代化国家，推进国家治理体系和治理能力的现代化，始终是解决当代中国一切问题的大势，德育工作也必须把握这一大势。全面推进"五位一体"建设，坚持创新、协调、绿色、开放、共享发展的"五大发展"新理念，坚持构建国内国际"双循环"新发展格局，

---

① 习近平谈治国理政 [M]. 北京：外文出版社，2014：153-154.
② 习近平谈治国理政 [M]. 北京：外文出版社，2014：154.
③ 习近平谈治国理政 [M]. 北京：外文出版社，2014：39.
④ 习近平谈治国理政 [M]. 北京：外文出版社，2014：50.
⑤ 习近平谈治国理政 [M]. 北京：外文出版社，2014：50.

不断增强国家的物质力量和精神力量,这是我们要牢牢着眼的大事,也是德育工作要着眼的大事。坚持马克思主义和中国特色社会主义理论体系对德育工作的指导,服务于以经济建设为中心、全面建成小康社会和全面建设社会主义现代化国家的大局,增强德育的有效性;筑牢全党和全国人民的理想信念精神之魂,巩固马克思主义在意识形态领域里的指导地位,巩固德育工作在党的工作中的地位,这既突显了德育发展的新定位,又强调了德育工作的新任务。

三、德育发展的目标指向

实现中华民族伟大复兴的中国梦,是德育追求的崇高价值目标。习近平同志在2012年12月29日观看《复兴之路》展览讲话时指出:"实现中华民族伟大复兴,就是中华民族近代以来最伟大的梦想。"① 这是对坚持和追求中国特色社会主义共同理想的科学表达,是引领当代中国社会发展的精神旗帜,是中华民族近代以来的崇高追求;也是德育发展与实践的价值追求。2013年3月17日,习近平同志在十二届全国人民代表大会第一次会议的讲话中指出:"中国梦的本质是国家富强、民族振兴、人民幸福";实现中国梦"不仅造福中国人民,而且造福世界人民。"② 这科学地阐述了中国梦的内涵。

习近平同志阐述中国梦的主要内涵:第一,科学表达了中国梦的时空关系,是近代以来中国人民追求的梦想,是中国共产党人实践科学社会主义推动人类文明发展的崇高追求和奋斗目标。第二,阐述了中国梦的本质内涵:"民族振兴,国家富强,人民幸福",造福于中国人民和世界人民。第三,阐述了实现中国梦的要义:必须坚持走中国特色社会主义道路,必须弘扬中国精神,必须凝聚中国力量,必须坚持和平发展,实干才能梦想成真。第四,表达了中国梦的价值目标:中华民族的伟大复兴,建设富强、文明、民主、和谐、美丽的社会主义现代化国家。第五,阐述了实现中国梦的价值主体,中国梦归根到底是人民的梦想,是中国共产党人追求奋斗的梦想。

中国梦就是近代以来中华民族最伟大的梦想,这是对近代以来中国人民奋斗目标和奋斗历程的马克思主义唯物史观和历史观的科学阐述。在人类社会发展史上,中华民族曾长期处于世界各民族前列,但是进入近代史以后,中国开

---

① 习近平谈治国理政 [M]. 北京:外文出版社,2014:36.
② 习近平谈治国理政 [M]. 北京:外文出版社,2014:57.

始落后了。1840年鸦片战争以后，中华民族遭受西方列强侵略，中华民族由此也开启了救亡图存、不屈不挠、前仆后继的斗争。也正是从这时开始，中华民族开启了民族抗争与复兴之路。回顾历史和展望未来，中华民族寻梦、追梦、圆梦的历史，可以概括为经过"两个百年"、实现"两重任务"。"两个百年"即从鸦片战争始到1949年中华人民共和国成立，为第一个百年；从中华人民共和国成立到21世纪中叶实现现代化，为第二个百年。在第一个百年，中华民族对救亡图存和复兴之路的探索和实践，历经了太平天国运动、洋务运动、戊戌变法、义和团运动、辛亥革命等，虽屡遭失败和挫折，但愈挫愈勇，自强奋斗。尤其是中国共产党的诞生，开创了中国革命的新纪元。在中国共产党领导下，取得了新民主主义革命的彻底胜利，建立了新中国。中国共产党选择了中国革命正确的道路，历史和中华民族又选择了中国共产党的领导。这是近代以来被史实证明了的科学历史观。

第二个百年，在中国共产党的领导下，中华民族在建立社会主义制度的基础上，开启了民族复兴的新征程，这个新征程是中国共产党人进行艰辛探索和积累了宝贵经验的历史进程。党的十一届三中全会以来，在探索社会主义道路与吸取正反两个方面经验教训的实践进程中，党和国家的工作重心转移到以经济建设为中心上来，开启了改革开放的强国之路，我们党成功地开创了中国特色社会主义道路，赋予科学社会主义前所未有的生机和活力，取得了举世瞩目的伟大成就，有力地推进了中华民族伟大复兴的历史进程。正如习近平同志所说："我们比历史上任何时期都更接近中华民族伟大复兴的目标，比历史上任何时期都更有信心、有能力实现这个目标。"[①]

"两个百年"又承载着"两重任务"，一是民族复兴，二是坚持和发展中国特色社会主义，建设社会主义现代化强国。民族复兴是中华民族的共同梦想；中国特色社会主义既是我们的共同理想，也是我们圆梦和实现理想必须坚持的正确道路和实践方向。在当代中国，这"两重任务"作为同一目标的两个方面，是历史与逻辑相统一发展的必然。中国特色社会主义凝结着实现中华民族伟大复兴这个近代以来中华民族最伟大的梦想。中国梦是历史必然，是中国共产党领导人民进行科学社会主义实践的归宿，并以其独特的历史进程和鲜明的时代特色，丰富了世界社会主义发展道路的多样性，从而升华了中国共产党与中华

---

① 习近平谈治国理政［M］．北京：外文出版社，2014：35-36．

民族对历史观的科学认识，赋予了科学社会主义在中华民族伟大复兴的征程中新的时代内涵，是当代中国马克思主义历史观和科学社会主义观有机结合的科学表达。

实现中华民族伟大复兴的中国梦，是中国共产党人进行科学社会主义伟大实践的历史必然与正确选择。1848年《共产党宣言》的发表，标志着科学社会主义的诞生。此后，科学社会主义思想在全世界传播，社会主义运动在全世界展开实践。历史表明，在中国坚持与发展科学社会主义，是中国共产党人和中华民族正确的选择，是中华民族伟大复兴之路的正确方向。中国共产党人自觉接受马克思主义指导起，就高扬着《共产党宣言》的旗帜，一直进行着科学社会主义的伟大实践。中华人民共和国的诞生、中国社会主义制度的建立，是以毛泽东同志为代表的中国共产党人探索中华民族伟大复兴之路的重大成果。改革开放以来，中国共产党人总结了科学社会主义在中国实践的成功经验与教训，开创了中国特色社会主义的民族复兴新路，对科学社会主义思想做出了新表达，进行了新的实践。改革开放40多年的历史证明：中国特色社会主义道路、理论、制度、文化的新实践，是对科学社会主义思想的新贡献，也是科学社会主义思想在中国实践的又一重大理论成果。中国梦是对科学社会主义思想的新表达和新实践，是对马克思主义科学社会主义理论运用与发展的成功典范。这就突显了实现中国梦，进行科学历史观和科学社会主义思想教育的德育价值。

实现中华民族伟大复兴的中国梦，突显了党的十九大精髓和主题的要旨，突显了坚持和发展中国特色社会主义的时代主题。党的十九大主题，再次深刻表明：在习近平新时代中国特色社会主义思想指导下，在新的征程上，举什么旗，走什么路，以什么样的精神状态，实现什么样的目标的主题内涵。全面推进中国特色社会主义现代化强国建设，实现中华民族伟大复兴的强国梦。这一"强国梦"，正是从深化对党的十九大主题的认识上，突显了新时代德育工作的重点和深入开展的新实践新要求：在实现中华民族伟大复兴中国梦新征程中，开展习近平新时代中国特色社会主义思想教育的时代必然性，开展"不忘初心、牢记使命"主题教育的历史必然性；更加深化了对党的十九大报告核心要义的认识：坚持和发展中国特色社会主义、怎样坚持和发展中国特色社会主义教育的必然性。这是对党的十九大报告提出的"八个明确，十四个坚持"的理论上的固化与实践上的行动指南。这就强化了新时代德育工作的重要任务和价值实现方向。实现中国梦，既是党的十九大提出的奋斗目标，又是贯彻落实党的十九大精神重要的价值导向。中国梦的内涵在新时代的表达，就是广大人民对美好生活的向往和期盼。要实现中华民族伟大复兴的强国梦，就必然要坚持走中国道路、弘扬中国精神、凝聚中国力量。这一教育价值实践方向，与"八个明确，十四个坚持"的价值实践方向高度统一。因此，中国梦教育具有强大的价值引领作用，充分表达了全国人民在新时代共同的追求和奋斗目标，科学反映了习近平新时代中国特色社会主义思想指导下进行的德育实践，并且是对实现中国梦的主体地位、根本任务、必由之路、价值目标、本质特征、内在追求和奋斗实践的领导核心认识的科学升华。这是对全党全国人民进行道路自信、理论自信、制度自信、文化自信教育的实践基础，充分表达了中国梦教育价值与新时代党的奋斗目标政治价值的有机统一。

中国梦教育，是习近平同志关于中国特色社会主义德育问题重要论述的重要内容。中国梦既是引领新时代德育发展的实践方向，也是用中国梦教育全党和全国人民，实现德育价值目标的崇高追求。坚持走中国道路的教育，坚定对中国特色社会主义道路的信心，这是中国特色社会主义理论体系教育和理论武装的必然。习近平同志指出："这条道路来之不易，它是在改革开放30多年伟大实践中走出来的，是在中华人民共和国成立60多年的持续探索中走出来的，是对近代以来170多年中华民族发展历程的深刻总结中走出来的，是在对中华民族5000多年悠久文明的传承中走出来的，具有深厚的历史渊源和广泛的现实基础。"①"全国各族人民一定要增强对中国特色社会主义的道路自信、理论自信、制度自信，坚定不移沿着正确的中国道路奋勇前进。"② 这一重要论述，深刻揭示了走中国道路的历史必然、现实基础、理论支撑和制度保障，科学地揭示了走中国道路与中国特色社会主义理论体系辩证统一的关系。道路是实现途径，理论是行动指南，制度是根本保障。三者既统一于中国特色社会主义的伟大实践，又统一于实现中华民族伟大复兴中国梦的实践。这是开展坚持走中国道路教育的首要遵循。

习近平同志指出："道路问题是关系党的事业兴衰成败的第一位的问题，道

---

① 习近平谈治国理政［M］. 北京：外文出版社，2014：39-40.
② 习近平谈治国理政［M］. 北京：外文出版社，2014：39-40.

路就是党的生命。"① 要结合中国的国情和当代世界深刻变化的实际，深入开展马克思主义理论教育，深刻理解中国道路是在运用马克思主义基本原理指导中国社会主义建设和改革开放实践中走出来的，是在正确判断和科学把握国际形势深刻变化中走出来的。这条道路具有科学的理论根基和恢宏的国际视野。它是一条既坚持科学社会主义原理，又适合中国国情实际，符合人类文明发展的道路。要结合中共党史、中国近现代史、中华文明发展史教育，来开展坚持走中国道路教育，深刻认识中国道路深厚的历史渊源和坚实的文明基础。这条道路是中国共产党领导人民经过艰辛持续探索，特别是在改革开放40多年的伟大实践中走出来的；是在传承中华民族五千多年悠久文明，特别是深刻总结近代以来中华民族奋斗发展历程中走出来的。要结合改革开放和现代化建设成就，开展走中国道路教育。改革开放以来，我们坚定不移地走中国特色社会主义道路，而不是走封闭僵化的老路或改旗易帜的邪路。正是沿着这条正确的中国道路，取得了举世瞩目的辉煌成就。让改革开放的实践和辉煌成就说话，从实践中得出结论：中国特色社会主义道路是实现中华民族伟大复兴的唯一正确道路。

坚持弘扬中国精神的教育。"实现中国梦必须弘扬中国精神。这就是以爱国主义为核心的民族精神，以改革创新为核心的时代精神。"② 中国梦所追求的民族复兴，不仅需要强大的物质基础，而且需要强大的精神动力和先进文化支撑。弘扬中国精神既是民族复兴的重要任务，又是实现民族复兴的强大精神动力。以爱国主义为核心的民族精神，始终是中华民族自强不息、团结奋斗的精神纽带。中国共产党在领导人民探寻民族复兴道路的进程中，又赋予民族精神新的内涵，特别是在改革开放新的历史进程中，不断解放思想、实事求是、创新发展，形成了以改革创新为核心的时代精神，为中华民族伟大复兴提供了新的强大精神动力支撑。

弘扬中国精神，要大力开展以中国梦为主题的爱国主义教育。实现中华民族伟大复兴的中国梦，是近代以来中华民族弘扬爱国主义的精神追求，也是当代弘扬爱国主义精神的价值所在。要教育和引导每一个民族成员把个人理想与实现中国梦结合起来，要针对人们学习和成长、工作和职业、生活和家庭实际等，开展丰富多彩的教育活动，增强爱国主义教育的针对性、现实感和感染力。

---

① 习近平谈治国理政［M］. 北京：外文出版社，2014：21.
② 习近平谈治国理政［M］. 北京：外文出版社，2014：40.

要大力加强中华民族优秀传统文化和中国革命文化教育。贯穿于中华民族发展历程的团结统一、爱好和平、勤劳勇敢、艰苦奋斗、自强不息、仁爱务实等优秀精神品格,是我们民族精神的集中体现。中国共产党领导中国人民在伟大艰苦的革命斗争和实践中所形成的井冈山精神、苏区精神、长征精神、延安精神、抗战精神、西柏坡精神等,是中华民族精神的发扬光大和升华,是创建中华人民共和国的精神之魂,也是实现中国梦的兴国强国之魂。对全体人民进行中华优秀传统精神和中国革命精神教育,从中汲取营养,提升人文素质和精神内涵,从而进一步筑牢民族优秀文化根基,继承新民族精神血脉,增强爱国主义精神的教育力。

加强改革创新精神教育,大力弘扬解放思想、攻坚克难精神,求真务实、敢闯新路精神,科学发展、创新驱动发展精神,这是弘扬中国精神教育的时代要义。特别要在广大人民群众的本职工作和日常生活中,大力弘扬敬业爱岗、诚信友善、帮困扶弱、团结互助、公平正义精神。人民群众在创新发展实践中,所孕育形成的时代精神是推进创新型国家、创新型社会建设的最厚实的精神支撑,是提升中华民族的"精气神"最坚实的精神基石,是实现中国梦的不竭精神动力。

坚持凝聚中国力量的教育。习近平同志指出:"中国梦是民族的梦,也是每个中国人的梦。只要我们紧密团结,万众一心,为实现共同梦想而奋斗,实现梦想的力量就无比强大,我们每个人为实现自己梦想的努力就拥有广阔的空间。"[①] 这是对凝聚中国力量的科学阐述。唯物史观认为:人民群众是创造历史的主体,是推动历史前进的决定性力量。实现中国梦就必须汇聚全国人民的力量,集中广大人民群众的智慧,把一切可以团结的力量和积极因素,汇合成实现中国梦的强大力量。让一切劳动创造的力量充分汇聚,让一切实现中国梦的智慧竞相贡献。因此,这就需要强化凝聚中国力量的全民教育,为实现中国梦汇聚全民族力量和智慧。

着力对全体人民进行兴国强国的国家观教育。这种国家观是中国人民对实现中华民族伟大复兴的价值认同与价值追求,最主要最迫切的是要对全国人民进行国家利益观、社会利益观、民族利益观的实践教育。教育人民把个人的奋斗融入实现国家利益、社会利益和民族利益奋斗的实践中,把实现个人的梦想

---

① 习近平谈治国理政 [M]. 北京:外文出版社,2014:40.

统一到为实现国家利益、社会利益、民族利益做贡献的实践中。使人民的首创精神和智慧在实现中国梦的国家利益中充分发挥和涌流。同时，又要让人民共享国家发展成果，让人民获得社会利益成果和幸福感。这样才能汇聚广大人民的才智，凝聚中国力量。正如习近平同志指出："中国梦是国家的、民族的，也是每一个中国人的。国家好、民族好，大家才会好。只有每个人都为美好梦想而奋斗，才能汇聚起实现中国梦的磅礴力量。"①

着力对全体人民进行国家责任感和社会责任感教育。当代中国的国家使命，就是民族振兴，国家富强，人民幸福。这既是发展中国特色社会主义赋予中华民族的使命，也是时代赋予中国人民的社会责任。国家的使命感和责任感，是中华民族主流精神品质的体现。近代以来，中华民族在为实现民族复兴而奋斗的历史进程中，承载着"先天下之忧而忧""天下兴亡、匹夫有责"的国家使命感和责任感，汇聚着中华民族自强不息、救亡图存的伟大力量。特别是中国共产党领导的革命、建设、改革的各个历史时期，更加突显中华民族和中国人民对中国共产党的信任，对国家使命的责任担当，对为国家富强奋斗的责任担当。这既是中华民族的优良传统，又是时代精神的重要内涵。国家使命感和责任感教育，是汇聚中国力量教育的实质内容。因此，对我们的民族成员进行肩负使命、担当责任，敬业爱岗、艰苦奋斗，勇于创新、不断进取，立足岗位、成才奉献的教育，是汇聚中国力量教育的必然要求。"全国各族人民一定要牢记使命，心往一处想，劲往一处使，用13亿人的智慧和力量汇集起不可战胜的磅礴力量"②，这是汇聚中国力量教育的要义所在。

实现中国梦应强化实干兴邦的教育。习近平同志指出："真抓才能攻坚克难，实干才能梦想成真。我们要在全社会大力弘扬真抓实干，埋头苦干的良好风尚。"③ 这是对实干兴邦教育的科学阐述。要结合推进全面建成小康社会和全面建设社会主义现代化国家的实践，开展当代中国马克思主义实践观教育。实践是人存在的基本方式，是社会发展的基本动力。物质生产实践构成社会发展的物质基础，改造社会的实践构成社会历史进步的动力。实干兴邦，是实现中国梦实践观的根本要求，也是实干兴邦教育的实践要求。这就需要广大党员干

---

① 习近平谈治国理政 [M]. 北京：外文出版社，2014：49.
② 习近平谈治国理政 [M]. 北京：外文出版社，2014：40.
③ 习近平谈治国理政 [M]. 北京：外文出版社，2014：48.

部和人民群众大兴实干兴邦之风，养成真抓实干的作风和行为，弘扬实干精神，取得实干的实践成效，用实干成就梦想。历史地科学地认识，实干兴邦、艰苦奋斗，贯穿中华民族伟大复兴事业的历史进程，也必然贯穿中国特色社会主义现代化建设实践的进程。

新时代，进行实干兴邦教育，应该既传承又超越，应对传统的实干兴邦思想理念赋予新的时代内涵，对广大党员干部和人民群众特别是对青少年强化善谋实干、思变实干、求新实干的时代精神和实践教育。面对实现中国梦历史进程中的机遇和各种挑战，就需要进行攻坚克难、科学谋划，需要有顶层设计的战略思维、科学发展的创新战略，这样才能取得实干兴邦的实效。用求新实干的改革精神引领实干兴邦，用改革精神和改革实践推进实现中国梦的进程，并使之转化成实干兴邦的强大精神动力。用求新实干的创新思维和创新实践推动当代社会生产力的发展，用创新驱动战略引领当代经济社会与生态的协同发展，创造先进的科学技术和生产力，进而增强我国的综合实力。这是实干兴邦教育的价值所在。同时实干兴邦教育，还要特别注重艰苦创业、勤俭节约的劳动观、创业观和利益观教育，把实干兴邦作风落实到广大党员干部和人民群众的工作实践、学习实践和生活实践中，形成实干兴邦的国家意识和社会风尚。

四、德育发展共同的价值追求

党的十八大以来，习近平同志高度重视社会主义核心价值观的宣传教育。习近平同志先后在中央党校2014年春季省部级干部培训班开班典礼，中央政治局第13次集体学习，在上海领导干部的座谈会上，"五四"青年节在北京大学师生座谈会上，"六一"儿童节在北京海淀区民族小学主持召开座谈会上的系列重要讲话，集中对培育和践行社会主义核心价值观做出重要阐述。他说："把培育和弘扬社会主义核心价值观作为凝魂聚气、强基固本的基础工程"，作为当代中国"文化软实力建设的重点"，作为"国家治理体系和治理能力的重要方面"，"广泛开展社会主义核心价值观宣传教育"[①]；并对培育和践行社会主义核心价值观的重大意义、丰富内涵、历史渊源、发展脉络、政策导向、基本要求等做出了全面深刻的阐述。要求把社会主义核心价值观融入国民教育的全过程，

---

① 习近平谈治国理政[M]. 北京：外文出版社，2014：163.

融入社会生活的方方面面，融入文化建设的全过程，因而也必然要融入德育实践的全过程。这在我们党"以德治国"战略的顶层设计上，对培育和践行社会主义核心价值观做出了战略性的重点部署，成为德育发展共同的价值追求。

习近平同志指出："讲清楚中华文化的独特创造、价值理念、鲜明特色，增强文化自信和价值观自信。"① 社会主义核心价值观传承了中华优秀传统文化与传统美德的优质基因。中华优秀传统文化支撑着中华文明发展，并创造了灿烂辉煌的文明成果，曾长期处在世界文明的前列。由此也形成独特的文化价值体系，并植根于中华民族的血脉之中。"天下兴亡，匹夫有责""先天下之忧而忧，后天下之乐而乐""大道之行也，天下为公""修身齐家治国平天下"以及"民为邦本"等思想，都强调了国家整体意识和民族的整体利益。仁者爱人、扶贫帮困、"德不孤，必有邻"、"富贵不能淫，贫贱不能移"、求齐家、讲仁爱、重民本、崇正义、尚和合等价值理念，都集中反映了中华民族崇尚社会价值观的道德情怀与践行。强调与人为善、格物致知、诚意正心、守诚信、讲节操、重情义、行节俭等价值理念和道德实践，都内在表达了中华民族个体道德遵循和践行。中华优秀传统文化思想上的大智慧，伦理上的大善，价值体系中的大德，科学上的大真，都成为社会主义核心价值观的文化根脉，成为涵养社会主义核心价值观的重要源泉，正如习近平同志指出："中华优秀传统文化已经成为中华民族的基因，植根在中国人内心，潜移默化影响着中国人的思想方式和行为方式。今天，我们提倡和弘扬社会主义核心价值观，必须从中汲取丰富营养。"②

坚持以习近平同志关于中国特色社会主义德育问题的重要论述为指导，紧紧围绕坚持和发展中国特色社会主义这一主题，筑牢全党和全国人民团结奋斗的共同思想基础，筑牢中华民族的精神之魂，就需要我们党用社会主义核心价值观，凝聚全党全社会的价值共识。社会主义核心价值观有着科学内涵和理论思维。其国家层面上的价值目标，就是要建设富强、民主、文明、和谐、美丽的现代化强国，其理论脉络就是源于党的百年不变的基本路线，党的基本路线又源于社会主义初级阶段理论，这一理论又构成了中国特色社会主义理论体系的重要理论基础。这就内在体现了社会主义核心价值观深刻的思想内涵与科学的理论来源。习近平同志指出："社会主义初级阶段是当代中国的最大国情、最

---

① 习近平谈治国理政 [M]. 北京：外文出版社，2014：164.
② 习近平谈治国理政 [M]. 北京：外文出版社，2014：170.

大实际";"不仅在经济建设中要始终立足初级阶段,而且在政治建设、文化建设、社会建设、生态文明建设中也要始终牢记初级阶段";"党在社会主义初级阶段的基本路线是党和国家的生命线"①。习近平同志这一深刻阐述,内在表达了社会主义核心价值观的理论思维和在思想上要把握住的"生命线"。社会主义核心价值观在社会层面的价值取向,就是培育和践行自由、平等、公正、法治的社会价值观。这一价值取向是马克思主义关于人的自由全面发展和社会全面进步理论的科学表达,是马克思主义国家政权理论的内在诉求,也是社会主义和谐社会建设理论的直接体现。社会全面进步的价值指向:就是要建设公平正义、自由平等、法治和谐的先进社会形态,把社会的各种矛盾和冲突保持在这种社会秩序和价值取向的范围之内。这内在地体现了中国共产党作为执政党民主管理社会,依法治理社会,为民建设社会的作为。要求作为执政主体的全体党员干部坚守自己的执政信仰,树立正确的执政价值观,践行为民执政的宗旨,具有执政的高尚道德情操,这样才能使社会的各种矛盾、各种冲突保持在中国共产党执政治国和创建和谐社会的范围之内,同时彰显了中国特色社会主义社会层面价值取向的政治定向和理论思维。公民个体层面上的价值准则是培育和践行爱国、敬业、诚信、友善的道德价值观。这既体现了当代中国马克思主义的伦理思想,又是中国特色社会主义德育理论的直接彰显,表明当代中国社会要培养有爱国敬业之情,有仁爱诚信做人之本,有友善正义之举,有修身立德之行的合格社会公民。每个公民的小德,汇聚成为中华民族的国家之德和社会之德,真正使社会主义核心价值观成为立德兴国之魂。习近平同志说:"核心价值观,其实就是一种德。既是个人的德,也是一种大德,就是国家的德、社会的德。国无德不兴,人无德不立。如果一个民族、一个国家没有共同的核心价值观,莫衷一是,行无依归,那这个民族、这个国家就无法前进。"② 在当代中国,筑牢全党和全民族团结奋斗的共同思想基础,用社会主义核心价值观筑牢我们国家和民族的精神之魂,"这个问题,是一个理论问题,也是一个实践问题"③。因此,对社会主义核心价值观的理论问题做出阐述,也是其培育和践行的应有之义。

---

① 习近平谈治国理政 [M].北京:外文出版社,2014:10-11.
② 习近平谈治国理政 [M].北京:外文出版社,2014:168.
③ 习近平谈治国理政 [M].北京:外文出版社,2014:168.

培育和践行社会主义核心价值观，必须紧紧围绕实现中华民族伟大复兴中国梦这一价值目标，融入实现中国梦的全过程，落实到经济社会发展和社会治理实践中，融入国民教育的全过程，融入社会生活的方方面面。习近平同志反复强调培育和践行社会主义核心价值观的极端重要性，他指出："核心价值观是文化软实力的灵魂、文化软实力建设的重点。"① 这说明培育和践行社会主义核心价值观，是当前德育工作的重中之重，也是德育工作崇高的价值追求。新时代在新的历史起点上，夺取中国特色社会主义的新胜利，需要亿万人民团结共同奋斗，需要发挥亿万人民的创造性和主人翁精神，这就需要不断夯实中国特色社会主义的思想道德基础。发展中国特色社会主义，既要坚持以经济建设为中心，不断创造先进的生产力，增强其硬实力；同时又必须增强其文化软实力，创建公平正义、自由平等、法治和谐的先进社会；需要我们党引领团结全国人民确立文化自信，而文化自信的灵魂，是铸就在全体民族成员对核心价值观的认知、认同和践行基础上的自信。因此，必须以先进的核心价值观为引领，不断推动解放和发展社会生产力，保障社会的公平正义，保证让全体人民共同享有改革发展成果，确保朝着全面建成小康社会和全面建设社会主义现代化国家的方向稳健前行。建设和谐、公平、正义、法治的先进社会形态，这是中国特色社会主义先进社会形态的必然要求。因而就需要凝聚全党全国人民的价值共识，"使社会系统得以正常运转、社会秩序得以有效维护"②。这就需要培育和践行社会主义核心价值观，整合社会意识和全体民族成员的意识，需要全体民族成员自觉地践行社会主义核心价值观，从而来提升中国文化软实力，铸就文化自信。习近平同志指出："公平正义是中国特色社会主义的内在要求"；"共同富裕是中国特色社会主义的根本原则"；"社会和谐是中国特色社会主义的本质属性"。③ 这就充分说明，培育和践行社会主义核心价值观，必须紧紧围绕坚持和发展中国特色社会主义这一主题，德育工作也必须主动服从服务于这一主题。

紧紧围绕坚持和发展中国特色社会主义这一主题，把培育和践行社会主义核心价值观融入党员干部教育的全过程，是德育的重点。习近平同志指出："以

---

① 习近平谈治国理政[M]. 北京：外文出版社，2014：163.
② 习近平谈治国理政[M]. 北京：外文出版社，2014：163.
③ 习近平谈治国理政[M]. 北京：外文出版社，2014：13.

德修身、以德立威、以德服众,是干部成长成才的重要因素。"① 社会主义核心价值观既作为公民的德,又作为国家的大德,用其强化对广大党员干部的教育显得十分重要,既关系坚持党的精神旗帜和铸魂聚气,又关系党治国理政的价值引领。"历史和现实都表明,构建具有强大感召力的核心价值观,关系社会和谐稳定,关系国家长治久安。"② 广大党员干部,尤其是党的高级干部,担负着发展中国特色社会主义治国理政的崇高政治责任和历史使命,这就需要用社会主义核心价值观筑牢其执政信仰,固化其执政宗旨,提高其思想道德素质,培育其正确执政的价值观,使他们能够经受住"四大考验",抵御"四种危险",筑牢拒腐防变和战胜风险的精神长城,成为坚持和发展中国特色社会主义的主心骨和忠实的实践者。

抓好广大党员和干部社会主义核心价值观培育和践行,体现在国家层面价值目标的教育,就是要抓好其理想信仰教育。因为理想信仰是共产党人世界观、人生观、价值观的"总开关",是共产党人的思想灵魂,也是共产党人安身立命的根本。它决定着共产党人人生价值的实践方向。习近平同志指出:"对马克思主义的信仰,对社会主义和共产主义的信念,是共产党人的政治灵魂,是共产党人经受住任何考验的精神支柱。"③ 理想信念要建立在对党的忠诚,对党的奋斗目标不懈追求,对党的先进性和纯洁性持续保持上。因此对广大党员干部的理想信念教育,就必然要落实到党性教育、党性修养、思想境界和人生价值观教育上,落实到每一名干部、党员的学习、工作、社会生活方方面面的实际中。在德育工作中,尤其要提高党员和干部的马克思主义理论水平和理论素养,使其不忘初心,保持入党时对远大理想和奋斗目标的纯洁性认识和执着追求,时刻牢记一名共产党员的信仰和使命。特别要注重对广大党员进行"两个务必"的教育,"务必使同志们继续保持谦虚、谨慎、不骄、不躁的作风,务必使同志们继续保持艰苦奋斗的作风"④,使其时刻自觉地用"两个务必"思想警示自己,自觉地用马克思主义理论铸就自己的思想灵魂,用共产主义远大理想和中国特色社会主义共同理想激励自己前行。正如习近平同志告诫全党同志指

---

① 习近平. 在庆祝中国共产党成立95周年大会上的讲话[M]. 北京:人民出版社,2016:24.
② 习近平谈治国理政[M]. 北京:外文出版社,2014:163.
③ 习近平谈治国理政[M]. 北京:外文出版社,2014:15.
④ 毛泽东选集:第4卷[M]. 北京:人民出版社,1991:1438-1439.

出:"不断提高马克思主义思想觉悟和理论水平,保持对远大理想和奋斗目标的清醒认识和执着追求。我们要教育引导广大党员、干部把学习成果转化为提升党性修养、思想境界、道德水平的精神营养。"①

　　加强广大党员干部社会主义核心价值观教育,体现在社会层面的价值取向上,就是要加强执政为民的宗旨教育。自觉维护社会的自由平等、公正法治,让人民过着公正、平等、美好、幸福的生活,是每一名共产党员人生的价值取向。执政为民的宗旨教育,关键在于抓好人民立场和尊重人民主体地位的教育,教育广大党员干部将人民的立场作为衡量自己一切工作的根本立场。全党同志要把人民放在心中最高位置,实现好、维护好、发展好最广大人民的根本利益。执政为民的宗旨教育,落实到每一名党员干部实际工作中,就是保持同人民群众密切联系,深入细致做好服务人民的工作,为人民办实事,尽责尽力为广大人民群众排忧解难,让人民得到实惠。让广大人民群众享有平等参与、平等发展、平等享有改革发展成果的机会和待遇。虚心向群众学习,诚心接受群众的监督,把始终造福于人民作为自己人生价值的实践追求。正如习近平同志指出:"党与人民风雨同舟、生死与共,始终保持血肉联系,是党战胜一切困难和风险的根本保证。"② 广大党员干部要始终不渝地带领广大人民群众创造美好生活,顺应人民群众对美好生活的向往,创造出自由、平等、法治、和谐的社会生活,并让全体人民享有这种生活和社会建设的成果。这就是全体党员干部执政为民的核心价值理念,是全党同志必须遵循的社会价值取向。

　　加强广大党员干部社会主义核心价值观的教育,在个体品德上,就是要带头遵守爱国、敬业、诚信、友善的价值准则;在工作性质和社会生活的特点上,要求必须诚信敬业、友善待人、廉洁从职、作风正派、遵守党纪国法,这是一名党员干部基本的职业操守与价值取向。把社会主义核心价值观的培育和践行,贯穿于党员干部教育的全过程,是铸就党员干部政治灵魂的必然要求,是党和国家主流意识形态核心价值取向的必然要求,也是凝聚全社会全体人民价值共识的必然要求。这也必然成为德育工作共同的价值追求。

　　国民教育担负着培养广大青少年成长成才的育人根本任务。中共中央办公

---

① 习近平. 在庆祝中国共产党成立95周年大会上的讲话 [M]. 北京:人民出版社,2016:11-12.

② 习近平. 在庆祝中国共产党成立95周年大会上的讲话 [M]. 北京:人民出版社,2016:18.

厅印发的《关于培育和践行社会主义核心价值观的意见》指出：把培育和践行社会主义核心价值观融入国民教育全过程。这是加强德育工作在国民教育中的重要任务。青少年是祖国的未来，是实现中华民族伟大复兴中国梦的后备力量和生力军，他们的思想道德素质和核心价值观的取向，决定着中国特色社会主义现代化建设事业的成败。习近平同志在全国高校思想政治工作会议上的讲话指出："引导广大师生做社会主义核心价值观的坚定信仰者、积极传播者、模范践行者。"青少年正处在成长成才的重要阶段，这一阶段是他们人生观、价值观打好基础和形成发展的关键时期。在国民教育全过程中，要根据青少年成长不同阶段的特点，形成各类教育互相衔接的格局，有针对性地开展社会主义核心价值观的培育和践行。要从少年儿童抓起，使其养成良好的道德认知和习惯，培养其正确的价值认知和认同；把教育落细、落小、落实在广大青少年儿童成长的学习和生活中，教育引导他们树立正确远大的志向，培育向善的良知，养成良好品德和行为习惯。习近平同志指出："为了中华民族的今天和明天，我们要教育引导广大少年儿童树立远大志向、培育美好心灵，让少年儿童成长得更好。"① 习近平同志尤其强调社会主义核心价值观的培育和践行，要从青少年儿童抓起，"任何一个思想观念，要在全社会树立起来并长期发挥作用，就要从少年儿童抓起"②；"从小做起，就是要从自己做起、从身边做起、从小事做起，一点一滴积累，养成好思想、好品德"；"每个人的生活都是由一件件小事组成的，养小德才能成大德"。③ 因此，培育好社会主义核心价值观是青少年成长成才的关键一步。

在少年儿童阶段，社会主义核心价值观的培育和践行，既要贯穿其成长发展的全过程，又要融入其学习和家庭生活的全过程。良好的家庭教育环境，父母亲和家庭成员良好的品德行为，以及良好的教育引导，是少年儿童获得正确价值认知，培育良好价值行为习惯的重要人生课堂。父母亲作为少年儿童的第一任人生导师，其榜样的言行，正确的人生价值导向，对小孩的核心价值观培育起着重要的基础性和导向性作用。在学校教育教学以及各种教育活动中，社会实践教育基地活动、适宜的劳动锻炼和爱心活动、益德益智的科技活动、主

---

① 习近平谈治国理政 [M]. 北京：外文出版社，2014：182.
② 习近平谈治国理政 [M]. 北京：外文出版社，2014：181.
③ 习近平谈治国理政 [M]. 北京：外文出版社，2014：183.

题班会活动、校园文化活动、校园日常生活等，都应融入社会主义核心价值观的培育和践行。广大教师和教育工作者，要自觉成为把培育践行社会主义核心价值观融入国民教育中的先行者和忠实的实践者，自觉成为广大青少年儿童核心价值观培育践行的传播者、引导者和示范者。

把培育和践行社会主义核心价值观落实到经济发展实践和社会治理中，既体现德育的本质特征，又彰显德育工作的主线。德育就是为党的中心工作服务，为经济社会发展保驾护航，提供思想政治保证和精神动力。改革开放以来，邓小平、江泽民、胡锦涛、习近平同志都反复强调，坚持和发展中国特色社会主义，必须坚持物质文明与精神文明一起抓，"两手抓，两手都要硬"；坚持依法治国与以法治国相结合。因此，将社会主义核心价值观培育和践行落实到经济建设实践中，这是德育的内在必然要求。在当代中国经济发展实践中，遵循社会主义核心价值观的要求，讲公平竞争，讲诚信守约，讲守法经营，讲经济伦理，既要实现经济价值，更要实现社会价值。这是弘扬和践行社会主义核心价值观落实到经济发展实践中，必然要坚持的政策导向和价值导向。"要发挥政策导向作用，使经济、政治、文化、社会等方方面面政策都有利于社会主义核心价值观的培育。"①

培育和践行社会主义核心价值观，既是作为社会治理的重要内容，又是落实到社会生活方方面面的重要实践。在社会治理实践中，要科学运用社会主义核心价值观的社会价值取向和价值准则，融入社会治理的制度建设中，形成科学有效的利益协调、矛盾调处、权益保障的价值整合机制；落实到社会治理条例、市民公约、创业规范、学生守则、村规民约实施的治理实践中，最大限度地增进社会和谐。从而在社会治理中突出社会主义核心价值观的重要遵循，真正发挥其主流核心价值观的引领作用。正如习近平同志指出："培育和弘扬核心价值观，有效整合社会意识，是社会系统得以正常运转、社会秩序得以有效维护的重要途径，也是国家治理体系和治理能力的重要方面。"② 在社会治理实践中，还应把社会主义核心价值观融入社会生活的方方面面，用其引领社会风尚，形成以党和国家倡导的主流核心价值观为主导的社会文明。"要用法律来推动核

---

① 习近平谈治国理政［M］.北京：外文出版社，2014：165.
② 习近平谈治国理政［M］.北京：外文出版社，2014：163.

心价值观建设。"① 并将社会主义核心价值观的相关价值准则上升为具体法律规定，来保证主流核心价值观的践行和推广。"要切实把社会主义核心价值观贯穿于社会生活方方面面"②；"要注意把我们所提倡的与人们日常生活紧密联系起来，在落细、落小、落实上下功夫"。③

五、德育发展的新实践

党员和干部教育，始终是德育的战略重点。党的十八大以来，以习近平同志为核心的党中央，站在坚持和发展中国特色社会主义，实现中华民族伟大复兴中国梦新的历史起点上，要求全党同志"永远保持建党时中国共产党人的奋斗精神，永远保持对人民的赤子之心"④。特别强调：办好中国的事情，关键在党；治国必先治党，治党务必从严。并就加强党内的德育工作，对广大党员、干部的理想信念教育、群众路线教育、"三严三实"教育、"两学一做"教育、"不忘初心、牢记使命"教育、从严治党教育、党史学习教育等进行了重大部署，开创了党内德育工作的新实践。这不仅彰显了我们党在新时代抓住和落实党员干部教育这一德育战略重点，取得了新成效，积累了新经验；而且有效地引领和带动了学校德育、军队德育和社会德育的广泛深入开展。新时代党内德育工作的新实践，集中反映了当代德育原理与实践有机结合的新发展。

党的群众路线是党内教育的重要内容。习近平同志指出："群众路线是我们党的生命线和根本工作路线。"⑤ 始终保持与人民的血肉联系，坚持人民的利益高于一切，坚持与人民生死与共，是我党战胜一切困难和风险的根本保证。马克思主义唯物史观告诉我们：人民群众是推动历史前进的决定性力量。人民，只有人民，才是推动人类社会前进的真正动力。我们党从成立那一天起，就把为民族谋解放、为人民谋幸福写在党的旗帜上，并始终坚持全心全意为人民服务的根本宗旨。我们党执政的根基在人民，党的力量在人民。保持党同人民群

---

① 习近平谈治国理政 [M]. 北京：外文出版社，2014：165.
② 习近平谈治国理政 [M]. 北京：外文出版社，2014：164.
③ 习近平谈治国理政 [M]. 北京：外文出版社，2014：165.
④ 习近平. 在庆祝中国共产党成立95周年大会上的讲话 [M]. 北京：人民出版社，2016：7-8.
⑤ 中共中央文献研究室. 习近平总书记重要讲话文章选编 [G]. 北京：中央文献出版社，2016：40.

众的密切联系,坚持一切依靠人民,一切为了人民,一切从人民的根本利益出发,是中国共产党人的根本政治立场和价值取向。因此,在改革开放新的历史起点上,全党开展以为民务实清廉为主要内容的党的群众路线教育实践活动,既是党的根本宗旨教育的新要求,又是党内德育工作的新实践。

在全党开展坚持党的群众路线教育,是我们党在中国革命、建设和改革开放实践中得出的最为宝贵的经验。坚持群众路线,是我们党战胜敌人、战胜一切艰难险阻、夺取中国革命胜利、取得社会主义建设和改革开放伟大成就的重要法宝与形成的优良作风。习近平同志指出:"优良作风就是我们党历来坚持的理论联系实际、密切联系群众、批评和自我批评以及艰苦奋斗、求真务实等作风。在革命、建设、改革长期实践中,我们党始终要求全党同志坚持光荣传统、发扬优良作风,为党和人民事业不断从胜利走向胜利提供了重要保障。"[①] 在革命战争年代,我们党思想政治工作的重点,就是做好联系群众、宣传动员群众、组织群众、武装群众的工作,将依靠群众,紧密团结群众,为群众利益而奋斗牺牲,作为党和红军生存发展壮大的生命线。井冈山革命斗争时期,毛泽东同志率领秋收起义部队700余人上井冈山,紧紧地依靠团结人民群众、武装群众,进行工农武装割据,开辟了中国农村第一个革命根据地,开创了农村包围城市的革命道路。毛泽东、朱德等同志率领红军转战赣南闽西,创建中央革命根据地,建立了中华苏维埃共和国红色政权。坚持党对红军的绝对领导,坚持政治建军,坚持党的群众路线,使中国革命沿着这条正确革命道路前进。中共中央和红军历经两万五千里长征,胜利到达陕北,进行抗击日本侵略者的新的斗争。延安革命时期,以毛泽东同志为代表的中国共产党人,继续发扬党紧密联系群众的优良作风,团结一切可以团结的力量,结成最广泛的抗日民族统一战线,实行全面全民族抗战路线,最终取得近代以来中华民族第一次抵御外敌侵略的彻底胜利。解放战争时期,我们党和军队保持着同人民群众血肉相连的生死情谊,支前的人民群众达300多万,"最后一块布送去做军装,最后一粒米送去做军粮,最后一床老棉被盖在担架上"。这正是广大人民群众对党和人民军队大力支持和无私奉献的真实写照,也是我们党和军队保持同人民群众密切联系生动实践的成果。我们党正是因为有了这样的法宝,夺取了新民主主义革命的胜利,

---

① 中共中央文献研究室.习近平总书记重要讲话文章选编[G].北京:中央文献出版社,2016:41.

建立了中华人民共和国。习近平同志在庆祝中国共产党成立95周年大会上的讲话中深刻指出:"在95年波澜壮阔的历史进程中,中国共产党紧紧依靠人民,跨过一道又一道沟坎,取得一个又一个胜利,为中华民族作出了伟大的历史贡献。"① "这个伟大历史贡献,就是我们党团结带领中国人民进行28年浴血奋战,打败日本帝国主义,推翻国民党反动统治,完成新民主主义革命,建立了中华人民共和国。"② 历史证明了这一重要的结论:保持党同人民群众的密切联系,坚持不懈地对全体党员和干部进行群众观教育,是我们党取得一切胜利的重要法宝,也是党的德育工作实践取得实效的重要法宝。

在社会主义建设时期,我们党仍然坚持马克思主义群众观,坚持党的群众路线教育,广泛调动广大人民群众建设社会主义的积极性、主动性和创造性,团结带领全体人民开启社会主义建设新征程。建立了中华民族有史以来最为先进的社会制度和政治制度,打下了较为厚实的社会主义的经济基础,为建设富强民主文明的国家,为实现人民生活富裕奠定了较为坚实的基础,取得了社会主义建设的伟大成就。习近平同志指出:"这个伟大历史贡献,就是我们党团结带领中国人民完成社会主义革命,确立社会主义基本制度,消灭一切剥削制度,推进了社会主义建设。"③ 这再一次证明,保持党同人民群众密切联系的优良作风,是取得社会主义建设伟大成就,推进社会主义事业发展的重要法宝。

在改革开放的伟大历史进程中,邓小平、江泽民、胡锦涛、习近平同志一直强调党的作风建设,高度重视党的群众路线教育,先后开展了整党、"三讲"教育、保持共产党员先进性教育、深入学习实践科学发展观教育和党的群众路线教育。这些教育实践活动始终强调:加强和改进党的作风建设,核心问题是保持党同人民群众的血肉联系。习近平同志指出:"历史与现实都告诉我们,密切联系群众,是党的性质和宗旨的体现,是中国共产党区别于其他政党的显著标志,也是党发展壮大的重大原因;能否保持党同人民群众的血肉联系,决定

---

① 习近平. 在庆祝中国共产党成立95周年大会上的讲话 [M]. 北京:人民出版社,2016:2.

② 习近平. 在庆祝中国共产党成立95周年大会上的讲话 [M]. 北京:人民出版社,2016:2-3.

③ 习近平. 在庆祝中国共产党成立95周年大会上的讲话 [M]. 北京:人民出版社,2016:3.

着党的事业的成败。"① 党的十八大刚结束,以习近平同志为核心的党中央,就大力践行密切联系群众之风,对中央政治局和全党同志提出"八项规定",作为党中央和全党同志改进工作作风的庄严承诺。他在十八届中共中央政治局常委同中外记者见面时的讲话强调指出:"我们的责任,就是同全党同志一道,坚持党要管党、从严治党,切实解决自身存在的突出问题,切实改进工作作风,密切联系群众,使我们党始终成为中国特色社会主义事业的坚强领导核心。"② 这一深刻的阐述表明,在新的历史起点上,加强党的优良作风教育,密切联系群众的教育,是一项紧迫而又极为重要的政治任务。

为实现党的十八大确定的奋斗目标,保持党的先进性和纯洁性,巩固党的执政地位和执政基础,解决群众反映强烈的"四风"突出问题,在全党以中央政治局带头自上而下地开展党的群众路线教育实践活动,开创了党内德育工作的新实践。习近平同志就开展这次教育实践活动做出了重要部署和论述,他指出:"贯彻好党的十八大以来中央作出的重大工作部署和要求,紧紧围绕保持和发展党的先进性和纯洁性,以为民务实清廉为主要内容,切实加强全体党员马克思主义群众观点和党的群众路线教育,把贯彻落实中央八项规定精神作为切入点,着力解决突出问题。"③ 习近平同志明确阐述了这次教育实践活动的目标任务,实践教育的切入点,重点教育内容,着重要解决的"四风"问题,并提出了总要求:"这次教育实践活动借鉴延安整风经验,明确提出'照镜子、正衣冠、洗洗澡、治治病'的总要求。"④ 这个总要求明确了以党章党纪为镜,勇于揭露和纠查违反党章党纪的思想行为,并作坚决斗争。以整风精神开展批评与自我批评,通过自我教育、组织上的教育与他人的帮教,清洗自身思想和行为上的"四风"问题;对问题严重的违法违纪的党员干部实行惩前毖后、治病救人,对违法违纪、突出问题和不正之风之人进行专项整治,达到"自我净化、

---

① 中共中央文献研究室. 习近平总书记重要讲话文章选编 [G]. 北京:中央文献出版社,2016:42.
② 习近平谈治国理政 [M]. 北京:外文出版社,2014:4.
③ 中共中央文献研究室. 习近平总书记重要讲话文章选编 [G]. 北京:中央文献出版社,2016:47.
④ 中共中央文献研究室. 习近平总书记重要讲话文章选编 [G]. 北京:中央文献出版社,2016:48-49.

自我完善、自我革新、自我提高"①的从严治党的总体要求。

习近平同志认为：保持党同人民群众的密切联系是一个永恒主题，党的作风建设永远在路上，特别强调党的群众路线教育是长期的、反复的和艰巨的，要"注重建立长效机制"②，"作风问题具有反复性和顽固性，不可能一蹴而就，毕其功于一役，更不能一阵风，刮一下就停，必须经常抓、长期抓"③。这说明加强党的优良作风教育，既要以改革精神加强党的作风建设，又要以创新精神建立制度化、民主化、法治化的党同人民保持血肉联系的长效机制，使党的群众路线得到贯彻和落实，成为广大党员干部必须遵守的自觉行动。为完成这次教育实践活动的任务目标，习近平同志指出了明确的实践教育方向，主要任务是改进和加强党的作风建设，重点内容是反"四风"：纠查形式主义、官僚主义、享乐主义和奢靡之风，坚决制止和解决人民群众反响强烈的"四风"突出问题。他指出："中央反复研究，决定把这次教育实践活动的主要任务聚焦到作风建设上，集中解决形式主义、官僚主义、享乐主义和奢靡之风这'四风'问题。"④ 习近平同志创新性阐述了这次教育实践活动的教育方式和方法，突出问题导向，针对党员干部存在的"四风"问题，采取"大排查、大检修、大扫除""对准焦距、找准穴位、抓住要害""每个环节都组织群众有序参与，让群众监督和评议""加强分类指导和督导"的工作方式，要求党员干部特别是党委一把手和主要领导带头"自我剖析、自我净化、自我完善、自我革新、自我提高"；"打消自我批评怕丢面子、批评上级怕穿小鞋、批评同级怕伤和气、批评下级怕丢选票"的"四不怕"教育方法；既要"红红脸，出出汗"，又要"触及思想灵魂"；要重视典型宣传，既要宣传正面典型，发挥示范作用，又要注意剖析反面典型，开展警示教育。⑤ 这些教育方式方法既有很强的针对性，又体现

---

① 中共中央文献研究室. 习近平总书记重要讲话文章选编［G］. 北京：中央文献出版社，2016：49.
② 中共中央文献研究室. 习近平总书记重要讲话文章选编［G］. 北京：中央文献出版社，2016：52.
③ 中共中央文献研究室. 习近平总书记重要讲话文章选编［G］. 北京：中央文献出版社，2016：52.
④ 中共中央文献研究室. 习近平总书记重要讲话文章选编［G］. 北京：中央文献出版社，2016：47.
⑤ 中共中央文献研究室. 习近平总书记重要讲话文章选编［G］. 北京：中央文献出版社，2016：51，55.

了教育方式的创新性。

习近平同志对加强这次教育实践活动的保证和责任做出了重要阐述。要求各级党委特别是党委一把手要增强责任感和使命感,既要领导、组织、贯彻落实好这次教育实践活动,又要以一名普通党员身份带头参与这次教育实践活动,带头担当责任、带头查摆自身的"四风"问题,带头接受群众与同级党委巡视组的监督与批评教育。要"加强具体指导,确保正确方向;坚持统筹兼顾,做到两手抓、两促进"①,"把开展好教育实践活动作为一项重大政治任务抓紧抓好抓实"②。切实领导好、组织好、抓好抓实这次教育实践活动。习近平同志对党的群众路线教育的重要论述,是对广大党员干部进行优良作风教育,党的先进性和纯洁性教育的重要遵循,科学指导了党内德育加强和改进党的群众路线教育的新实践。

"三严三实"专题教育,是以习近平同志为核心的党中央,继党的群众路线教育实践活动后,开展的对全体党员干部进行专项教育的重要教育实践。广大党员干部要:"严以修身、严以用权、严以律己,谋事要实、创业要实、做人要实。"重点聚焦在对党和人民忠诚、严以修身律己用权、求真务实的品德作风教育,突出党的实干兴邦和反"四风"教育。习近平同志指出:"党的十八大以后,我们在全党开展以为民务实清廉为主要内容的党的群众路线教育实践活动,紧接着我们又开展'三严三实'专题教育。我们党是执政党,党的先进性和纯洁性、党的形象和威望不仅直接关系党的命运,而且直接关系国家的命运、人民的命运、民族的命运。"③ 这充分说明:立"严实"之德,兴"严实"之风,行"严实"之事,是我们党正党风、反"四风",树形象、立威信,依法治党、以德治党的重要教育实践。

广大党员干部"严实"的品德作风,内在体现其对党和人民的忠诚;对党和人民的忠诚,又源于有坚定崇高的马克思主义信仰和共产主义理想;崇高的理想和信念是"三严三实"思想作风的灵魂。践行"三严三实",要立根固本,

---

① 中共中央文献研究室. 习近平总书记重要讲话文章选编 [G]. 北京:中央文献出版社,2016:54.
② 中共中央文献研究室. 习近平总书记重要讲话文章选编 [G]. 北京:中央文献出版社,2016:53.
③ 习近平. 在党的群众路线教育实践活动总结大会上的讲话 [M]. 北京:人民出版社,2014:12.

挺起精神脊梁。习近平同志指出："我们共产党人的根本，就是对马克思主义的信仰，对共产主义和社会主义的信念，对党和人民的忠诚。"① 坚定的理想信念，来源于对理论的自信和清醒。我们党是马克思主义政党，马克思主义是我们立党固本之魂。因此，"三严三实"的教育首先就是要对广大党员干部进行马克思主义理论教育。中国共产党建党百年的历史反复证明，我们党坚持不懈用马克思主义理论和党的先进性理论武装全党、教育广大党员干部，是保持党的先进性和纯洁性的关键所在。用马克思主义理论引领党员干部的思想作风建设，进行对马克思主义的忠诚教育，对党和人民的忠诚教育。自觉运用马克思主义的立场、观点、方法指导解决实际问题，使马克思主义在党的工作实践中体现规律性、彰显时代性、富有创新性，使广大党员干部保持理论上的清醒、对党的指导思想的坚定和自信，这是每一名共产党员应有的科学态度与根本政治立场。

"三严三实"专题教育，内在体现了中国共产党作为先进政党的品格要求，体现了中国共产党的执政使命和宗旨；既融进了中华优秀传统美德的育人智慧，又把准了改革开放新实践对全体党员思想品德修养的时代要求；是对全党同志进行正确的人生观、价值观、道德观、权力观、政绩观教育的德育新实践。习近平同志指出："严和实是中华民族传统美德的基本内容，是传承民族品性、倡导社会新风、培育和践行社会主义核心价值观的重要内容。"② "在全社会弘扬严和实的精神。"③ 严以修身是广大党员干部应有的品德要求，是其自觉提高、自觉完善、自觉进步的品德境界。自觉性必然要以严实性为前提，严格要求广大党员干部，切实加强自身的党性修养，牢记党的宗旨，提升道德境界，自觉地用正义抵制歪风邪气，时刻以一名共产党员的标准严格要求自己。习近平同志指出："严以修身，就是要加强党性修养，坚定理想信念，提升道德境界，追求高尚情操，自觉远离低级趣味，自觉抵制歪风邪气。"④ 党性修养是共产党人

---

① 习近平. 时时铭记事事坚持处处上心 以严和实的精神做好各项工作 [N]. 人民日报, 2015-09-13 (1).
② 习近平. 时时铭记事事坚持处处上心 以严和实的精神做好各项工作 [N]. 人民日报, 2015-09-13 (1).
③ 习近平. 时时铭记事事坚持处处上心 以严和实的精神做好各项工作 [N]. 人民日报, 2015-09-13 (1).
④ 习近平谈治国理政 [M]. 北京：外文出版社, 2014：381.

终身修养的必修课。党性修养的坚守和加强,关键在于不断加强自身的理论学习和修养。习近平同志曾多次强调:广大党员干部要原原本本、认认真真地学习马克思主义理论,特别是中国特色社会主义理论体系,学习党的路线方针政策和国家法律法规,学习经济、政治、历史、文化、社会、科技、军事、外交等方面的知识。领导干部特别要结合工作实际来学习,把对党的信任、对马克思主义的信仰,建立在对党的科学理论的学习和理性认同上,建立在对历史规律和社会发展规律的正确认知和遵循上,建立在对党的大政方针与目标任务的学习、把握和践行上;从而来提高自身的理论素养和理论思维能力,不断增强自身工作的原则性、执行力和首创精神。党员干部加强党性修养,要努力增强自身为人民服务的本领和能力,切实为人民群众办实事、做好事、做成事,真心实意地为人民群众谋利益。要坚守党性原则,做到求真务实,不唯书、不唯上、不唯权,只为人民群众办实事难事。要坚持品德修养,做人民群众的表率。做崇尚学习的表率、立德修身的表率、为人民服务的表率、创新进取的表率。使自己真正成为人民群众的先进性代表,成为人民群众的贴心人,成为党的事业的忠实实践者、奋进者和开创者。正如习近平同志所要求的:"所有党员、干部都要按照'三严三实'要求鞭策自己。在引领社会风尚上,各级领导干部要当好旗帜和标杆,全体党员要发挥先锋模范作用。"①

严以修身是以严以律己为基础的。广大党员干部的思想、政治、道德修身上升到合格党员的境界和标准,到严以律己的一种行动自觉,这就是严以修身与严以律己相统一的品德要求。严以律己就要求党员干部以身作则,严格要求自己,发挥先锋模范和带头示范作用。邓小平同志曾语重心长地告诫全党同志:"共产党员谨小慎微不好,胆子太大了也不好。一怕党,二怕群众,三怕民主党派,总是好一些。谨慎总是好一些。"② 这说明严以律己是一名共产党员应有的品德素养。加强严以律己的教育,要求广大党员干部心存敬畏,敬畏人民,敬畏法纪,慎独慎微,勤于反思自省,为政清廉,做合格共产党员的表率。习近平同志指出:"严以律己,就是要心存敬畏,手握戒尺,慎独慎微,勤于自省,遵守党纪国法,做到为政清廉。"③ 严以律己教育,要求全体党员以党章党

---

① 习近平. 时时铭记事事坚持处处上心 以严和实的精神做好各项工作 [N]. 人民日报, 2015-09-13 (1).
② 邓小平文选: 第1卷 [M]. 北京: 人民出版社, 1994: 271.
③ 习近平谈治国理政 [M]. 北京: 外文出版社, 2014: 381.

规、党纪国法、党和国家的规章制度为戒尺,严格要求自己,以身作则,做出表率。"各级领导干部要以身作则,率先垂范,说到的就要做到,承诺的就要兑现。"① 这说明,严以律己的教育最为重要的就是"严"字当头,以身作则,说到做到,依据党纪国法办事,依据党纪国法做人。就是要求广大党员干部带头牢固树立和践行全心全意为人民服务的宗旨,弘扬为党和人民的事业奋斗献身的精神。每一名共产党员都应时刻牢记党和人民的利益高于一切,把人民和国家的利益放在首位,做到吃苦在前、享受在后;把法纪装在心中,把人民装在心中;急群众所急、解群众之难、维群众之利、帮群众致富,起到先锋模范作用。

严以用权教育,是"三严三实"教育的核心内容。严以用权是党的性质和宗旨指向决定的。共产党员和干部的一切权利源归于人民,一切用权都必须为人民谋利益。这就要求广大党员干部用权为民,按宪法法律、党的方针政策、国家制度行使权力。邓小平同志曾告诫全党同志:"我们拿到这个权以后,就要谨慎。不要以为有了权就好办事,有了权就可以为所欲为,那样就非弄坏事情不可。"② 因此,对广大党员干部进行正确的权力观教育显得特别重要。权为民所有、权为民所赋、权为民所用,是共产党员必须树立的科学权力观。强化对全体党员进行权为民所有的教育。从根本上来说,权力的归属问题,是一名共产党员的价值目标取向问题,也是其世界观、人生观的导向问题。因此,树立马克思主义的权力观和中国共产党的宗旨观,一切权力属于人民,全心全意为人民服务,才是我们共产党人应有的权力价值观。加强对广大党员干部进行"四有"干部教育,心中时刻装有人民群众,用人民赋予的权力为广大老百姓解决好他们最关心最直接最现实的问题,这才是共产党员应有的权力观。强化对全体党员进行权为民所赋的教育。共产党的权利是党给予的,是人民赋予的。习近平同志2010年在中央党校秋季学期开学典礼讲话上强调:"马克思主义权力观概括起来是两句话:权为民所赋,权为民所用。"因此,切实抓好每一名党员干部权为民所赋的教育,牢记自己手中权力是人民赋予的,不忘自己入党时的初心,不忘党和人民赋予自己权力时的重托,以人民公仆精神,切实践行立党为公、用权为民的价值观。习近平同志告诫全党同志:"各级领导干部要

---

① 习近平谈治国理政 [M]. 北京:外文出版社,2014:387.
② 邓小平文选:第1卷 [M]. 北京:人民出版社,1994:303-304.

牢固树立正确的权力观，保持高尚精神追求，敬畏人民、敬畏组织、敬畏法纪。"① 为人民谋利益，为人民谋幸福，始终是共产党人用权恪守的政治准则和奋斗目标。要真正做到权为民所用，就必须长期坚持依法用权，恪守用权为民的正确价值取向，践行权力用之于民、造福于民的权力观。坚持公平公正用权，让权力在阳光下、在制度的秩序范围内运行，让权力在党组织和人民的监督下行使。坚持民主用权的教育，按照党的民主集中制原则、国家公共权力行使的法规，民主、公开、公正地行使权力。坚持廉洁用权的教育，树立用权的国家意识、人民意识、公仆意识，坚决反对一切特权，让权力行使始终心系党、心系人民、心系国家。习近平同志指出："我们共产党人特别是领导干部都应该心胸开阔、志存高远，始终心系党、心系人民、心系国家，自觉坚持党性原则"②；"做到公正用权、依法用权、为民用权、廉洁用权，永葆共产党人拒腐蚀、永不沾的政治本色"③。

"三严三实"专题教育，"严"字当头，"实"贯始终。做人要实是本质内涵，谋事要实是思想方法和政治态度，创业要实是实效和实绩。习近平同志告诫全党同志，空谈误国、实干兴邦。这是党的思想路线内在要求和党的历史经验得出的科学结论。强调实干、注重实效、一切从实际出发、实事求是地办一切事情，这是我们党的优良作风。加强广大党员干部谋事要实的教育，就是要求其有谋事的求实态度和政治立场，要有谋事的问题意识。特别要注重增强广大党员干部唯物辩证的历史观意识、问题意识、大局意识，增强解决问题的能力。从而使我们要谋划的事业和工作规划，符合党的大政方针和实际情况，符合客观规律，符合科学精神，能够取得切实效果。习近平同志指出："谋事要实，就是要从实际出发谋划事业和工作，使点子、政策、方案符合实际情况、符合客观规律、符合科学精神，不好高骛远，不脱离实际。"④ 加强对广大党员干部进行调查研究和科学决策的教育。谋事要实，首先是通过调研，倾听人民群众的需求和需要解决的实际问题，了解客观实际，把握客观事实。因此，加

---

① 习近平. 在庆祝中国共产党成立95周年大会上的讲话 [M]. 北京：人民出版社，2016：24.
② 习近平谈治国理政 [M]. 北京：外文出版社，2014：395.
③ 习近平. 在庆祝中国共产党成立95周年大会上的讲话 [M]. 北京：人民出版社，2016：24.
④ 习近平谈治国理政 [M]. 北京：外文出版社，2014：381.

强对广大党员干部进行大兴调查之风的实干精神教育,正确的政绩观和事业观教育,是谋事要实教育的应有之义。

"三实"教育是互相联系的整体,谋事要实,是指党员干部在思想观念上、政治立场和态度、思维方式上要求真务实;创业要实,是指党员干部在谋事要实的基础上,落实到行动上,真抓实干,创出实绩。习近平同志指出:"创业要实,就是要脚踏实地、真抓实干,敢于担当责任,勇于直面矛盾,善于解决问题,努力创造经得起实践、人民、历史检验的实绩。"① 习近平同志的重要论述,是对广大党员干部在新的历史起点上干事创业提出的刚性要求。我们的党员干部在干事创业中始终要保持良好的精神状态和工作状态,保持务实的工作作风和创业干劲,不断提高自身创业能力和水平,努力成为敢创业、能创业、创实业、创大业的人民期望的创业者和实干家。进行创业要实的教育,首先就是对广大党员干部进行真抓实干的作风教育,对党中央重大决策、任务和工作部署求真务实地贯彻落实,并结合实际、深入群众、深入基层、深入工作一线、深入实践调查研究,全面地分析了解、把握工作实际,把工作落到实处、抓出实效。广大党员干部应从工作中的难点、热点问题分析入手,采取有效政策、有针对性的举措干事创业。要善于发现新的情况,研究新的问题,增强工作的预见性、创见性,提升攻坚克难的创业能力,具有取得工作实效的谋略和本领。习近平同志指出:"真抓才能攻坚克难,实干才能梦想成真。我们要在全社会大力弘扬真抓实干、埋头苦干的良好风尚。"② 创业要实既要有真抓实干的劲头,又要有真抓实干为民的情怀。共产党人干事创业要时刻把人民群众的安危冷暖装在心中,要恪守创业之责,善谋创业致富之策,多做创业利民之事,让人民群众共享干事创业的成果,让人民群众切实得到实惠、改善生活、获得幸福感,这是谋事创业要实的硬道理。真抓实干应注重对广大党员干部进行科学精神教育,充分尊重创业干事的客观实际,按客观规律办事。善于运用科学理论知识,善于汇集众智谋事创业。教育广大党员干部形成创业担责、直面问题的工作态度,有开拓创业创新的勇气,有善谋实干、不务虚名的工作作风。坚持用全面的观点认识干事创业的效果,坚持以群众观点评价干事创业的效果,坚持以实践的观点验证干事创业的效果,坚持用生态治理理念看待干事创业的效果,坚

---

① 习近平谈治国理政 [M]. 北京:外文出版社,2014:381.
② 习近平谈治国理政 [M]. 北京:外文出版社,2014:48.

持以发展理念认识干事创业的效果。

做人要实是对"三严三实"教育主体的本质要求。对党忠实、对祖国忠实、对人民和同志坦诚相待是一名合格共产党员的基本素养，是一名共产党员为人处世的基本准则。做人要实就是要求广大党员干部忠诚老实、讲实话、办实事、做老实人，并把它贯穿自身工作、学习和生活的始终，作为自己的人生信条。以实实在在的言行为党和人民带来切实的利益。习近平同志指出："做人要实，就是要对党、对组织、对人民、对同志忠诚老实，做老实人、说老实话、干老实事，襟怀坦白，公道正派。"① 对党和组织与人民的忠诚，是一名共产党员应有的政治品质，也是对广大党员干部宗旨意识教育的重要内容。党的八大第一次将"对党忠诚老实"作为党员的义务写入党章，党的十一大到十九大的《党章》中，一直把"对党忠诚老实"规定为党员的义务。这说明做对党和组织忠诚老实的人，是由党章和党规所决定的，是党的执政使命所决定的。故此，做人要实的教育，必须把其作为共产党员基本的政治品格进行长期有效的教育。对广大党员干部进行忠诚于共产主义和中国特色社会主义信仰、忠诚于党的事业的教育，在思想上、政治上、行动上同党中央保持高度一致，维护党的团结统一，维护党和国家的根本利益，维护广大人民的根本利益；坚持廉洁从政履职，始终经受住思想政治领域斗争的考验，执政的考验，市场经济的考验，群众公信的考验，个人名利、进退得失的考验。做一名忠诚老实的人。邓小平同志在《要完整准确地理解毛泽东思想》一文中明确指出："实事求是就是做老实人，说老实话，干老实事。"作为一名党员干部首先要思想上诚实，为人正派，善良厚道，公正坦诚，对同事、对上级、对下级一视同仁，敢讲真话，敢于同错误的言行作斗争，勇于维护党和人民的利益；不妄自尊大、不妄自菲薄、不趋炎附势、不仗势压人，甘做诚实守信、表里如一、勤勤恳恳、任劳任怨、乐于奉献的老实人。广大党员干部应处处事事说实话，是对的就赞成，是错的就反对，有成绩不夸大，有错误不隐瞒。应遵循党的政策、国家的法律，尊重客观事实，不信口开河，不口是心非。办一切事情要以人民利益为出发点和归宿点，脚踏实地，扎扎实实，埋头实干，认真负责，忠于职守，以科学的态度、务实的作风与艰苦奋斗的干劲，完成党和组织赋予自己的工作任务。正如习近平同志所要求的："我们要有钉钉子的精神"，"求真务实，真抓实干，勇于担

---

① 习近平谈治国理政［M］．北京：外文出版社，2014：381-382．

当，真正做到对历史和人民负责"。①

"两学一做"学习教育，是深化党内教育从"关键少数"到面向全体党员，从集中性教育向经常性教育的拓展。这是中国共产党全面从严治党向基层延伸的重要教育实践，是加强党的思想政治建设的重大部署。这也是党内德育的重点性与系统性相统一的重要教育实践。习近平同志指出："部署'两学一做'学习教育，就是要推动党内教育从'关键少数'向广大党员拓展，从集中性教育向经常性教育延伸，坚定广大党员马克思主义立场，保证全党始终在思想上政治上行动上同党中央保持高度一致，使我们党始终成为有理想、有信念的马克思主义政党。"②"两学一做"学习教育，就是要求广大党员学习党章党规，学习和深刻领会习近平同志系列重要讲话精神，用科学理论武装头脑，做一名合格、模范的共产党员。

没有正确的思想政治意识引领，就没有正确自觉的践行；没有科学的理论武装，就没有正确政治实践方向。因此"两学一做"教育，重点是把党的思想政治建设放在首位，前提是学，关键是做。首先就应对全体党员进行"两学"的教育，要求广大党员学好党章，铭记党规，应逐条逐句通读理解党章，对照自己的工作、生活、言行，认真地学习党章党规。教育全体党员不忘入党誓言的初心，牢记党的宗旨，承担党员义务和责任，遵守党的纪律，保守党的秘密，维护党章的权威和法律的尊严，做到对"党章"的忠诚。要认真学好《中国共产党廉洁自律准则》等党的法规和条例，用"准则"严格规范言行，作为自己从政用权的应有标准。认真学习党章要与深入开展中共党史和国史教育相结合，特别注重学习革命先辈和人民英雄的先进模范事迹，用先进典型和榜样的事迹教育激励自己前行，自觉承传党的优良传统和作风，弘扬中国共产党人的伟大精神品格，追求崇高的道德理想，坚守共产党人的崇高信仰，用高尚的精神和道德情怀，正确处理公与私、义与利、个人与组织、个人与群众的关系，自觉践行社会主义核心价值观，保持积极向上健康的工作方式和生活方式，保持共产党员的良好精神风貌，做党的事业的忠诚卫士。习近平同志指出："认真学习党章、严格遵守党章，是加强党的建设的一项基础性经常性工作，也是全党同

---

① 习近平谈治国理政 [M]. 北京：外文出版社，2014：400.
② 习近平. 突出问题导向确保取得实际成效 把全面从严治党落实到每一个支部 [N]. 人民日报，2016-04-07 (1).

志的应尽义务和庄严责任,对强化全党党章意识,增强党的创造力、凝聚力、战斗力具有极为重要的作用。"①

学习习近平同志系列重要讲话,是理论武装对党员的根本要求。习近平同志指出:"学习是进步的阶梯。干部要勤于学,敏于思,认真学习马克思主义理论特别是中国特色社会主义理论体系,掌握贯穿其中的立场、观点、方法,提高战略思维、创新思维、辩证思维、底线思维能力,正确判断形势,始终保持政治上的清醒和坚定。"② 没有对科学理论的清醒,便没有政治上的清醒和坚定,因此学习习近平同志系列重要讲话精神,既是做合格共产党员的根本要求,又是保持政治上坚定和实践行动方向正确的保证。教育全体党员要认真学好习近平同志关于治党治国治军的重要思想;关于改革发展稳定、内政外交国防的重要讲话精神;学习习近平同志关于治国理政的新理念新思想新战略。引导广大党员深刻领会习近平同志系列重要讲话精神基本立场、观点和方法,理解悟透系列重要讲话精神的丰富内涵和核心要义;自觉用习近平同志系列重要讲话精神武装自己的头脑,增强政治定力,把握好政治方向。学习习近平同志系列重要讲话精神,要同学习中国特色社会主义理论体系紧密结合起来,切实理解和自觉坚信党的理论一脉相承又与时俱进的科学指导性,从而坚定理论自信、道路自信、制度自信、文化自信,坚持党的理论指导并将其作为自己工作的行动指南。

学习习近平同志系列重要讲话精神,要着眼于理论高度,把握政治导向,落在实践深度,受到思想洗礼和理论教育。要强化全体党员坚定正确的政治方向和党的奋斗目标教育,并朝着这一崇高的奋斗目标履行好党员的义务和责任,做一名合格实干的共产党员。要强化对全体党员"五位一体"总布局的教育,广大党员要深刻理解"五位一体"的总依据,强化自己对社会主义初级阶段理论的学习,正确认识国情,把握好中国最大实际。尤其要强化"一个中心,两个基本点"的教育,这样才能把"五位一体"的教育同实现中国梦奋斗目标教育统一起来,才能深刻理解"五位一体"教育的价值目标,使"五位一体"的

---

① 中共中央文献研究室. 习近平总书记重要讲话文章选编[G]. 北京:中央文献出版社, 2016:3.

② 中共中央文献研究室. 习近平总书记重要讲话文章选编[G]. 北京:中央文献出版社, 2016:62-63.

教育落实到实现中华民族伟大复兴的中国梦的奋斗实践中,落实到全面建成小康社会的实践中。学习习近平同志系列重要讲话精神,要强化对党员进行全面深化改革、全面依法治国、全面从严治党、全面建成小康社会的教育。使全体党员清醒地认识到:2020年全面建成小康社会是关键的一步,为了走好这关键的一步,从顶层设计布局了这一系列战略举措,其中最为关键的是从严治党。习近平同志指出:"从严治党要贯穿于改革开放和现代化建设全过程,贯穿于党的建设和党内生活各方面,真正做到要求严、措施严、对上严、对下严,对事严、对人严。"① 这说明:从严治党是做合格党员应有的政治立场和政治要求,是每名共产党员坚持全面深化改革、全面依法治国应有的政治责任。要强化对每名党员政治意识、大局意识、核心意识、看齐意识的教育,使广大党员在思想政治和行动上同以习近平同志为核心的党中央保持高度一致。每名党员都必须做到向党中央看齐,向党的理论和治理国家的路线方针政策看齐,向党中央改革发展稳定、内政外交国防、治党治国治军各项决策看齐。教育全体党员都必须有信仰追求、使命担当、务实作风、为民情怀、敬业创业、治国理政的实干精神。正如习近平同志对广大党员干部所要求的:"自觉加强党性修养,增强党的意识、宗旨意识、执政意识、大局意识、责任意识,切实做到为党分忧、为国尽责、为民奉献。"②

"两学"是为了武装头脑,最终其目的是指导实践;因而"两学一做"的关键在于"做"。做一名合格共产党员,就是要实现对党的宗旨的忠诚。教育广大党员有为民奉献的践行,在中国特色社会主义现代化建设和改革开放的实践中,把自己融入为人民群众谋利益的具体工作和生活实践中,把党的利益和人民的福祉放在首位,永远怀着对人民的敬畏之心、服务之情,关心群众生活,解决群众的实际问题和困难,让人民得到实实在在的满足感,让人民群众的生活水平不断提高,让人民群众的主人翁地位得到巩固,让人民群众过上美好的生活,这是一名共产党员实践对党的宗旨忠诚的责任和行动。在本职工作中,共产党员始终要保持对人民的事业强烈的使命感和责任感,始终保持锐意进取

---

① 中共中央文献研究室. 习近平总书记重要讲话文章选编 [G]. 北京:中央文献出版社,2016:234.
② 中共中央文献研究室. 习近平总书记重要讲话文章选编 [G]. 北京:中央文献出版社,2016:1.

的激情和艰苦奋斗的本色；用实际行动对待人民群众的事情，对待人民群众的诉求，对待人民群众的期盼，对待人民群众的切身利益。正如习近平同志所期待的："带领人民创造幸福生活，是我们党始终不渝的奋斗目标。我们要顺应人民群众对美好生活的向往，坚持以人民为中心的发展思想，以保障和改善民生为重点，发展各项社会事业。"① "把人民拥护不拥护、赞成不赞成、高兴不高兴、答应不答应作为衡量一切工作得失的根本标准。"② 这也是全党同志忠诚于人民的实践和行动标准。

做合格共产党员，应践行对党章和党员标准的忠诚。习近平同志指出："要全面掌握党章基本内容"；"要把党章学习教育作为经常性工作来抓……通过学习教育，使全党同志对党章内化于心、外化于行"。③ 党章是全体党员必须遵守的根本大法，它规定着中国共产党的性质、纲领、宗旨、奋斗目标和任务等。忠诚于党章，就必须按党章办事，在实际工作中严格执行党的路线、方针、政策，以党章为根本标准，严格遵守党的纪律和规矩，把党章规定的任务和各项规定落实到行动上，外化于自己的工作实践。全体党员都应以共产党员的标准来规范自己的言行，尤其是党员领导干部要率先垂范，"特别是要在坚定理想信念、坚持实事求是、推动科学发展、密切联系群众、加强道德修养、严守党的纪律等方面为广大党员作出表率"。④ 按照合格共产党员标准规范自己的言行，以"合格共产党员"为践行的基本标尺，以"优秀共产党员"为践行的更高目标，不忘共产党员的初心和责任，始终努力前行，不辱党的使命而砥砺前行。每名共产党员应自觉地按照党章标准做人做事，在一切工作实践中自觉地向党章和党员标准"看齐"，把党章和党员标准作为每名共产党员干事创业的必然遵循，作为全党同志的行动自觉与责任担当，用行动去落实，以践行求"合格"。"全党同志要强化组织意识，时刻想到自己是党的人，是组织的一员，时

---

① 习近平. 在庆祝中国共产党成立95周年大会上的讲话 [M]. 北京：人民出版社，2016：18.
② 习近平. 在庆祝中国共产党成立95周年大会上的讲话 [M]. 北京：人民出版社，2016：18.
③ 中共中央文献研究室. 习近平总书记重要讲话文章选编 [G]. 北京：中央文献出版社，2016：3-4.
④ 中共中央文献研究室. 习近平总书记重要讲话文章选编 [G]. 北京：中央文献出版社，2016：4.

刻不忘自己应尽的义务和责任。"① 做一名有责任、有担当的合格共产党员。

做合格共产党员，应自觉践行对《中国共产党廉洁自律准则》的忠诚。习近平同志指出："以理论上的坚定保证行动上的坚定，以思想上的清醒保证用权上的清醒，不断增强宗旨意识，始终保持共产党人的高尚品格和廉洁操守"②。党的事业是全体共产党员的事业，要靠每名共产党员践行宗旨和共同担当。廉洁自律是每名共产党员必须遵守的党内规矩，是作为一名共产党员的行为准则。在治国理政的新实践中，共产党员面临着各种严峻的考验，各种名利的诱惑和腐蚀；因此，对全体党员进行廉洁自律教育、拒腐防变教育，就显得十分迫切和重要。教育全体党员自觉践行《中国共产党廉洁自律准则》，与党同心同德、为党分忧，同各种腐败行为作坚决斗争，共同担当反腐败斗争的责任，做廉洁从职从政的表率。自觉端正"官、名、利"的政治态度，正确对待名利得失；坚决维护党的"准则"，做人做事讲党性、讲原则、守"准则"；敬畏党纪党规，敬畏职权，敬畏群众，敬畏党性，抵制来自各个方面的不正之风和腐败现象；重操守、讲品行，淡泊名利，不为私欲所扰，不为名利所困。总之，每一名共产党员要守得住清廉，抵得住诱惑，经得住考验，自觉抵制拜金主义、享乐主义和极端个人主义；自觉养成共产党人的浩然正气，永葆共产党员的纯洁性、先进性、廉洁性的政治本色。反腐倡廉法规制度一经建立，就必须严格执行，"让铁规发力、让禁令生威，确保各项法规制度落地生根"③。这说明忠诚践行"准则"是一名合格共产党员的铁规。综上所述，做一名合格共产党员必须忠诚地践行党的理想、党的宗旨、党章党规、党的廉洁准则，以及共产党的党性和原则。

党的十八大以来，以习近平同志为核心的党中央就全面从严治党教育，开展了反"四风"教育、党的群众路线教育实践活动、"三严三实"专题教育、"两学一做"学习教育等一系列党内教育实践活动；党的十九大以来，我们党坚持弘扬马克思主义学风，推进了"两学一做"学习教育常态化制度化建设，并在全党开展了"不忘初心、牢记使命"主题教育、党史学习教育等。这构成

---

① 习近平谈治国理政 [M].北京：外文出版社，2014：396.
② 习近平谈治国理政 [M].北京：外文出版社，2014：391.
③ 习近平.加强反腐倡廉法规制度建设 让法规制度的力量充分释放 [N].人民日报，2015-06-28（1）.

了习近平同志党内教育的新理念、新思想、新战略，指导和开创了党内德育的新实践。

今天，我们面对世界百年未有之大变局，面对新的历史起点上统筹推进"五位一体"总体布局、协调推进"四个全面"战略布局的新机遇和新挑战，全体党员要更加自觉地学习习近平新时代中国特色社会主义思想，并用以指导工作实践，为全面建设社会主义现代化国家，实现中华民族伟大复兴的中国梦而努力奋斗。

主要参考文献

一、著作类

[1] 马克思恩格斯选集：第1—4卷 [M]．北京：人民出版社，1995．

[2] 马克思恩格斯文集：第1卷 [M]．北京：人民出版社，2009．

[3] 列宁选集：第1—4卷 [M]．北京：人民出版社，1995．

[4] 列宁专题文集：论社会主义．北京：人民出版社，2009．

[5] 列宁专题文集：论辩证唯物主义和历史唯物主义．北京：人民出版社，2009．

[6] 毛泽东选集：第1—4卷 [M]．北京：人民出版社，1991．

[7] 毛泽东文集：第1—2卷 [M]．北京：人民出版社，1993．

[8] 毛泽东文集：第6—7卷 [M]．北京：人民出版社，1999．

[9] 毛泽东著作选读（上册）（下册）[M]．北京：人民出版社，1986．

[10] 邓小平文选：第1—2卷 [M]．北京：人民出版社，1994．

[11] 邓小平文选：第3卷 [M]．北京：人民出版社，1993．

[12] 江泽民文选：第1—3卷 [M]．北京：人民出版社，2006．

[13] 胡锦涛文选：第1—3卷 [M]．北京：人民出版社，2016．

[14] 习近平谈治国理政 [M]．北京：外文出版社，2014．

[15] 习近平谈治国理政：第二卷 [M]．北京：外文出版社，2017．

[16] 习近平谈治国理政：第三卷 [M]．北京：外文出版社，2020．

[17] 习近平总书记重要讲话文章选编 [M]．北京：中央文献出版社、党建读物出版社，2016．

[18] 习近平关于实现中华民族伟大复兴的中国梦论述摘编 [M]．北京：

中央文献出版社，2013.

[19] 胡锦涛. 在全国优秀教师代表座谈会上的讲话 [M]. 北京：人民出版社，2007.

[20] 胡锦涛. 在北京大学师生代表座谈会上的讲话 [M]. 北京：人民出版社，2008.

[21] 胡锦涛. 在同中国农业大学师生代表座谈时的讲话 [M]. 北京：人民出版社，2009.

[22] 胡锦涛. 在庆祝中国共产党成立90周年大会上的讲话 [N]. 北京：人民出版社，2011.

[23] 习近平. 决胜全面建成小康社会 夺取新时代中国特色社会主义伟大胜利 [M]. 北京：人民出版社，2017.

[24] 习近平. 在庆祝中国共产党成立95周年大会上的讲话 [M]. 北京：人民出版社，2016.

[25] 习近平. 在文艺工作座谈会上的讲话 [M]. 北京：人民出版社，2015.

[26] 习近平. 在庆祝"五一"国际劳动节暨表彰全国劳动模范和先进工作者大会上的讲话 [M]. 北京：人民出版社，2015.

[27] 习近平. 做党和人民满意的好老师：同北京师范大学师生代表座谈时的讲话 [M]. 北京：人民出版社，2014.

[28] 习近平. 在哲学社会科学工作座谈会上的讲话 [M]. 北京：人民出版社，2016.

[29] 习近平. 在庆祝中国人民政治协商会议成立65周年大会上的讲话 [M]. 北京：人民出版社，2014.

[30] 习近平. 干在实处走在前列——推进浙江新发展的思考与实践 [M]. 北京：中共中央党校出版社，2006.

[31] 中共中央宣传部编. 毛泽东邓小平江泽民论思想政治工作 [M]. 学习出版社，2000.

[32] 中共中央政策研究室编. 江泽民论社会主义精神文明建设. [M] 北京：中央文献出版社，1999.

[33] 中共中央文献研究室编. 十二大以来重要文献选编（上）[M]. 北

京：中央文献出版社，1986.

[34] 中共中央文献研究室编. 十二大以来重要文献选编（下）[M]. 北京：中央文献出版社，1988.

[35] 中共中央文献研究室编. 十八大以来重要文献选编（上）[M]. 北京：中央文献出版社，2014.

[36] 中共中央宣传部. 习近平总书记系列重要讲话读本 [M]. 北京：学习出版社、人民出版社，2014.

[37] 中共中央宣传部. 习近平新时代中国特色社会主义思想学习纲要 [M]. 北京：学习出版社、人民出版社，2019.

[38] 中共中央宣传部. 习近平新时代中国特色社会主义思想三十讲 [M]. 北京：学习出版社，2018.

[39] 中共中央文献研究室. 邓小平年谱（一九七五——一九九七）（上）（下）[M]. 北京：中央文献出版社，2004.

[40] 本书编写组. 领导干部"三严三实"学习读本 [M]. 北京：人民出版社，2015.

[41] 陈秉公. 思想政治教育学原理 [M]. 沈阳：辽宁人民出版社，2000.

[42] 陈万柏，张耀灿. 思想政治教育学原理（第三版）[M]. 北京：高等教育出版社，2015.

[43] 张耀灿，郑永廷，吴潜涛，骆郁廷. 现代思想政治教育学 [M]. 北京：人民出版社，2006.

[44] 李康平，张吉雄. 邓小平德育思想研究 [M]. 北京：中国社会科学出版社，2001.

[45] [美] 罗伯特·劳伦斯·库恩. 他改变了中国：江泽民传 [M]. 谈峥，于海江，等译. 上海译文出版社，2005.

二、期刊类

[46] 江泽民. 在全国宣传部长座谈会上的讲话（1993年1月15日）[J]. 求是，1993（1）.

[47] 习近平. 全面贯彻落实党的十八大精神要突出抓好六个方面工作 [J]. 求是，2013（1）.

[48] 习近平. 始终坚持和充分发挥党的独特优势 [J]. 求是, 2012 (15).

[49] 习近平. 紧紧围绕坚持和发展中国特色社会主义 学习宣传贯彻党的十八大精神 [J]. 求是, 2012 (23).

[50] 习近平. 领导干部要树立正确的世界观权力观事业观 [J]. 中国党政干部论坛, 2010 (9).

[51] 习近平. 领导干部要爱读书读好书善读书 [J]. 党的建设, 2009, (6).

[52] 姚建成. 邓小平的干部教育思想与当前的干部教育培训工作 [J]. 四川省委党校学报, 2004 (2).

[53] 李康平, 李杨. 论当代中国马克思主义德育思想的整体性 [J]. 江淮论坛, 2015 (6).

三、报纸类

[54] 胡锦涛. 以创新的精神加强网络文化建设和管理 满足人民群众日益增长的精神文化需要 [N]. 人民日报, 2007-1-25.

[55] 胡锦涛. 在共青团十四届四中全会的讲话 [N]. 中国青年报, 2001-12-2.

[56] 胡锦涛. 扎扎实实提高社会管理科学化水平 建设中国特色社会主义社会管理体系 [N]. 人民日报, 2011-2-20.

[57] 胡锦涛. 扎实做好正确处理人民内部矛盾工作 为经济社会发展创造良好社会环境 [N]. 人民日报, 2010-9-30.

[58] 胡锦涛. 把青春奉献给中国特色社会主义壮丽事业 [N]. 人民日报, 2008-6-15.

[59] 习近平. 认真贯彻党的十八届三中全会精神 汇聚起全面深化改革的强大正能量 [N]. 人民日报, 2013-11-29.

[60] 习近平. 把握改革大局自觉服从服务改革大局 共同把全面深化改革这篇大文章做好 [N]. 人民日报, 2015-5-6.

[61] 习近平. 把思想政治工作贯穿教育教学全过程 开创我国高等教育事业发展新局面 [N]. 人民日报, 2016-12-9.

[62] 习近平. 全面落实"十三五"规划纲要 加强改革创新开创发展新局

面［N］．人民日报，2016-4-28．

［63］习近平．在联合国教科文组织总部发表的演讲［N］．人民日报，2014-3-28．

［64］习近平．领导干部要做尊法学法守法用法的模范 带动全党全国共同全面推进依法治国［N］．人民日报，2015-2-3．

［65］习近平．领导干部要认认真真学习老老实实做人干干净净干事［N］．学习时报，2008-5-26．

［66］习近平．领导干部要不断提高新形势下群众工作水平［N］．人民日报，2011-1-6．

［67］习近平．做焦裕禄式的县委书记 心中有党心中有民心中有责心中有戒［N］．人民日报，2015-1-13．

［68］习近平．以改革创新精神做好新一轮大规模培训干部工作［N］人民日报，2008-7-17．

［69］习近平．在欧美同学会成立100周年庆祝大会上的讲话［N］．光明日报，2013-10-22．

［70］习近平．大力弘扬伟大爱国主义精神 为实现中国梦提供精神支柱［N］．人民日报，2015-12-31．

［71］习近平．人民有信仰民族有希望国家有力量 锲而不舍抓好社会主义精神文明建设［N］．人民日报，2015-3-1．

［72］习近平．推进人民政协理论创新制度创新工作创新 推进社会主义协商民主广泛多层制度化发展［N］．人民日报，2014-9-22（1）．

［73］习近平．认真学习党章 严格遵守党章［N］．人民日报，2012-11-20．

［74］习近平．时时铭记事事坚持处处上心 以严和实的精神做好各项工作［N］．人民日报，2015-9-13．

［75］习近平．加强反腐倡廉法规制度建设 让法规制度的力量充分释放［N］．人民日报，2015-6-28．

后 记

当代德育原理，是在中国特色社会主义德育理论指导下，基于改革开放的伟大实践，对当代德育实践的理论阐述。我们学术团队经过长期的学术研究积淀，基于国家社科基金项目"当代中国马克思主义德育思想研究"（批准号12BKS072、结项证书号20183018）的结题成果，形成了《当代德育原理研究》。在喜迎中国共产党第二十次全国代表大会胜利召开之际，出版这一学术专著，以表我们对从事马克思主义理论教育教学的坚守和忠诚。

张吉雄、李康平确立了该书的核心概念和框架。撰稿分工如下：绪言由李杨撰写，第一章由张吉雄撰写，第二章由李杨撰写，第三章由蒋尊丽撰写，第四章由常青撰写，第五章由祖彦撰写，第六章由李杨撰写。初稿完成后，由张吉雄、李杨负责全书的改稿和统稿工作，李杨负责书稿文字与引文文献的校对工作。该成果的完成，得到清华大学刘书林教授、中共中央党校严书翰教授的真挚指导；得到南昌航空大学马克思主义学院的支持，在此一并表示由衷的感谢！

作 者

2022 年 4 月 18 日